B. Esvan

Kriegsbilder aus Amerika

B. Esvan

Kriegsbilder aus Amerika

ISBN/EAN: 9783743320215

Hergestellt in Europa, USA, Kanada, Australien, Japan

Cover: Foto ©ninafisch / pixelio.de

Manufactured and distributed by brebook publishing software (www.brebook.com)

B. Esvan

Kriegsbilder aus Amerika

Kriegsbilder aus Amerika.

Kriegsbilder aus Amerika.

Von

B. Estván,
Oberst der Cavalerie der conföderirten Armee.

Erster Theil.

Leipzig:
F. A. Brockhaus.
1864.

Vorwort.

Zum zweiten mal setzte ich als Flüchtling meinen Fuß auf Altenglands felsiges Gestade, um unter dem Schutz seines Banners die Ereignisse einer mehr als achtzehnmonatlichen Campagne in Amerika nach meiner eigenen Anschauung als Offizier im conföderirten Heere aufzuzeichnen.

Das Buch ist jetzt fertig und mit ruhigem Gemüth übergebe ich es dem Leser, denn ich bin mir bewußt, daß mich bei meinen Darstellungen keine andere Absicht leitete als die, nach bestem Wissen und innerster Ueberzeugung die Wahrheit zu schildern.

Obgleich ich in den Reihen der Conföderirten diente — eine Folge meines langjährigen Aufenthalts in den Südstaaten und der Chicanen, die man mir in den Weg legte, um mir den Eintritt in die nördliche Armee zu versperren —, ließ ich doch der Aufopferung, dem Heldenmuth und der Ehrenhaftigkeit beider Parteien vollkommen Gerechtigkeit widerfahren; aber ich nahm auch andererseits keinen Anstand, die Fehler und Gebrechen, die Anlaß zu so manchem Unglück waren, rücksichtslos aufzudecken und zu tadeln, wo der Tadel verdient war.

Das Buch ist fertig. Noch einmal fliegen die Gedanken über jene blutgetränkten Felder des unseligen Krieges hin, auf welchen ein Volk, im Wahne, sein heiliges Recht zu schützen, sich selbst unsäglich tief verwundet. Noch einmal weilt die Erinnerung bei so manchem braven tapfern Soldaten, der unter den Kugeln seiner ehemaligen Brüder sein junges Leben verhauchte, noch einmal taucht in meinem Geiste das fürchterliche Gespenst der Zwietracht auf, Blitze sprühen seine Augen, Gift entfließt dem Munde, sein Hauch ist wie des Feuers Glut und mit seiner Schlangengeißel jagt es die Völker in ihr eigenes Verderben. Amerika, meine zweite Heimat, noch einmal tritt dein geliebtes Bild vor meine Seele und erfüllt sie mit Sehnsucht und tiefer Wehmuth.

Das Buch ist fertig. Ich sende es hinüber den Soldaten beider Armeen als einen Gruß aus der Ferne. Wenn ich mich nicht scheute, ungeschminkt und unverhüllt die Wahrheit darzustellen, wenn mancher mein Urtheil zu streng und scharf finden sollte, so rufe ich mit freier Stirn im vollsten Bewußtsein meines Rechts den Gegnern zu:

Ich hab's gethan!

Dover, im März 1863.

Der Verfasser.

Georg B. M'Clellan,

Major-General der Unionsarmee,

widmet dieses Werk mit größter Hochachtung

der Verfasser.

Inhalt.

1.
Abfall der Südstaaten. Fort Sumter.

Seite

Spaltung der Union. Südcarolina fällt ab. Major Anderson vernichtet Fort Moultrie. Austritt des Ministers Floyd. Reise nach Charleston. Aufregung daselbst. Fort Sumter. Präsident Buchanan verwirft das Ultimatum. Major Ripley, Commandant von Fort Moultrie. Kriegerische Vorbereitungen. General Bragg. Onkel Sam. Montgomery. Fort Pickens. Präsident Jefferson Davis und Alexander Stevens. Die Staaten Mississippi, Alabama, Florida, Georgia, Louisiana und Texas treten aus. Friedenscongreß. Vollständiger Bruch. Lincoln's Reise nach Washington. Gefahr der Stadt. Das neue Ministerium. Energische Maßregeln. Kriegerische Begeisterung. Beschießung von Fort Sumter. Spiegelfechterei. Capitulation. Wie man ein Held wird. Unglück. Kriegserklärung Lincoln's. Lage der Conföderirten. Rückkehr nach Richmond. Virginia schließt sich den Südstaaten an . . . . 1—38

2.
Der Aufruhr in Baltimore.

Folgen des Austritts von Virginia. Die Conföderirten werden stärker. Begeisterung und Unterstützung. Schöne Soldaten. Das Gouvernement wird lebhaft. Verlegung der Regierung von Montgomery nach Richmond. J. B. Floyd besorgt Waffen. Die ersten Soldaten der Vereinigten Staaten. Aufruhr in Balti-

more. Man versperrt den Weg durch die Stadt. Insulte auf die
Soldaten; eine tödliche Salve. Kampf am Eisenbahndepot. Thätigkeit
der Directoren. Unthätigkeit der Polizei. Noch ein paar
unschuldige Opfer. Die revolutionäre Partei in Baltimore.
Energische Maßregeln der Vereinigten Staatenregierung. Die
Stadt wird ruhig. Der Bürgermeister gefangen. Illusionen der
Journalisten. Kriegspläne. Lincoln's Energie. Bewegung der
Truppen . . . . 39—45

3.
Zerstörung der Flotte zu Portsmouth.

Die Proclamation Lincoln's. Virginia der Kriegsschauplatz. General
Lee als Obercommandant. Zerstörung von Harper's Ferry.
Anstalten in Portsmouth. Verbrennung der Schiffe. Schauerliche
Zerstörung der Flotte . . . . 46—48

4.
Die Schlacht von Bethel.

Vertheidigungswerke der Conföderirten bei Bethel-Church. Angriff
der Unionstruppen. Major Randolf. Vier Compagnien vom
ersten Nordcarolina-Regiment. Batterien. Neuer Sturm. Major
Winthrop fällt. Die Feinde setzen sich zur Rechten fest, sie werden
vertrieben. Rückzug der Unionstruppen. Das erste Nordcarolina-Regiment
. . . . 49—52

5.
Gefangennahme von Porterfield's Truppen.

General Porterfield wird von General Lee mit der Bildung eines
Corps Freiwilliger beauftragt. Schlechte Stimmung im Westen.
Bitte um Verstärkung. Porterfield sammelt eine Armee. Sein
Muth. Er bezieht ein Lager. Ueberfall der Feinde. Verwirrung
und Auflösung seiner Armee. Wie der Commandirende
Fersengeld bezahlt. Porterfield vor dem Kriegsgerichte; er wird
wegen seiner Tapferkeit belobt . . . . 53—55

6.
M'Clellan, der Held von Rich Mountain.

Der Kriegsschauplatz im westlichen Virginien. Die conföderirte
Armee unter General Garnett. M'Clellan's Pläne. Das Terrain

von Virginien. Die Stärke der Südarmee. Angriff. General Rosenkranz bleibt zurück. Oberst Pegram. M'Clellan's unermüdliche Verfolgung. Rückzug. Ueberfall. Das Gefecht bei Corrots Fort. Oberst Talioferro. Ein Irrthum. General Garnett fällt. Große Entmuthigung. Verlust von Artillerie und Bagage. Auflösung der conföderirten Armee . . . . . 56—64

7.
Bewegungen am Potomac.

Harper's Ferry. General Johnstone tritt zur Conföderation. Stellung der Truppen am Potomac. Zerstörung am Potomac. Die Eisenbahnbrücke wird gesprengt. Oberst Jackson operirt gegen General Patterson. Gefecht. Johnstone will kämpfen. General Patterson's Kriegslist. Versuch, General Beauregard's Hauptarmee zu schwächen. Johnstone's Stellung . . . . 65—68

8.
Bull-Run.

Vorbereitungen und Stellungen. Stärke der Truppen. Der entscheidende Augenblick naht heran. Ein Rückblick auf die Friedenszeit. Bull-Run. M'Dowell's Angriff. Unerfahrenheit der Artillerie. General Bonham. Ein Kanonenduell und seine Folgen. Die Brigade Longstreet in Blackburnford. Heftiger Angriff. Schlacht. Die Conföderirten wanken. Hülfe von General Earley's Brigade. Die Feinde weichen. Kanonade. Die Batterie Rhode-Island. Schaden an Bedeckung und Bespannung. Unentschiedenheit des Gefechts. Die Kräfte sind geprüft, wie werden die Würfel fallen? . . . . 69—75

9.
Die Schlacht von Manassas.

Stellung der Armeen. Patterson in der Klemme. Spionage. Lagerscenen. M'Clellan in Virginien. Scott am Potomac. Vor der Schlacht. Ein Blick auf beide Heere. Die Generale der Conföderirten. Stärke der Armee. Kanonade. Die Schlacht beginnt. Sturmcolonnen. Der linke Flügel. Das Plateau. Heftiger Kampf. Allgemeiner Angriff. Blutige Köpfe. Beauregard und Jackson. Rückzug. Johnstone's Heldenmuth. Letzte Hoffnung. Das Regiment Cocoran. General Fischer und Bartow sterben

XII

Seite

den Heldentod. Vergebliches Ringen. Sterbensmüde. Noch einmal drauf! Stonewall Jackson. Neues Blutbad. Zurück. Alles verloren. Jefferson Davis. Düstere Stimmung. Jackson vor. Warum Stonewall. Hülfe in der höchsten Noth. Kirby Smith. Die Entscheidung. Schrecklicher Rückzug. Das Schlachtfeld. Verwundete Feinde. Grauenhafte Scenen. Lazarethe und Verpflegung. Plünderer. Resultate der Schlacht von Manassas 76—110

10.
Beauregard, Oberbefehlshaber der Potomacarmee.

Der Sieger von Manassas, der größte Held des Jahrhunderts. Unthätigkeit der Conföderirten. Thätigkeit M'Clellan's. Beauregard läßt Virginien befestigen. Unordnungen und Krankheiten im Lager. Beauregard geht nach Mississippi. Die Armee am Potomac geht zu Grunde . . . . 111—113

11.
Richmond nach der Schlacht von Manassas.

Jubel in der Stadt. Abenteurer. Spielhöllen. Provost-Marshall Winder. Zügellosigkeit und Räubereien. Geheime Polizei. Dr. Roßwally als Ankläger. John Minor Botts als unschuldiges Opfer. Seine Leiden. Die schreckliche Zeit für Richmond. Die Stadt wird ruinirt . . . . 114—117

12.
Der Feldzug im westlichen Virginien.

Virginien. Der alte Wise. Eine schwierige Aufgabe. General Henningsen. Die Armee vermehrt sich. Die tapfern Truppen. Hauptquartier Charleston. Buntes Lagerleben. Friedliche Krieger. Scharmützel bei Seary-Creek. Muth der Conföderirten. Schlechte Nachrichten. Vorsichtsmaßregeln. Wie die Regierung den alten General Wise verläßt. Der Feind überschreitet den Ohio. Die Conföderirten wollen ihn angreifen. Ein Reitergefecht. Der Feind ermüdet die Unserigen. Beide Armeen treffen sich endlich. Der Kampf beginnt. Verluste, neues Reitergefecht. Verlust einer Standarte. Die Conföderirten weichen wieder. Rückzug. Wise's Besonnenheit. Floyd zertrümmert die Wiselegion und geht nach Cotton-Hill. Vorpostengefecht. In der Nacht. Deutsche Soldaten und deutsche Lieder. Rosenkranz verjagt Floyd. Oberst Croghan fällt.

Floyd wird nach Tennessee versetzt. Die Wiselegion in Richmond. Neue Feinde vor Charleston. Wise verläßt Charleston. Seine geharnischte Proclamation. Er übergibt das Commando an General Henningsen. . . . . 118—135

13.
Eine Operation am Gauley.
General Henningsen übernimmt das Commando der Wiselegion. Floyd als General. Sein Wirken und Schaffen in Whiteville. Er rückt aus. Geschenk für den Präsidenten. Floyd avancirt. Sein meisterhafter Ausmarsch. Desertionen. Floyd und Wise. Wie umsichtig der Held den Uebergang über einen Fluß bewerkstelligt. Sehr peinliche Lage des Generals. Ein Sieg des Generals Floyd. Revanche der Unionstruppen. Floyd wird angegriffen. Seine Niederlage. Eilige Flucht. Seine Berichte an das Kriegsministerium. Wie man seine Schuld auf andere Schultern schiebt. Floyd's Tapferkeit wird belobt. Die conföderirte Regierung weiß ihre Leute zu schätzen. . . . . 136—145

14.
Camp Defiance. Cheat-Mountain. Cotton-Hill.
General Wise geht auf Fayette-County. Vergeblicher Angriff. Floyd geht nach Big-Sewell-Mountain. Henningsen und Wise verschanzen sich in Camp Defiance. General Lee rückt nach Huttonsville. Floyd, Wise und Henningsen operiren gegeneinander. Erbitterung der beiden Brigaden. General Lee als Friedensstifter. Er concentrirt eine Armee von 28000 Mann. Jackson's Schlappe bei Cheat-Mountain. Aenderungen im Commando. Floyd wird Obercommandant. Wise und Henningsen zur Verantwortung gezogen . . . . 146—156

15.
M'Clellan, Obercommandant der Potomacarmee.
Die Unionsregierung sucht einen tüchtigen General. Scott schlägt M'Clellan vor. Dieser übernimmt den Oberbefehl über die Potomacarmee. Sein Auftreten. Zustand der Armee. M'Clellan ergreift die geeigneten Mittel, um die Soldaten zu bilden und das Heer zu reorganisiren. Er wird Liebling der Soldaten. Rastloses Bemühen des Generals. Befestigungen. Die Armee

XIV

Seite

wird selbflüchtig gemacht. Exercitien. Kriegerisches Leben und kriegerischer Geist im Lager. M'Clellan's Energie und Talent . . . . 157—162

16.
Ereignisse in Missouri.

Vorfälle in Missouri. Deutsche Truppen. St.-Louis. General Jackson's Uebergang zu den Conföderirten. Wie Generale gemacht werden. Man sammelt Truppen in Bonville und Lexington. Oberst Marmaduke's ehrenvoller Rückzug. Zerstreuung der Rebellen. General Lyon. Ueberrumpelung von Cole-Camp. Die Rebellen verstärken sich. General Price retirirt. Bewegung der Unionstruppen. Trostlose Lage der Conföderirten. Sigel versperrt den Weg. Forcirte Märsche. Die Heere nähern sich . . . . 163—168

17.
Schlacht von Carthage.

Die Conföderirten greifen an. Cavalerieangriff. Schlechte Geschütze. Neuer Angriff. Sigel zieht sich zurück. Tirailleurkampf. Eine provisorische Brücke. Die Unionstruppen gehen bis Carthage zurück. Guerrillabanden. General Price. Die Söhne der Heide. Ruhe der Nacht. Schlachtplan. Ben M'Culloch, der Guerrillaführer. Scene im Kriegsrath. Es geht dem Feinde entgegen. Nächtlicher Marsch. Schlechter Zustand der Truppen. Marschbefehl. Aufschub . . . . 169—177

18.
Schlacht von Oak-Hill und Wilson-Creek.

Die Unionstruppen unter den Generalen Sigel und Lyon greifen an. Die Schlacht entwickelt sich. Angriff der Conföderirten. Die alte Garde. Sigel geht zurück. Kampf im Centrum der tapfern Deutschen. Lyon muß weichen. Die Conföderirten siegen. Tod Lyon's. Seine Leiche. Rückzug der Conföderirten. Verluste an Todten und Verwundeten . . . . 178—183

19.
Ein General ohne Armee.

Thomas Harris. Seine Ernennung zum General. Er wirbt Truppen. Der Eid der Treue. Ein feindliches Detachement.

Seite

Ein Hauptquartier. General Harris und General Price. Fort Scott. Ein Streifzug nach Warnsburg. Ueberraschung. Caricaturen. Nach Lexington . . . . 184—188

20.
Schlacht bei Lexington.

Vorpostengefecht. General Price zieht sich zurück. Die Armee vermehrt sich. Die Angriffe auf Lexington. Tapfere Vertheidigung. Ein Ausfall der Belagerten. Die Trinkwasserstation. Oberst Mulignan, Commandant von Fort Lexington. Neue Angriffe. Verschanzungen von Hanfballen. Capitulation. Ehrenvolle Behandlung der Gefangenen. Reiche Beute. Jubel im conföderirten Lager. General Price's Siegesbulletins. Die Unionstruppen rücken an. Price geht zurück. Wie ein General dem andern hilft. Price muß seine Armee vermindern. Ruhmvoller Uebergang über den Osagefluß. Ankunft in Richmond. Hundert Kanonenschüsse. General Fremont. Rückzug der Unserigen. Price in der Klemme. Die Regierung von Washington hilft den Conföderirten. General Price geht nach Springfield. Fremont wird abberufen . . . . 189—198

21.
Anwerbungen in Richmond.

Gesetz wegen der Militärpflicht. Ersatzmänner. Werbebureaux und Agenten. Die Spielhäuser werden geschlossen. Speculationen auf Menschenfleisch. Desertionen. Gesetz des Kriegsministers. Die Zuaven. Oberst Cozzen. Woher die Zuaven stammten, ihr Benehmen. Räubereien. Mishandlung der Bürger. Ende des Zuavenregiments . . . . 199—203

22.
Hospitäler der Gefangenen.

Richmond. Viele Kranke und Verwundete. Schlechter Zustand der Verpflegung. Behandlung armer verwundeter Unionstruppen. Gänzliche Vernachlässigung der Verwundeten. Aufruf an die Deutschen und Irländer. Einige Hülfe. Nach der siebentägigen Schlacht. Ein armer Schweizer. Wie eine Dame aus den höhern Ständen denkt. Kapitän T. Eine schöne That der Menschlichkeit . . . . 204—208

23.
Die Gefangenen der Unionstruppen in Richmond.

Seite

Kein Mitleid mit den Gefangenen. Sie werden ohne Unterschied des Ranges zusammen eingesperrt. Ungesunde Gefängnisse. Hartherzige Bewohner. Oberst Cocorau, der tapfere Irländer. Die Gefangenen bei den Unionstruppen. Ritterliches Benehmen Burnside's. Grausamkeiten der conföderirten Regierung . 209—211

24.
Ein Weihnachtsabend.

Lagerleben im Winter. Wehmüthige Betrachtungen. Mission des Verfassers nach Richmond. Weihnachtsabend bei Petersburg 212—217

1.

Abfall der Südstaaten. Fort Sumter.

Spaltung der Union. Südcarolina fällt ab. Major Anderson vernichtet Fort Moultrie. Austritt des Ministers Floyd. Reise nach Charleston. Aufregung daselbst. Fort Sumter. Präsident Buchanan verwirft das Ultimatum. Major Ripley, Commandant von Fort Moultrie. Kriegerische Vorbereitungen. General Bragg. Onkel Sam. Montgomery. Fort Pickens. Präsident Jefferson Davis und Alexander Stevens. Die Staaten Mississippi, Alabama, Florida, Georgia, Louisiana und Texas treten aus. Friedenscongreß. Vollständiger Bruch. Lincoln's Reise nach Washington. Gefahr der Stadt. Das neue Ministerium. Energische Maßregeln. Kriegerische Begeisterung. Beschießung von Fort Sumter. Spiegelfechterei. Capitulation. Wie man ein Held wird. Unglück. Kriegserklärung Lincoln's. Lage der Conföderirten. Rückkehr nach Richmond. Virginia schließt sich den Südstaaten an.

Als die Erwählung des republikanischen Präsidenten Lincoln bekannt wurde, bereitete sich der Süden vor, aus der Union auszutreten, da er keine Bürgschaft und Sicherheit mehr für seine Rechte zu haben glaubte. Südcarolina, die Mutter der südlichen Staaten, war am schnellsten zum Handeln entschlossen. Mit wenig Vorbedacht und nur wenigen Vorbereitungen griff dieser Staat in einer so wichtigen Sache sogleich den Fehdehandschuh auf, welchen die Volksbeglücker der nördlichen Staaten nach seiner Meinung durch die Erwählung Lincoln's dem Süden hingeworfen hatten, und erklärte sich am 20. December 1860 für einen souveränen Staat. Die Patrioten strömten jetzt von allen Seiten herbei, um die junge Regierung mit Rath und

That zu unterstützen. Anderson, Major der Vereinigten-Staaten-Armee, welcher das Commando eines der befestigten Punkte von Charleston, Südcarolina, führte, verließ seine Stellung im Fort Moultrie, und schiffte sich, nachdem er sämmtliches Staatseigenthum verbrannt, die Kanonen vernagelt und demolirt hatte, am 20. December 1860 mit seiner 132 Köpfe zählenden Mannschaft der regulären Vereinigten-Staaten-Armee nach Fort Sumter hinüber, einer Hafenbefestigung in der Mitte der Bai, welcher Platz ihm größere Sicherheit gewährte, und von wo aus er den kommenden Ereignissen ruhig entgegensehen konnte.

Eine wahre Wuth bemächtigte sich der Gemüther der Bewohner von Charleston, als die Flammensäulen des Fort Moultrie ihnen den eisernen Willen des dortigen Commandanten kund gaben. In der größten Eile wurden einige Dampfschiffe hergerichtet und mit mehreren Compagnien Nationaltruppen nach Fort Moultrie und Pinkney beordert, um Besitz von diesen Posten zu nehmen, was auch ohne Blutvergießen geschah, da die geringe Besatzung bereits ihre Ueberschiffung nach Fort Sumter ausgeführt hatte.

Den 30. December zeigte der Kriegsminister Floyd dem Präsidenten Buchanan seinen Austritt aus dem Cabinet an und verließ, seine Bureaux in größter Unordnung zurücklassend, in aller Eile Washington, um sich auf seine Besitzungen im Staate Virginien zu begeben. Der Austritt Südcarolinas ließ den Norden kalt und gleichgültig, da man fest überzeugt war, diese Rebellion bald unterdrücken zu können. Die Ereignisse jedoch, welche kurz darauf folgten, zeigten dem Norden, daß der Süden doch wol Mittel und Wege besitze, einen Krieg zu beginnen, und daß die Gegner nicht so ganz zu verachten seien.

Somit war der erste Schritt gethan; wohin er führte, wußte keiner, die Tragweite der ersten vielleicht übereilten

Anordnungen ahnten wol wenige. Die entfesselte Leidenschaft wogte hoch auf; aber wer hätte in diesem ersten Anzeichen die entsetzlichen Folgen des Bruderkriegs gesehen, der Freund und Feind vernichten und Blüte und Wohlstand der Nation untergraben sollte!

Kaum war der Staat Südcarolina aus der Union ausgetreten, als ich von einigen der leitenden Häupter der Rebellion, Honorable H. und M., den Auftrag erhielt, mich sofort nach Südcarolina zu begeben, um die dortigen militärischen Vorbereitungen sowie das Arrangement für eine Belagerung des Fort Sumter, in welchem Major Anderson seine Position genommen und wo er unter dem Banner der großen Republik entschlossen schien zu siegen oder zu sterben, in Augenschein zu nehmen.

Rasch waren die wenigen Habseligkeiten gepackt, der steife würdige Philister ausgeschält und der muntere Landsknecht hergerichtet. Raschen Flugs ging es von Richmond durch die traurigen einförmigen Sümpfe, Reis-, Baumwoll- und Tabackfelder Virginiens, Nord- und Südcarolinas. Die Eisenbahn zieht sich in langweiliger Einförmigkeit durch diese traurige Gegend des Südens. Nach einer fünfundzwanzigstündigen Fahrt hielten die Wagen, und die Stimme des Conducteurs verkündete der halb schlafenden Bevölkerung das herrliche Wort „Charleston". Rasch flog alles aus seiner Lethargie; denn wir befanden uns auf dem Schauplatze des Kriegs. Ein Omnibus brachte mich rasch nach Hotel Mills, dem besten in Charleston, einem wahren Palais, wie wir in Richmond kein ähnliches aufweisen können.

Nachdem ich meine durch die Reise etwas sehr verwilderte Person wieder in culturmäßigen Zustand gesetzt hatte, begab ich mich in den Speisesaal, um meine geschwächten Kräfte zu restauriren. Hier fand ich an der wohlbesetzten Tafel eine große Menge Cavaliere des Südens, welche es sich bei den guten Speisen ganz außerordentlich wohl sein ließen. Die

1*

Tagesereignisse wurden mit heftigen Worten gegen die Administration in Washington besprochen. Eine Anzahl jener Herren, welche bereits in prächtigen Uniformen steckten, rasselte mit den Säbeln, klirrte mit den Sporen und vertilgte die aufgehäuften Speisevorräthe mit einer solchen Todesverachtung, daß ich einen ordentlichen Respect vor ihrem ritterlichen Muthe bekam.

Als die Tafel aufgehoben war, beeilte ich mich, meine Depeschen Sr. Excellenz Pickens, Gouverneur des Staates Südcarolina, zu überbringen. Ich fand einen prächtigen Gentleman, voll Liebenswürdigkeit und galanter Zuvorkommenheit. Sofort ließ ich mir Ordres ausfertigen, welche mir als Schlüssel dienen sollten, um die militärischen Zustände und Ressourcen dieses in Rebellion befindlichen Staats kennen zu lernen, worauf ich einen seiner zahlreichen Adjutanten als Begleitungsoffizier sowie Pferde und einen schwarzen Wollkopf zur Bedienung erhielt. Jener Offizier, Kapitän Nelson, stellte sich mir mit dem den südlichen Plantagenbesitzern so eigenen freundlichen Wesen zur Verfügung, und sehr zufrieden, beeilte ich mich vom Hauptquartiere des Gouverneurs meine Aufwartung bei Honorable Porcher Mills zu machen. Wir eilten einige der Hauptstraßen entlang und befanden uns in kurzem an der Bai von Charleston. Es war eins jener großartigen Gemälde, welche ewig in der Erinnerung fortleben. Still und ruhig lag dort die prächtige tiefblaue Bai, aus deren Mitte wie ein grollendes Ungethüm die schwarzen düstern Mauern des Fort Sumter mit ihren drohenden Kanonenscharten emporstiegen, während ein leiser Südwind das majestätische Banner der Union, welches aus der Mitte des Forts emporragte, gleichsam spielend entfaltete und die zu Tausenden hier promenirenden Bürger von Charleston die Sterne und Streifen erblicken ließ.

Hier in der Mitte der Bai, in jenem düstern, unheimlichen

Steinberge, saß eine kleine Schar treuer braver Söhne jener großen Republik, deren Sternenbanner den am Ufer Promenirenden Zeugniß gab, daß Treue und Aufopferung kein leeres Wort ist, und welche hier den Willen kund gaben, entweder als brave Soldaten der Vereinigten Staaten zu sterben, oder dem Vaterlande den anvertrauten Posten trotz aller Anerbietungen zu behaupten. Zur linken Seite der Bai stand Fort Moultrie, von dessen Wällen das Banner der Südländer, der Palmetto, herunterglänzte, welchen das Volk mit leuchtendem Auge betrachtete. Die Flagge von Südcarolina hat eine Palme auf weißem Felde, und diese Flagge wurde von der Confederacy als Kriegsfahne gewählt, welche man kurzweg den Palmetto nannte.

Mit schwerem Herzen trennte ich mich von dem Platze und ging in Begleitung meines beigegebenen Offiziers nach der Residenz des Honorable Porcher Mills. Ich fand prächtige Aufnahme dort, und Mr. Mills versicherte mir wiederholt, mir dienlich zu sein, wo er nur könne. Nach einem längern Verweilen traten wir unsern Rückweg an, und nach kurzem Aufenthalt in den Räumen des Hotels suchte ich Ruhe, um mit dem kommenden Tage meine Thätigkeit zu beginnen. Kaum mochte ich jedoch einige Stunden geschlafen haben, als ich durch Glockengeläute und Trommelgewirbel aus meiner Ruhe geschreckt wurde. Rasch sprang ich von meinem Lager und eilte hinunter, um mich nach der Ursache des Tumults zu erkundigen. In dem Hotel entwickelte sich eine militärische Lebhaftigkeit, wie ich sie 1848 in Italien erlebte. Die Gänge und Treppen hallten wider von dem Geklirre der Säbel und Sporen, daß es eine Freude für einen alten Soldaten war, und unten im Foher drängten sich alle Waffengattungen, Grenadiere, Husaren, mit ihren verschiedenen Rapports, während eine Abtheilung Cadetten die Wache am Hotel bezogen hatte. Militär aller Gattungen eilte im Fluge vorüber, während die Batterien dröhnend durch die Straßen fuhren.

In kurzem erschien Kapitän Nelson und theilte mir strahlenden Angesichts die Nachricht mit, daß eben Befehl zum Bombardement des Fort Sumter eingetroffen wäre. Präsident Buchanan hatte nämlich das Ultimatum Südcarolinas, die Entfernung der Unionstruppen von Fort Sumter betreffend, verworfen, und die Bevollmächtigten kehrten mit dieser Kriegserklärung des Präsidenten zurück. Jetzt gab es also kein Hinderniß mehr; die Schranken, welche seither zwischen den Streitenden standen, waren gefallen, und unsere südlichen Helden hatten freien Spielraum, ihren Muth zu erproben. Im Speisesaal versammelten sich bald nachher Hunderte von Offizieren und ließen lustig die Champagnergläser erklingen.

Es war ein schöner Anblick, jene kriegerische Jugend zu sehen. Nach einiger Zeit erschien Kapitän Nelson mit Pferd und Diener, und wir begaben uns sofort nach Fort Moultrie, wo Major Ripley, ehemaliger Offizier der regulären Unionsarmee, das Commando hatte, und wo der Strauß beginnen sollte.

Mein Schlachtgaul war ein friedliches, ruhiges Thier, welches in seinem Leben nie ein so buntes Durcheinander gesehen, und jetzt, nachdem es eine lange Reihe von Jahren in aller Ruhe seinen Hafer und sein Heu verzehrt hatte, plötzlich Pulver riechen und im Donner der Kanonen seine Standhaftigkeit erproben sollte. Als ob es eine Ahnung hätte von dem, was nun vorgehen sollte, spitzte es seine Ohren und blickte mit scheuem Auge in das bunte kriegerische Leben, welches sich ringsum zeigte. Kaum aber Sporen und Zügel fühlend, flog es mit Leichtigkeit der Fähre zu, welche uns nach Fort Moultrie bringen sollte.

Es war ein herrlicher Tag, die Sonne glänzte mild und freundlich auf die ruhige tiefblaue Bai. Die grünen Wälder am Uferrand spiegelten sich in der krystallenen Flut, und die ganze Natur sah froh und friedlich aus; nur die Menschen trugen Unfrieden und Krieg in ihrer Brust. Unten bestiegen wir ein Dampfboot, welches uns nach den Festungswerken hinüberbrachte. Durch mein ausgezeichnetes Voigtländer Rohr bemerkte ich im Fort Sumter eine kriegerische Bewegung, Kanonen wurden aufgefahren, neue Werke in der Fronte des Forts aufgeworfen, kurz aus dem Ganzen ging hervor, daß Major Anderson nicht nur entschlossen war, seine Zähne zu zeigen, sondern gehörig zu beißen, wenn es noth thäte. Ich reichte mein Rohr dem neben mir stehenden Kapitän, machte ihn auf die Arbeiten des Commandanten von Fort Sumter aufmerksam, und fügte die Bemerkung hinzu, daß der alte Werwolf Anderson eine so anständige Gesellschaft wie die unserige sicher sehr höflich und aufmerksam empfangen und behandeln würde. „Was Teufel", entgegnete mein heldenmüthiger Begleiter, „der verdammte Kerl wird doch nicht etwa schießen?" Dabei zeigte sein Gesicht eine auffallende Blässe, während sein kriegerisch aufgestutzter Schnurrbart bedeutend seine kühne Haltung verlor. „Davon wenigstens, Kapitän, können Sie überzeugt sein, daß alle seine Arbeiten zeigen, daß es ihm voller Ernst ist, von seinen Waffen Gebrauch zu machen."

Ein leichtes Frösteln schien meinen Begleiter zu durchbeben, und ein Unwohlsein vorschützend, entfernte sich Kapitän Nelson behende, um hinter der Brüstung des Schiffs einen etwas sichern Zufluchtsort zu suchen. Die andern muthigern Söhne des Mars, welche mich von Charleston mit hinübergeleiteten, drängten sich jetzt alle um mich, und bestürmten mich, ihnen einige Erlebnisse und vielleicht analoge Fälle aus meinem kriegerischen Leben mitzutheilen, was ich auch gern that.

„Fort Moultrie, meine Herren!" rief der Kapitän des Dampfers, und alles schickte sich an das Schiff zu verlassen. Als wir landeten, wurden wir am Ufer von einer Anzahl von Offizieren und Soldaten der Garnison des Forts jubelnd empfangen. Wir verfügten uns ohne Zeitverlust in die innern Räume der Befestigungen, wo wir den Commandanten dieses Postens, Major Ripley, mit einer großen Anzahl Neger fleißig an der Arbeit trafen. Er bat mich auf einige Augenblicke um Entschuldigung, indem er noch die letzten Anordnungen persönlich überwachen wolle. Hier herrschte ein prächtiges kriegerisches Leben. Kanonen von jedem Kaliber wurden in ihre Stände eingefahren, Oefen zum Glühen der Kugeln hergerichtet, Kessel aufgestellt, Munition an die verschiedenen Batterien ausgetheilt, und Kugeln in allen Größen in schönen Pyramiden aufgethürmt. Ein Theil der Besatzung stand unter Waffen, um aufs erste Commando sofort in Thätigkeit überzugehen, kurz, aus dem ganzen Bilde, welches sich hier vor meinen Augen entfaltete, entnahm ich, daß der Commandant dieses Forts ein tüchtiger Soldat sein mußte; denn nur einige kleine Verstöße zeigten, daß seine Aufgabe ihn etwas überrascht hatte und er sich zum ersten mal in seinem Leben auf einem Kampfplatz befand. So war unter anderm das in Vertheidigungszustand gesetzte Fort von zu schwacher Construction gegenüber dem bombenfesten Sumter und seinem Kaliber. Ein von tüchtig geübten Truppen geleitetes Bombardement würde Fort Moultrie binnen 12 Stunden rasirt haben.

Besonders war aber auf das hauptsächlichste Departement, das Hospital, sehr wenig Aufmerksamkeit gerichtet. Hier fand man keine Doctoren mit ihren Assistenten, welche sorgfältig, um auf alles vorbereitet zu sein, ihre verschiedenen Amputationswerkzeuge, als Sägen, Messer, Nadeln, Sonden u. s. w., putzten und herrichteten, die Amputationstische in Ordnung stellten, Binden und Verbandwerkzeuge an ihre verschiedenen Plätze brachten u. s. w. Keine Aerzte sah man in diesem Hospital mit aufgestreiften Hembärmeln dem unter ihnen stehenden Personal Anleitung geben, wie man ihnen in diesen oder jenen Fällen am besten behülflich sein könne. Nichts von alledem war sichtbar, obgleich es für den Soldaten, welcher seinem

Feinde gegenübersteht, so höchst nothwendig, so unentbehrlich ist. Die guten Herren Doctoren tummelten sich jedoch hier in großer Paradeuniform in den Werken des Forts Moultrie umher, als verstände es sich ganz von selbst, daß es hier keine Verwundete, mithin für sie keine Arbeit gäbe.

Nachdem ich meine Inspection beendigt hatte, welche mir manches Lächeln entlockte, trat ich in den innern Hof, wo mir Kapitän Nelson mit der höchst wichtigen Nachricht entgegenkam, daß Major Ripley mich mit einer tüchtigen Punschbowle erwarte. Als ich den mir angewiesenen Platz erreichte, fand ich meinen guten Festungscommandanten gleich einem Bacchus auf einer umgestürzten Tonne sitzend; seine Offiziere lagerten in einer malerischen Gruppe um ihn herum, rauchten ihre Cigarren und erwarteten mit Sehnsucht den Punsch, welchen ein junger Cavalerielieutenant fabrizirte. Mit Jubel und Begeisterung wurde ich von Major Ripley und seinen Offizieren empfangen, denn ich war fast der einzige europäische Offizier, welcher unter ihrer Flagge diente. Wir lagerten uns so bequem als möglich auf Baumwolle, während eine Schar Sklaven die gefüllten Punschgläser und feine Havañacigarren herumreichte. Lustig ließen wir die Gläser klingen, und manchen Toast brachten die Offiziere dem fernern Wohl und Gedeihen des Palmettostaats. Es war eins jener kriegerischen Feste, wie sie nur der Südländer mit seiner feurigen Natur zu feiern versteht.

In unserm unerschrockenen tapfern Angriff auf die besagte Punschbowle wurden wir plötzlich durch den Anruf der Wache gestört. Eine Ordonnanz des Gouverneurs brachte Depeschen für den Commandanten des Forts. Alles wurde ernst und still, und jedes Auge war starr und neugierig auf Major Ripley gerichtet. Als derselbe die Depesche gelesen, fertigte er die Ordonnanz ab, schob die Papiere in seine Tasche, und indem er sich von einem jener geschäftigen Schwarzen ein Glas

Punsch geben ließ, sagte er zu den ihn in spannender Erwartung umgebenden Offizieren: „Meine Herren, füllen Sie Ihre Gläser, mit dem Bombardement von Fort Sumter ist es für den Augenblick nichts! (Allgemeine Enttäuschung.) „Ich begebe mich augenblicklich nach dem Hauptquartiere Sr. Excellenz", fuhr er fort, und indem er sein Glas erhob: „ein Hoch, ein donnerndes Hoch jener Palmettorepublik und ihren tapfern Söhnen, welche das Joch des Nordens zerbrochen haben!" Donnernd hallte das Hurrahgeschrei der Offiziere, in welches auch die Garnison mit einstimmte, durch die Lüfte, und voll ernster Gedanken blickte ich das Palmettobanner an.

Major Ripley wandte sich hierauf an Kapitän Lamb, um ihm das Commando für heute zu übertragen; darauf traten wir unsere Ueberfahrt nach Charleston an. Dort angelangt, verfügten wir uns sofort in das Hauptquartier des Gouverneurs, um die Ursache der Zurücknahme der Ordres zu erfahren. Sämmtliche Leiter des Staates Südcarolina waren dort versammelt, und nach einer längern Debatte wurde beschlossen, von dem Bombardement des Fort Sumter abzustehen und Versuche zu machen, Major Anderson durch diplomatische Kniffe zum Aufgeben des Platzes oder zur Capitulation zu zwingen.

Major Ripley, Kapitän Nelson und ich verfügten uns hierauf nach meinem Hotel, um uns von den Beschwerden des Tags etwas zu erholen. Einer der zahlreichen Diener des Hotels überreichte mir jedoch gleich bei meinem Eintritte Depeschen aus Virginia, welche mir befahlen, gleich nach meiner Inspection nach dem Hauptquartier des Generals Bragg im Staate Florida zu gehen, um die dortigen Zustände kennen zu lernen. General Bragg hatte nämlich die Aufgabe, das Fort Pickens, welches von den Truppen und der Flotte der Vereinigten Staaten gehalten wurde, zu nehmen.

Ohne mich lange zu besinnen, packte ich rasch meine Hab=

seligkeiten zusammen, um meine Reise nach Florida und Alabama anzutreten. Ich nahm einen herzlichen Abschied von den mir in kurzem lieb gewordenen Kameraden, und mußte ihnen fest versprechen, daß, wenn ich über den Beginn des Bombardements per Telegraph benachrichtigt würde, sich sofort zurückkehren wolle, um Zeuge der Bravour der Südcarolinatruppen zu sein. Herzlich schüttelten wir uns die Hände, und ich begab mich begleitet von Kapitän Nelson zur Eisenbahn. Hier fand ich schon meinen Neger, den guten alten Onkel Sam. Traurig trat der Wollkopf an mich heran: „Massa Cornel, alt Sam mitnehmen, kennt Pferde. Onkel Sam alle Musquitos todt schlägt." Ich konnte nicht lachen, als mir der arme Kerl alle schönen Eigenschaften vorzählte, in der Hoffnung, einen überwältigenden Eindruck damit auf mich hervorzubringen. Gerührt reichte ich dem alten Burschen die Hand und sagte: „Ja, Onkel Sam, du gehst mit mir." Da brach denn der ganze Uebermuth los, welcher die Schwarzen charakterisirt, sobald einer ihrer Lieblingswünsche in Erfüllung geht. Einem andern jüngern Schwarzen, welcher an der Seite stand und uns mit weit aufgerissenem Mund, großen Augen und Nasenlöchern zuhörte, einen Stoß versetzend, rief er: „Verdammter schwarzer Teufel, wirst du Platz machen, wenn Massa Cornel kommt!" Und dabei hatte der Kerl selbst eine Farbe, welche mit der saftigsten Tintenschwärze concurriren konnte.

Ich ersuchte demnach Kapitän Nelson, mir Sam zur Bedienung mitzugeben, was derselbe auch mit Freuden gestattete. Da der Zug noch nicht gleich abging, so setzte ich mich in den Wartesaal und las die Zeitungen. Als endlich das Zeichen zur Abfahrt gegeben wurde, erschien mein Sam, doch gänzlich metamorphosirt. Ein paar hellblaue, etwas zu enge Beinkleider umschlossen die gigantischen Fleischmassen, eine hellgelbe Weste hob seine gewaltige Brust noch mehr hervor, während ein grasgrüner Frack mit vergoldeten Knöpfen, ein weiter schwarzer

ieich als Regenschirm diente, und ein Halskragen, fast zu seinen Augen reichten, seinen von ihm
betrachteten Anzug vollendeten. Ein Paar Stiefel,
n Patagonier Ehre gemacht hätten, verhüllten in
rissen seinen Elefantenfuß. Onkel Sam dünkte
seiner Toilette unwiderstehlich. Er beförderte mich
ger Geschäftigkeit in einen Wagen, und eilte dann
äck zu übergeben. Er stolperte durch die Bahnhofs=
mit jener Wichtigkeit, welche die Schwarzen so gern
, wenn sie denken, ihr Master sei ein Mann von
ng.
lich ging es fort, und Onkel Sam stellte sich in seinem
cen Costüm auf die Plateforme des Wagens. Seine
:, die sich, sobald seine Abreise bekannt geworden war,
tzenden an den Bahnhof begeben hatten, standen staunend
oll Bewunderung umher, um ihm die letzten Gunster=
ngen zu gewähren. „Lebe wohl, Bell, vergiß mich nicht!"
er einer dicken, häßlichen Schwarzen zu, welche ihm noch
sinen in den Wagen reichte. „Bob, denk' an die zehn Cents,
he ich noch bekomme. Sim, mache deiner Lady meine
npliments, Onkel Sam geht in Krieg, wird viele Yankees
ten. Massa Cornel hat Säbel. Good=bye, Good=bye!" und
mit nahm er vielleicht für immer von seinen Freunden Ab=
sied.

Die Reise war ebenso monoton wie die von Richmond
tach Charleston.

In Augusta, im Staate Georgia, machte ich Halt, um eine
Unterredung mit Honorable K. zu haben, an den ich Empfeh=
lungsbriefe hatte. Ich fand in jenem Herrn einen braven
biedern Patrioten der großen Republik. Wehmüthig schüttelte
er den Kopf über die sich überstürzenden Zustände unserer
südlichen Staaten. Er verdammte mit kräftigen Worten das
unüberlegte, vorschnelle Handeln des Staates Südcarolina,

welches das Land ins Verderben stürze. Als ich ihm entgegnete, daß keine Stimme sich gegen diesen Staat erhöbe, erwiderte er: „Ja, Ja, die Journale sind auch bisjetzt die einzigen, die mit diesen Wölfen heulen; aber fragen Sie das Volk, appelliren Sie an die Einwohner von Georgia, und ich will mit meinem Kopfe haften, daß vier Fünftel der Bevölkerung für die Sache der Union und gegen eine Trennung von derselben sind. So ist es nicht allein hier", fuhr er fort, „so finden Sie es in Alabama, Nordcarolina und Virginia; aber jene Bande, welche schon lange auf eine Gelegenheit wartete, um diesen Umsturz auszuführen, hat in der Erwählung des republikanischen Präsidenten Lincoln das geeignete Mittel gefunden, ihr empörendes Spiel zu beginnen." Kräftig schüttelte ich die Rechte dieses wackern Mannes, dieses biedern Patrioten, und eilte nach Montgomery.

Was mir dieser Patriot damals mittheilte, glaube auch ich erfahren zu haben. Nicht das Volk, sondern jene unruhige wühlerische Partei, von Ehrgeiz und Unzufriedenheit getrieben, war es, die die Journale in der Hand hatte und den Krieg predigte. Jeder dieser saubern Opponenten hatte vielleicht schon einen hübschen Posten im Auge, der ihm durch den Umsturz der bestehenden Partei zu Theil werden sollte.

Wie herrlich stand die Union da, eine Wunderblume, die sich voll Leben und Kraft so imposant entfaltet hatte, daß alle Welt erstaunte. Jeder Staat war ein herrliches Blatt dieser schönen Blume, und auf jedem Blatt stand geschrieben: „Recht, Freiheit, Wohlstand, Eintracht!" Und diese vier Urheber ihrer mächtigen Existenz waren zu ihrem fernern Gedeihen unbedingt und ungetrennt nöthig, das fühlte auch das kleinste Glied, der winzigste Theil dieser kolossalen Verbindung. Warum wurden nicht gleich die giftigen Würmer entfernt, die im Kelche der herrlichen Blume nisteten zu ihrem Verderben, und das innerste Leben zerstörten! Warum wurde nicht gleich das Blatt abgerissen, dessen Fäulniß die ganze Pflanze anzustecken drohte! — Jedoch, wer ahnte damals in dem kleinen Ball die riesige Lavine, die rasch anschwellend mit vernichtender Gewalt die Wohnstätte des schönen Friedens zerstören sollte!

Montgomery im Staate Alabama war von der Umsturzpartei als der Platz auserkoren, wo sie ihre Ränke schmieden, von wo aus sie in Ruhe und Sicherheit ihre Pläne verfolgen konnte. Bei meiner Ankunft daselbst herrschte eine große Gärung und Aufregung unter den scharenweise zusammenströmenden Bürgern. Mit harter Mühe gelang es mir, für mich und Sam ein Unterkommen zu finden. Dann eilte ich nach dem Capitol, wo ich mit einigen Mitgliedern der südlichen Convention, welche hier tagte, eine kurze Unterredung hatte. Ohne mir auch nur etwas Zeit zu gönnen, eilte ich mit Anbruch des nächsten Tags nach dem Kriegsschauplatze von Florida, um auch dort die Lage der Dinge kennen zu lernen.

Zu Pensacola — einem kleinen erbärmlichen Städtchen am Mexicanischen Golf, in einer sandigen Ebene, wo Gelbes Fieber und Alligators ihr freies Spiel treiben — fand ich die Armee des großen Generals Bragg, welcher von diesem Punkte aus seine Operationen begann, um das in der Mitte der Bai liegende Fort Pickens, beschützt und vertheidigt von der Unionsflotte und einer kleinen Landarmee, zu bestürmen. General Bragg hatte zwar bis heute mit Mühe und Noth nichts weiter errungen, als Gelegenheit, seine pomphaften Berichte in die Welt zu senden. Auf mich machte er überhaupt den Eindruck eines Kunstreiters, welcher vor seiner Bude der versammelten Menge Wunderdinge von dem erzählt, was im Innern vorgeht. Das Volk bezahlt, tritt ein und sieht — nichts! Seine Berichte und Bulletins waren ganz dazu angethan, beim großen Haufen Aufsehen zu erregen und Effect zu machen. So hieß es unter anderm: „Habe Kanonen, um die Welt zu vernichten!" „Will die Hunde in alle vier Winde fegen!" „Werde vom Fort keinen Stein auf dem andern lassen!" u. s. w.; kurz, durch dergleichen lakonische Kraftausdrücke wußte er das Publikum zu gewinnen, und die Leute meinten schon ernstlich, Bragg sei der einzige General der Welt, ein zweiter Alexander. Ja, wenn es mit den Worten schon gethan wäre, dann hätten wir noch viele Helden in Amerika; aber ein Sprichwort sagt: „Worte sind keine Cents!"

Der alte Bragg ließ mich gar nicht zu Wort kommen, sondern schrie blos mit einer an Tollheit grenzenden Aufregung, daß er das Fort Pickens innerhalb vier Wochen nehmen werde, die Garnison müsse über die Klinge springen, der Steinhausen werde in die Luft gesprengt. „Alles dies ist recht schön", erwiderte ich gedämpft; „aber welche Maßregeln haben Sie denn ergriffen, Herr General, um diesen großartigen Plan auszuführen?" Auf dieses Terrain wünschte mein Held indessen nicht überzugehen, indem er, wie er sagte, das Publikum mit seinen Erfolgen überraschen wolle, und hierbei zupfte er an seinen Halskragen. Ich schlenderte nach dieser mehr wie wässerigen Unterhaltung die Bai hinunter, um seine Arbeiten sowie den Zustand der Armee kennen zu lernen. Die Befestigungsarbeiten befanden sich noch in der ersten Kindheit, und wurden mit einer so beispiellosen Ruhe und Gemächlichkeit betrieben, daß es einem alten gedienten europäischen Soldaten auffallen mußte. Hätte man dort im Fort nicht die bienenartige Geschäftigkeit des Feindes bemerkt, so würde ich gedacht haben, wir befänden uns im tiefsten Frieden.

Die Sonne sandte ihre Strahlen so mächtig zur Erde, daß der trockene sandige Boden glühte. Ich ließ mir daher ein Pferd kommen und ritt, begleitet von Bragg's erstem Adjutanten, Major Self, durch das Lager der hier versammelten Truppen. Major Self war ein freundlicher, liebenswürdiger

Cavalerieoffizier, der ohne Zweifel Anlage zu einem tüchtigen Soldaten hatte, doch damals noch ein zu schwärmerischer Bewunderer des alten Bragg war, und nicht genug erzählen konnte, was der gute General nicht alles thun wolle. Das sämmtliche hier aufgestellte Militär bestand aus freiwilligen Milizen, welche erst seit wenig Wochen im Dienste waren. Die Burschen sahen prächtig aus, das Lagerleben gab ihnen jenen phantastischen Anstrich der französischen Armee in Algier, nur fehlte der leichtsinnige Humor, sie verträumten mehr ihre Dienstzeit; denn es war ihnen eine Abwechselung mit dem einförmigen Plantagenleben, und die veränderte Lebensart und Umgebung schien ihnen nicht unangenehm zu sein. Kaum war ich einige Tage im Belagerungsheer, als die Nachricht eintraf, daß die Convention zu Montgomery Jefferson Davis zum Präsidenten und Alexander Stevens zum Vicepräsidenten erwählt habe. Rasch stattete ich meine Abschiedsbesuche bei General Bragg sowie bei dem Chef des Stabes ab, beorderte Sam, meine Sachen zu packen, und flog auch schon desselben Abends wieder nach Montgomery zurück. In sehr kurzer Zeit hatten sich die Verhältnisse des Südens bedeutend geändert. Nach dem Austritt Südcarolinas folgten die andern südlichen Staaten bald nach, und zwar ohne viele Formalitäten. Anfangs Januar 1861 traten Mississippi, Alabama und Florida aus der Union aus, und Georgia und Louisiana folgten am Schlusse desselben Monats. Texas trat im Februar aus, sodaß in kaum drei Monaten nach der Erwählung des republikanischen Präsidenten Lincoln auch schon alle Südstaaten sich von der Union getrennt hatten, wobei sie zugleich die Vorsicht gebrauchten, sämmtliches Staatseigenthum in Beschlag zu nehmen, mit Ausnahme der Forts im Hafen von Charleston und Fort Pickens in Florida, welche in den Händen der Unionstruppen sich befanden und nicht so mir nichts dir nichts sich nehmen ließen.

Ende Januar schlug die Legislatur des Staates Virginia

einen Versöhnungscongreß zur Vermeidung des entsetzlichen Bruderkrieges vor, welcher sich in der großen Republik vorbereitete. Dieser Congreß sollte den 9. Febr. in Washington stattfinden, und man wollte über friedliche Schritte und Mittel berathen, um die lodernde Glut zu ersticken. Man versammelte sich nun zu der festgesetzten Zeit und der ehemalige Präsident der Vereinigten Staaten, Thler, ward zum Präsidenten des Congresses ernannt; jedoch schon nach wenigen Tagen mußten sich die Mitglieder wegen Nichtverständigung trennen. Die ausgetretenen Staaten begannen jetzt ein neues Gouvernement zu organisiren und legten das Fundament zu der spätern Conföderation.

In Montgomery versammelten sich die Abgeordneten der sechs ausgetretenen Staaten, um eine provisorische Regierung einzusetzen, und hier wurde am 8. Febr. eine Constitution für die Conföderirten Staaten angenommen. Dann ging der Congreß zur Wahl eines Präsidenten und Vicepräsidenten über und nach einigen politischen Kämpfen und Intriguen gingen Jefferson Davis und Alexander Stevens siegreich aus der Wahl hervor.

Mit großer Spannung sah ich der Ankunft des neuen Präsidenten Davis entgegen, welcher sofort auf die Nachricht von seiner Erwählung nach Montgomery eilte, um seine neue Würde anzutreten, und den 19. Febr. 1861 unter Glockengeläute und Kanonendonner daselbst einzog. Er wurde von einer Unmasse Stellensuchender begleitet und dort von einer noch größern Menge desselben Schlages erwartet und empfangen, die alle auf den Lohn ihrer Arbeit warteten. Der 22. Febr. 1861 war als der Tag bestimmt, an welchem der Präsident in seine Würde mit allem nur irgend aufzubietenden Pompe eingesetzt werden sollte. Die Glocken läuteten, der Donner der Kanonen hallte durch die stillen Lüfte und Militärcompagnien eilten aus allen Theilen der

…en herbei, um an dieser Farce theilzunehmen. Die Geschichte wurde mit einer Eilfertigkeit betrieben, daß …wählung, Ankunft und Einsetzung des Präsidenten, kaum …nt, auch schon geschehen war. Die ganze Sache hatte Ansehen, als wären die Rollen schon seit langer Zeit aus…eilt und brauchten nur gespielt zu werden. Den 22. Febr. …mittags 2 Uhr hatten die südlichen Staaten einen Präsi…ten, ein Cabinet, und das ganze Volk schaute sich verwundert und konnte aus dieser eiligen Erwählung nicht recht klug …rden. Man hatte über Nacht einen Präsidenten erhalten, …ne daß das Volk etwas davon wußte und ohne daß die …ürger sich für oder gegen ihn erklären konnten. Einzelne …olitiker zogen natürlich ihren Vortheil daraus, die Bürger …es freien Landes als Leibeigne zu behandeln, und stillschweigend und ohne Murren nahmen diese auch die Verhöhnung ihrer Rechte hin. Um ihnen aber ja nicht Zeit zum Nachdenken zu geben, ergriff die neue Regierung sogleich Maßregeln, die geeignet waren, sie total verwirrt zu machen.

Die Forts Moultrie und Pinkney im Hafen von Charleston ebenso die Forts Pulaski, Jackson, Philippi wurden genommen und besetzt, die Arsenale zu Baton-Rouge und Mount Vernon, das Zollhaus zu Neuorleans und die Münze ebenfalls genommen, die Kassen geleert, andere Beamte eingesetzt u. s. w.

In dieser Periode versammelten sich am Hofe Jefferson Davis' des Großen alle, die etwas dazu beigetragen, die erhabene Republik an den Rand des Abgrunds zu bringen. Aus allen Theilen des Reiches flogen die Raben herbei, um an dem Fraße theilzunehmen. Der ehemalige Kriegsminister Floyd spielte dabei eine Hauptrolle, ebenso der ehemalige Advocat Tochmann von der neuyorker Bar, welcher sofort zum Brigadegeneral ernannt wurde, sowie noch viele andere. Civil- und Militärpersonen, die früher in Diensten der Vereinigten Staaten angestellt waren, kamen scharenweise in die neue Conföderation. Viele von diesen Herren hatten ebenso wenig ein reines Gewissen wie ihr Freund John Floyd, verstanden es jedoch prächtig, Vaterlandsliebe und Uneigennützigkeit zu heucheln, und die Regierung, welche selbst aus vielen ähnlichen Elementen bestand, hatte natürlich keinen Grund, diese treuen Bruderherzen abzuweisen. Man empfing diese Bande mit offenen Armen und placirte sie recht vortheilhaft.

Während sich im Süden die Revolution großartig vorbereitete und durch die Elemente, welche sich eingefunden, die Regierung von einem Schritte zum andern gedrängt wurde, verhielt sich das Cabinet Buchanan zu Washington in einer an Wahnsinn grenzenden Gleichgültigkeit. Der Entsatz des Fort Sumter z. B., wo Major Anderson mit 132 Mann eingeschlossen war, wurde gar nicht unternommen. Unter diesen Umständen nahte der 4. März heran und mit ihm die Einsetzung des neuen republikanischen Präsidenten Abraham Lincoln. Um nach Washington zu gelangen, hatte derselbe eine Reise so voller Hindernisse zu bestehen, daß mancher andere vielleicht noch auf dem Wege umgekehrt wäre. Doch ruhig und kaltblütig verfolgte dieser einfache, schlichte Mann die einmal gefaßten Plane und erreichte auch trotz aller bösen Vorhersagungen und frommen Wünsche der Südländer, daß er glücklich den Hals brechen möge, endlich die Hauptstadt des Landes.

Die Stunde der Einsetzung des Präsidenten hatte endlich geschlagen und General Scott, Commandant sämmtlicher Truppen der Unionsarmee, hatte die Aufgabe, die Aufstellung der Mannschaft persönlich zu leiten, da man die feste Ueberzeugung hegte, daß eine Demonstration der anwesenden Südländer stattfinden würde. Der alte General entwickelte denn auch eine ungeheure Thätigkeit. So ließ er das Capitol von Truppen der regulären Unionsarmee besetzen, die Pennsylvaniastraße, welche sich vom Hause des Präsidenten bis zum Capitol hinzieht, von den meisten Querstraßen absperren. Ferner waren die flachen Dächer der Häuser mit Schützen besetzt, während Infanterie und Artillerie an verschiedenen Punkten in Masse aufgestellt war, um sofort auf Befehl einzuschreiten. Die Cavalerie war zur Vor= und Nachhut der Escorte des Präsidenten beordert. Die Marinebrigade im Hafen hatte ebenfalls Befehl erhalten, für alle vorkommenden Fälle bereit zu sein.

So lag es dumpf und schwer über Washington, wie ein unheilschwangeres Gewitter, ein Schuß und es wäre um die Stadt geschehen gewesen, denn General Scott war ganz der Mann, der sich kein Gewissen daraus machte, alles zusammenzuschießen, wenn es einem jener Wahnsinnigen eingefallen wäre, sich der Einsetzung des Präsidenten zu widersetzen. Als jedoch die von den verschiedenen Quartieren eingehenden Rapporte friedlich lauteten, sagte der alte General zu seinen ihn umgebenden Offizieren: „Danket Gott dem Allmächtigen, daß sie mich nicht zwangen, von den Waffen Gebrauch zu machen, denn wahrlich, es hätte großes Unglück gegeben."

Als das feierliche Geläute der Glocken sowie der Donner der Geschütze die Einsetzung des Präsidenten verkündigte, wurde er mit unendlichem Jubel begrüßt. Tausende waren von allen Seiten herbeigeströmt, um den frühern Holzhauer des fernen Westens eine der höchsten Stellungen in der Welt einnehmen zu sehen, und auch ich befand mich unter den Neugierigen. Den Zug, welcher vom Weißen Hause ausging, eröffnete eine Masse freiwilliger Militärcompagnien und Deputationen. Dann kam ein einfacher Wagen, worin der alte Präsident Buchanan und ihm zur Rechten sein Nachfolger Lincoln saß. Der neue Präsident sah von all den Strapatzen und Aufregungen matt und leidend aus. Müde und kalt überflog sein Auge die unendliche Menschenmauer, welche an beiden Seiten den Zug einschloß. Suchte er seinen Brutus? — Mit heiterm Gesichte saß Buchanan ihm zur Seite. Man sah es ihm deutlich an, wie glücklich er sich fühlte, diesen dornenvollen Pfad verlassen zu können. In prächtigen Equipagen folgten dem einfachen Wagen die Vertreter fremder Regierungen sammt ihrem Gesandtschafts= und Consulatspersonal, alle in goldstrotzenden Uniformen und behangen mit den in Europa so gesuchten Orden.

Präsident Lincoln hielt seine Rede vom östlichen Porticus des Capitols. Sie war ernst und würdevoll. Er schwor mit erhobener Rechten, daß er die Gesetze der Unionsstaaten achten und beschützen werde, daß er so regieren wolle, wie er es einst vor seinem höchsten Richter verantworten könne. Er erklärte, daß es keine Nothwendigkeit sei, Blut zu vergießen oder Gewalt zu gebrauchen, höchstens — und er markirte dieses Wort scharf —, wenn das aufgeregte Volk die Regierung dazu zwinge. Er erklärte ferner, daß er die Macht, welche die Majorität des Volkes ihm anvertraut habe, fest und unerschütterlich nur dazu gebrauchen werde, um jene Plätze und Citadellen unter allen Umständen zu behaupten, welche der Regierung gehörten.

In unserm sonnigen Süden wurde die Rede Lincoln's als Kriegserklärung betrachtet, und besonders als er die wüthendsten Feinde des Südens in die wichtigsten Aemter einsetzte. So ernannte er: W. Seward zum Ministerpräsidenten, S. Chase zum Präsidenten der Finanzen, M. Blair zum General=Postmeister, A. Burlingame zum Gesandten für Oesterreich, C. Clay zum Gesandten für Rußland, K. Schurz zum Gesandten für Spanien, E. Hardy zum Gesandten für Portugal, C. Adams zum Gesandten für England.

Im Reichsrathe wurde C. Summer als Vorsitzender für auswärtige Angelegenheiten ernannt, W. Fessenden als Vorsitzender in Finanz= und H. Wilson in Militärangelegenheiten. Douglas, das Haupt der demokratischen Partei, machte dem neuen Präsidenten bedeutend den Hof und hatte während der

Einsetzungsfeierlichkeit seinen Hut gehalten. Auf dem der Feier folgenden Balle führte er Mrs. Lincoln nicht allein, sondern widmete ihr auch die größte Aufmerksamkeit. Die böse Welt nahm das sehr übel auf und schob seiner Freundlichkeit selbstsüchtige Zwecke unter. Bei Lincoln's Antritt standen die Finanzen durchaus nicht schlecht. Die Bilanzen in der Treasury waren 6 Millionen Dollars, die Einnahme im Zollhause betrug 80,000 Dollars den Tag, kurz, die Regierung befand sich nicht eben in Verlegenheit.

Nur das Kriegsministerium unter der Verwaltung von J. B. Floyd hatte großartige Unordnungen hinterlassen. Floyd hielt nämlich den Zeitpunkt für geeignet, mit seiner Beute sich unter das Banner der Conföderirten zu begeben und, nachdem er sein Schäfchen geschoren, sich auf seine Güter zurückzuziehen.

Während die neue conföderirte Regierung von einem Schritte zum andern gedrängt wurde und alle Brücken hinter sich niederbrannte, um ja keine Möglichkeit zu einer spätern Verständigung offen zu lassen, sandte sie die Herren Crowford von Georgia und Forsyth von Alabama als Abgeordnete nach Washington, um wegen des Abzuges der Unionstruppen von den Forts Sumter und Pickens zu unterhandeln. Ferner sollten sie wegen der Trennung des Südens vom Norden ein Arrangement versuchen und namentlich in Betreff der Theilung der Ländereien Anträge stellen. Der Staatssecretär Seward weigerte sich jedoch, diese Herren als Repräsentanten eines souveränen Staates zu empfangen.

Während nun der größte Theil der Bevölkerung des Südens mit ernster Spannung dem Ausgange der Sache zusah und sich noch immer der Hoffnung auf friedliche Ausgleichung hingab, hatte ich längst alle Hoffnung aufgegeben, denn die Parteien, welche im Süden an der Spitze standen, ließen alle Friedensgedanken scheitern. Die meisten der Leute, aus denen sie bestanden, hatten wenig oder nichts zu verlieren, hofften aber viel zu gewinnen; deshalb waren sie entschieden für Fortsetzung des Krieges. Kaum waren daher die Festlichkeiten vorüber, welche der Einsetzung des Präsidenten folgten, als ich auch schon meine Rückreise nach Charleston antrat.

In Washington wurden jetzt unter dem Vorsitze des Präsidenten verschiedene Militärsitzungen gehalten, um Mittel und Wege zu finden, der Besatzung von Fort Sumter Verstärkungen sowie Munition und Proviant zu senden. Diese Sitzungen zogen sich ein paar Wochen in die Länge, ohne daß das Cabinet zu einem festen Entschlusse kam. Bald darauf griff der Kriegsminister der Unionsstaaten aber denn doch zu Maßregeln, um in den sich täglich mehr verwickelnden Angelegenheiten nicht unvorbereitet zu sein. So wurden die Truppen von den südlichen Grenzen nach Washington, verschiedene Flottenabtheilungen aus allen fremden Meeren nach Hause beordert und nur die zum Schutze des Handels höchst nothwendigen Schiffe zum Dienste bestimmt. Ganz Washington wurde zu einem großartigen Kriegslager umgewandelt. Aus allen diesen Anordnungen der Regierung ließ sich erkennen, daß sie sich ihrer gefährlichen Lage wohl bewußt war. Wirklich war es auch die höchste Zeit, in das bunte Durcheinander der Regierung Buchanan's etwas Ordnung zu bringen und mit Ernst und Energie zu zeigen, daß man die zu offener Rebellion übergegangenen Staaten, wenn Güte fruchtlos, durch Gewalt in die Union zurückbringen wolle.

Auf der andern Seite war die Regierung zu Montgomery nicht müßig geblieben. Drei Militärbills passirten den conföderirten Congreß, welcher zu Montgomery tagte, wo zugleich vor der Hand der Sitz der Regierung war. Die erste Bill ermächtigte den Präsidenten Davis, 100,000 Mann Freiwillige unter die Waffen zu rufen; die zweite, eine reguläre conföderirte Armee zu errichten; die dritte, eine Provinzialarmee aufzustellen. Dasjenige, was jedoch die Regierung der Vereinigten Staaten am meisten beunruhigte, war die große Anzahl von Offizieren der Landarmee und Flotte, welche aus dem Dienste der Union zur Conföderation übergingen, wodurch manche fühlbare oder kaum zu ergänzende Lücke entstand.

In dieser für die Regierung in Washington harten Zeit boten mehrere Gouverneure der nördlichen Staaten derselben Geld und Soldaten an. Man kam auch darin überein, daß die Regierung von den Waffen, die ihr zu Gebote ständen, entschieden Gebrauch machen sollte, wenn sie sonst kein Mittel mehr sähe, die Rebellion der südlichen Staaten zu unterdrücken. Als die Regierung Lincoln's die Ueberzeugung gewonnen hatte, daß die nördlichen Staaten sie mit allen ihnen zu Gebote stehenden Mitteln unterstützen würden, beschloß sie die sofortige Verstärkung und Verproviantirung des Fort Sumter zu bewerkstelligen. Um jedoch selbst im letzten Augenblick noch von allen verletzenden Schritten abzusehen, sendete sie den Oberst Laman mit Depeschen nach Südcarolina an den Gouverneur Pickens, mit der Anzeige, daß die Regierung willens sei, Fort Sumter zu verproviantiren. Gouverneur Pickens hörte die Anzeige ruhig an, ohne zu erklären, wie sich die Regierung dabei zu benehmen gedächte.

In Washington beschloß man jetzt, keine Minute zu zögern, und der Flottenminister erhielt Befehl, die Ausrüstung der Flotte in umfassendster Weise anzuordnen. Eine ungeheure Thätigkeit entwickelte sich nun auf den Schiffswerften sowie in den Arsenalen von Troy und Watertown, wo Tag und Nacht gearbeitet wurde, das Versäumte nachzuholen. Eine große Anzahl von Dampf- und Segelschiffen wurde angekauft, große Contracte für Lieferung von Kriegsbedürfnissen geschlossen, kurz, in allem ließ die Regierung in Washington das Volk ihren ernsten Willen sehen. Die Anwerbungen für die reguläre Armee gingen ausgezeichnet von statten, sodaß in ganz kurzer Zeit auf Governors-Island 12—15000 Mann Truppen versammelt waren.

Am 6. April meldete der commandirende Admiral dem Flottenminister, daß er bereit sei, weitere Ordres in Empfang zu nehmen. Das Geschwader bestand aus: Fregatte Powhattan, 10 schwere Geschütze, 400 Mann Besatzung; Cutter Harriet Lane, 8 schwere Geschütze, 100 Mann; Slop of War, Powne, 10 schwere Geschütze, 150 Mann; Baltic, Atlantic, Illinois und noch fünf andern Transportdampfschiffen, sodaß das Geschwader eine Stärke von 11 Schiffen mit 285 Kanonen hatte und mit 2400 Mann bemannt war.

Es war nun nicht mehr der leiseste Zweifel, daß der erste Schlag gegen Charleston geführt werden sollte. Präsident Lincoln zögerte auch nicht länger und zeigte der Welt, daß er den festen Entschluß habe, wenn alle Friedensversuche scheiterten, den Ernst der Waffen zu versuchen. — Die südliche Regierung in Montgomery war von allen Maßregeln Lincoln's durch ihre Spione stets in Kenntniß gesetzt und ernannte zum Commandanten von Charleston den mit dem Rang eines Generals der conföderirten Armee bekleideten P. G. Toussaint Beauregard.

Beauregard erhielt dieses wichtige Commando, ohne daß viel von seinem militärischen Genie bekannt war. Er ist der Sohn eines reichen Pflanzers im Staate Louisiana und genoß seine militärische Erziehung in der Militärakademie von West-Point, wo er sich bei seinem Austritte die zweite Classe errang.

Beim Ausbruch des mexicanischen Krieges diente er, wie die Berichte sagen, mit Auszeichnung als Ingenieurkapitän, und wurde zweimal belobt wegen seines tapfern und ausgezeichneten Benehmens in den Schlachten bei Conteras und Cherobusco. Nach der Schlacht von Chapullepec erhielt er seine Ernennung als Major. Als der mexicanische Krieg beendigt war, wurde er von der Unionsregierung zur Errichtung der Münze und der Zollhäuser nach Neuorleans beordert, dann später vom Präsidenten Buchanan als Director der Militärakademie zu West=Point ernannt. Diese Ernennung wurde jedoch infolge von gehässigen Gerüchten nach 48 Stunden zurückgenommen und bald darauf erhielt er seine Ernennung als General der Conföderation.

Als ich wieder nach Charleston zurückkehrte, fand ich dort alles total verändert. Die ganze Stadt nebst Umgebung glich einem großen Heerlager. Es wurde gegen das kleine Fort Sumter und seine Besatzung eine Armee concentrirt, als gälte es Gibraltar zu erobern. Rechnet man auch die Unionsflotte, welche herbeisegelte, dazu, so waren ja doch die Feinde nicht stärker als höchstens 2500 Mann, während hier eine Truppenmasse von 30,000 Mann aller Waffengattungen zusammengezogen war.

General Beauregard zeigte auf den Morris= und Sullivaninseln eine große Thätigkeit in Bezug auf Belagerungsarbeiten. Batterien wurden errichtet, ohne große Vorkehrung und ohne weitern Zweck. Wenn ein Sandhaufen aufgeworfen und eine Kanone eingefahren, wuchs ein Batteriecommandant von selbst aus der Erde. In kurzem zeigten die Listen in den geheimen Bureaux Sr. Excellenz des Gouverneurs Pickens 13 Batterien sammt den unter der tüchtigen Leitung des Majors Ripley in Vertheidigungszustand gesetzten Forts Moultrie und Pinkney und noch zwei kolossalen eisengepanzerten Schiffen. Die Rüstungen sowie die Vorkehrungen ließen auf eine ganz merkwürdige Belagerung schließen, und meine Erwartung war auf ein höchst interessantes kriegerisches Schauspiel gespannt. Um nun den Heldengeist der Truppen recht zu beleben, stattete Gouverneur Pickens in Begleitung seiner reizenden Gemahlin und Nichte den im Freien campirenden Truppen Besuche ab.

Große Paraden wurden abgehalten, Fahnen an die Regimenter ausgetheilt, und zwar von schönen Händen, patriotische Reden gehalten; kurz, wenn man Offiziere und Soldaten sprechen hörte, so war jeder entschlossen, vor Charleston zu siegen oder zu sterben. O Sumter, armes Sumter, dachte ich, wie soll es dir ergehen; dein letztes Stündlein hat gewiß geschlagen.

Während sich nun diese Ereignisse und Zurüstungen draußen begaben, war Major Anderson drin nicht müßig geblieben. Als er Fort Sumter bezog, befand sich dieses in einem ordentlichen Vertheidigungszustande. Nach dem Urtheile von amerikanischen Sachverständigen war das Fort als ein bombenfestes Werk bekannt. Es trat mit seiner Befestigung aus dem Wasser hervor und lag gerade am Ausgange des Hafens, ungefähr drei englische Meilen von der Stadt Charleston entfernt. Es war auf einer künstlichen Insel erbaut, und hatte als Fundament Sand und Schlamm, welcher durch Einsenken von Blöcken aus den Granitsteinbrüchen der nördlichen Staaten nach einer unendlich mühvollen Arbeit hart und fest geworden war. Das Fundament allein verschlang die Summe von einer halben Million Dollars und nahm eine zehnjährige Arbeit in Anspruch. Die Wälle waren von Ziegelsteinen und dicht verwachsenem Mauerwerk, in einer Höhe von 60 Fuß bei einer Dicke von zehn und zwölf Fuß, mit drei Galerien an der nördlichen, östlichen und westlichen Seite umgeben. Munition und Geschütze fand Anderson dort mehr, als seine kleine Schar bedurfte. In Bezug auf Proviant hatte der Staat Südcarolina seit dem 24. December 1860 Offizieren und Soldaten des Fort Sumter mit gefühlvollem Herzen regelmäßige Lieferungen zukommen lassen, sodaß dem alten Herrn in seinem Steinhause weiter nichts fehlte als ein Bischen Courage.

Am 8. April erschien im Hauptquartier des Generals Beauregard ein Agent der Regierung in Washington mit

Nachricht, daß die Vereinigten Staaten eine Flotte abge=
[s]dt, welche den Zweck habe, Fort Sumter zu verproviantiren.
[g]ieblich, wenn möglich; mit Gewalt, wenn es sein sollte. Diese
[D]epesche sandte Beauregard sofort an seine Regierung nach
[M]ontgomery, worauf er von dem Kriegsminister Walker die
[A]ntwort erhielt, kategorisch die Uebergabe von Fort Sumter
[zu] verlangen, und im Fall, daß diese verweigert würde, das
Bombardement zu beginnen. General Beauregard sandte seinen
[e]rsten Adjutanten als Parlamentär an Major Anderson und
verlangte die Uebergabe des Forts, welches Ansinnen doch dem
Major Anderson etwas zu naiv vorkam, weshalb er erklärte,
daß seine Ehre und seine Pflicht erforderten, diesen Platz sei=
ner Regierung zu erhalten. Auf die Frage, ob er gesonnen
sei, die offene Stadt feindlich zu behandeln, erwiderte er:
„Nur dann, wenn man mich dazu zwingt." Damit war die
Unterhandlung abgebrochen.

Präsident Lincoln's Botschaft rief unter der Bevölkerung
von Charleston eine ungeheure Aufregung hervor, besonders
als gleichzeitig Gouverneur Pickens Ordres erließ, daß alle
Männer von 18—45 Jahren sich am Capitol zur Bildung
neuer Regimenter einfinden sollten. Weitere Befehle zur Ein=
ziehung von vier Infanterie= und zwei Cavalerieregimentern
wurden in die umliegende Gegend gesandt. — Jetzt erst wurden
Ambulanzen für Verwundete hergerichtet und sämmtliche Doc=
toren der Stadt und Umgegend zum Dienst bei der Armee
beordert. Die Regierung traf wirklich Maßregeln, als gälte
es eine große Schlacht zu liefern. Als endlich sieben Kanonen=
schüsse der waffenfähigen Mannschaft von Charleston das Signal
zum Sammeln auf dem Capitol gaben, erreichte die Aufregung
des Publikums die höchste Stufe. Jeder ergriff ein Stück
Waffe, welches es auch sein mochte, um für das Vaterland
zu fechten und zu sterben.

Hier sah man Männer mit Gewehren ohne Schloß, dort

einen mit einem Bajonnet ohne Gewehr, einen andern wieder mit einem Sarazenensäbel und noch wieder einen mit einem Kürassierpallasch, und sie alle wollten fechten und streiten gegen das Fort Sumter, welches drei Meilen entfernt mitten in der See lag.

Die ganze Nacht hindurch rasselten die Trommeln, tönten die Glocken, daß dem armen Major Anderson und seiner Besatzung ganz schwül geworden sein mag. An jeder Straßenecke, in jeder Schenke waren Versammlungen und kräftige kriegerische Reden wurden gehalten, und dabei rasselten Kanonen, Munitionswagen, Ambulanzen durch die Straßen, während Adjutanten, Ordonnanzen, Cavalerie vorüberflogen. Der bejahrtere Theil der Bevölkerung that Polizeidienste, während die Schwarzen mit klugem Auge der Dinge harrten, wo auch sie ein Spielchen mitmachen könnten; alles wollte fechten, siegen, sterben, retten, helfen, und alle diese uneigennützigen Opfer, dieses wüthende unsinnige Gebaren machte, daß man in einem Tollhause zu sein glaubte. Zu alle dieser Confusion entwickelte sich gegen Mitternacht eins jener furchtbaren Gewitter, wie sie so häufig in südlichen Strichen vorkommen. Der Donner rollte und brüllte, wie wenn er die Festen des Himmels und der Erde erschüttern und vernichten wolle, der Blitz zischte mit langen mächtigen Streifen durch die schwarzen Wolken, die gleich riesigen Bergen aufgethürmt waren. Es war ein prächtiges Schauspiel der südlichen Natur, dem jedoch nach längerm Wüthen ein entsetzlicher Regen ein Ende machte.

Am 12. April 4½ Uhr morgens ward dem Major Ripley, Commandanten des Fort Moultrie, sowie dem Batteriecommandanten Kapitän Wilson auf Cumings-Island Ordre ertheilt, das Feuer zu eröffnen. In kurzem hatten die Batterien ihr Feuer gegen Fort Sumter begonnen, welches nach wenigen Minuten von diesem erwidert wurde. Allmählich gingen sämmtliche Batterien zum Feuern über und bald hallten die Lüfte wider von dem dröhnenden Getöse der Feuerschlünde. Während nun das Feuer aus sämmtlichen Geschützen zu spielen anfing, gerieth ganz Charleston in die wildeste Bestürzung. Die Thürme und Dächer füllten sich mit Tausenden von Zuschauern, welche den nie gesehenen Anblick eines Artilleriekampfes genießen wollten und mit fieberhafter Unruhe den Ausgang des Gefechts erwarteten. Sämmtliche Forts, Land- und Schiffsbatterien waren im heftigsten Feuern begriffen, als draußen an der Barre das erste Kriegsschiff der Vereinigten Staaten sichtbar wurde. Kurz darauf folgte ein zweites und gleich nachher setzte man sich mittelst Signale mit Major Anderson in Verbindung. Bei diesen Signalen blieb es auch, da die Kriegsschiffe sich in höchst anständiger Entfernung von unsern Landbatterien hielten und Major Anderson seinem Schicksale überließen. Als es bald Abend wurde, entwickelte man ein heftiges Feuer, welches jedoch nach meiner Ansicht von gar keinem Erfolge war. Das Feuern wurde die ganze Nacht von unsern Batterien unterhalten, und gewährte nicht allein der Bevölkerung von Charleston eine Unterhaltung, sondern machte auch den Soldaten viel Spaß. Denn trotz des achtzehnstündigen heftigen Bombardements war in unsern Batterien kein Tropfen Blut geflossen, und falls Major Anderson ebenso viel von unsern genialen Artilleristen zu leiden hatte, konnte er mit dem Erfolg des Tages vollkommen zufrieden sein. Sämmtliche Rapporte von allen im Feuer befindlich gewesenen Batterien wiesen nach einem achtzehnstündigen Kampfe weder Todte noch Verwundete, noch demontirte Kanonen nach. General Beauregard, vollkommen mit dem Resultat des Tages zufriedengestellt, konnte seine Klinge zwar nicht vom Blut, doch vom Staube reinigen und sagen: „Für heute ist es genug."

Am nächsten Morgen, 13. April 1861, eröffnete Major Anderson von neuem das Feuer. Die Soldaten hatten sich jedoch bereits von der Harmlosigkeit jenes Feuerns so weit überzeugt, daß sie sich in ihren Unterhaltungen und Beschäftigungen nicht im mindesten stören ließen. Hätte ein europäischer Offizier einen Blick in unser Lager geworfen, so hätte er sich gewaltig über die spartanische Kaltblütigkeit unserer Soldaten wundern müssen.

Gegen 10 Uhr sah man plötzlich in Fort Sumter eine bedeutende Rauchwolke aufsteigen, während die Flagge auf halb Mast gezogen war, als Signal, daß das Fort sich in Gefahr befinde. Die durch fürchterliche Stürme ganz zerstreuten Schiffe der Unionsflotte sammelten sich unterdessen an der Barre und signalisirten nach Fort Sumter. Major Anderson war so artig, diese Gefälligkeit zu erwidern und nach der Flotte zurückzutelegraphiren, daß schleunige Hülfe noth thäte. In der Zeit ergriff das Feuer im Innern des Forts die Baracken und die Quartiere der Offiziere. Das Feuern von Fort Sumter hörte plötzlich auf, und wurde das von unsern Truppen mit Jubel begrüßt, denn alles sah jetzt den Augenblick herannahen, wo Major Anderson sich sammt seiner Besatzung dem großen General Beauregard und seiner heldenmüthigen Armee auf Gnade und Ungnade ergeben mußte.

Während das Feuern im Fort Sumter schwieg, fingen unsere Truppen ein rasendes Feuer an, als fürchteten sie, daß diese harmlose Unterhaltung zu schnell zu Ende ginge. Die Rauch- und Flammensäulen im Innern des Forts wurden stärker und die Gefahr schien sich zu vergrößern. General Beauregard verleugnete seinen ritterlichen Charakter auch in diesem Falle nicht, sondern sandte einen seiner Adjutanten als Parlamentär an Major Anderson mit der Bitte, es ihm doch nicht übel zu nehmen, wenn er ihm wehe gethan habe, sondern seinen Heldenmuth gefälligst zu entschuldigen. Falls der Herr Major sein Feuer im Innern des Forts nicht selbst bewältigen könne, ließ er ferner sagen, wäre er sehr gern bereit, einige Compagnien seiner tapfern Armee zum Helfen zu commandiren.

Major Anderson, erfüllt von seinem treuen Pflichtgefühl gegen die Vereinigten Staaten, befahl die weiße Flagge zur Uebergabe aufzuziehen, und nie wurde noch mein militärisches Ehrgefühl mehr verletzt als in dem Augenblicke, wo ich die Flagge der Vereinigten Staaten vor der kleinen Flagge des Palmettostaates Südcarolina sich senken sah. Thränen der Wuth und Entrüstung im Auge, sah ich diesem traurigen Schauspiele zu, welches aller militärischen Ehre Hohn sprach.

Major Anderson capitulirte in einem Bollwerke der Republik, in dessen Trümmern er sich eher begraben lassen mußte, als den militärischen Posten so feige aufgeben. Was war wol die Ursache, die ihn zu diesem ehrlosen Schritte zwang? Seine Garnison hatte während eines dreißigstündigen Bombardements weder Todte noch Verwundete; er hatte noch Munition und Proviant für zwanzig Tage genug, die Werke befanden sich in einem guten Vertheidigungsstande, außen an der Barre lagen die Kriegsschiffe der Vereinigten Staaten. Jeden Augenblick konnte sich diese kleine Armada in Bewegung setzen und ihm andere Bedingnisse verschaffen als eine Uebergabe auf Gnade und Ungnade. Diese Bedingungen konnte er sich noch immer von jedem Feinde erzwingen, wenn er alle Anerbietungen während einer Reihe von Wochen verworfen und der Uebermacht wenigstens eine Zeit lang getrotzt hätte. Der Commandant von Fort Sumter band sich aber selbst die Hände und Füße und begrabirte sich selbst vor ganz Europa.

Unterdessen verbreitete sich die Nachricht von der Capitulation durch ganz Charleston und erregte natürlich eine unendliche Sensation. Das Läuten der sämmtlichen Glocken, das Hurrahrufen der aller Vernunft beraubten Menschen wollten kein Ende nehmen; alles dieses wahnsinnige Prahlen und Reden machte auf mich einen widerlichen Eindruck.

Kuriere flogen mit der staunenswürdigen Neuigkeit von

dem Fall von Sumter durch das ganze Land und versetzten die ohnehin fanatische Bevölkerung in eine förmliche Raserei.

Bei Uebergabe des Platzes, wo er seine Ehre verloren, überreichte Major Anderson seinen Säbel dem General Beauregard, welcher ihm denselben mit schmeichelhaften Aeußerungen über seine ritterliche Vertheidigung zurückgab. Es wurde ihm sammt der ganzen Garnison erlaubt, nach Neuyork zu gehen und beim Verlassen des Forts die Flagge der Vereinigten Staaten mit 50 Kanonenschüssen zu salutiren. Es war, als hätte man während der achtundvierzigstündigen Spiegelfechterei noch nicht Pulver genug verschwendet, darum wollte man am Schlusse noch etwas Spectakel machen.

Bei diesem Freudenschießen nun geschah es, daß zwei Kanonen sprangen und vier Mann von Anderson's Leuten tödlich verwundet wurden. Dies war das einzige Blut, welches während der ganzen Belagerung floß, und dies nur durch einen unglücklichen Zufall. Die Belagerung und Beschießung von Fort Sumter wird in den Militärannalen eine eigene Stelle einnehmen; die Merkwürdigkeit war noch nicht dagewesen, daß während eines achtundvierzigstündigen Bombardements, bei welchem mehr als 5000 Schüsse fielen, kein Tropfen Blut vergossen wurde.

Der Fall des Fort Sumter machte auf den Präsidenten Lincoln nicht den geringsten Eindruck; im Gegentheil, er sowie die Bevölkerung der nördlichen Staaten erwiesen Major Anderson die größte Ehre. Der Präsident sandte ihm das Diplom als Brigadegeneral und die Freunde strömten in Menge herbei, ihre Huldigungen darzubringen.

Achtzehn Monate sind seit jener schmachvollen Capitulation verflossen, der Name des Generals Anderson ist vergessen, nie sah man ihn wieder auf dem Schlachtfelde.

Am 14. April 1861 erließ Präsident Lincoln seine Kriegserklärung. Sie ist würdig und ernst gehalten und lautet:

„Nachdem in den Staaten Südcarolina, Georgien, Alabama, Florida, Mississippi, Louisiana und Texas vermöge so gewaltiger Verbindungen, daß sie weder durch die ordentlichen Gerichte, noch durch die dem Staatsmarschall zustehenden Befugnisse unterdrückt werden konnten, die Gesetze der Vereinigten Staaten seit einiger Zeit bis zu diesem Tage mißachtet worden sind und deren Vollstreckung verhindert worden ist, habe ich, Abraham Lincoln, Präsident der Vereinigten Staaten, kraft der mir durch die Verfassung und die Gesetze übertragenen Gewalt, es für angemessen erachtet, die Miliz der verschiedenen Unionsstaaten bis zu 75,000 Mann einzuberufen, und thue ich dies hiermit, um besagte Verbindungen zu unterdrücken und die Vollstreckung der Gesetze zu sichern. Die betreffenden Details werden den Staatsbehörden durch das Kriegsdepartement unverzüglich mitgetheilt werden. Ich rufe alle loyalen Bürger auf, diese zur Aufrechthaltung der Macht, der Integrität und der Existenz der Vereinigten Staaten sowie zur dauernden Erhaltung der volksthümlichen Regierung beschlossene Maßregel zu fördern und zu unterstützen, um lange genug geduldetes Unrecht wieder gut zu machen. Ich halte es für geeignet, hier zu erklären, daß den hiermit einberufenen Mannschaften vor allem wahrscheinlich die Aufgabe zufallen wird, die Forts, die Plätze und das Eigenthum, welche der Union entrissen worden sind, wiederzuerobern, und es wird in jedem Fall, soweit es sich mit den angegebenen Zwecken verträgt, jede Verwüstung, Zerstörung und Beeinträchtigung von Eigenthum, sowie jede Belästigung friedlicher Bürger in was immer für einem Theil des Landes aufs sorgsamste vermieden werden. Ich befehle hiermit allen jenen, aus denen besagte Verbindungen gebildet sind, sich binnen zwanzig Tagen von heute an ruhig nach ihren resp. Wohnorten zu verfügen. Ueberzeugt, daß die gegenwärtige Lage des Staats außergewöhnliche Maßregeln erheischt, berufe ich hiermit kraft der mir von der Verfassung übertragenen Macht die beiden Häuser des Congresses. Die Senatoren und Repräsentanten werden daher aufgefordert, sich in ihren resp. Sälen am Donnerstag, 4. Juli, um zwölf Uhr einzufinden, um dort diejenigen Maßregeln zu erörtern und zu beschließen, die sie vermöge ihrer Weisheit für die öffentliche Sicherheit und Wohlfahrt nöthig erachten. Urkundlich dessen unterzeichne ich hier eigenhändig und lasse dieses Document mit dem Siegel der Vereinigten Staaten versehen. Gegeben in der Stadt Washington am 15. April 1861, im 85. Jahr der Unabhängigkeit der Vereinigten Staaten.

Abraham Lincoln.

Auf Befehl des Präsidenten: William H. Seward,
Staatssecretär."

Meiner Ansicht nach war die Proclamation unsern in Aufruhr befindlichen Staaten gegenüber nicht kräftig genug. Präsident Lincoln mußte aus unsern energischen Rüstungen sehen, daß Jefferson Davis und seine Helfer alles Mögliche aufboten, um den Kampf mit der Union aufzunehmen. Der Präsident der Union mußte nicht 75,000 Mann unter die Waffen rufen, sondern augenblicklich ½ Mill. und eine weitere ½ Mill. als Reserve. Dadurch hätte er den zu Hunderttausenden im Süden lebenden braven Unionisten eine Bürgschaft gegeben, daß es ihm Ernst sei, jene loyalen Unterthanen zu beschützen.

In Montgomery wurde die Proclamation Lincoln's mit Spott und Hohn aufgenommen, ja man ging in den Illusionen so weit, daß man sich schmeichelte, den Sitz der rebellischen Regierung nach kurzer Zeit in Washington aufzuschlagen, indem man hoffte, mit den Vereinigten Staaten bald fertig zu sein. Ein Boarderstaat (Grenzstaat) nach dem andern verweigerte den Truppen der Vereinigten Staaten den Durchzug, und nur der einzige Staat Maryland, in der Person des Gouverneurs Hicks vertreten, gab dem Präsidenten Lincoln die Versicherung, ihn mit militärischen Kräften zu unterstützen, um die abgefallenen Staaten mit Waffengewalt zur Union zurückzubringen. Zugleich erließ der Gouverneur Hicks eine Proclamation an die Bürger, worin er sie aufforderte, ruhig und friedlich die Freignisse abzuwarten, indem er ihnen bald Gelegenheit geben werde, durch Erwählung von Congreßmitgliedern ihrer Meinung, ob sie in der Union bleiben, oder die conföderirte Regierung unterstützen wollten, Ausdruck zu geben.

Meine Wirksamkeit in Südcarolina war nach dem Falle von Fort Sumter beendigt und ich beeilte mich, nach dem Staate Virginia zurückzukehren, um den Verlauf der Dinge, wie sie sich dort gestalteten, abzuwarten.

Den 15. April langte ich glücklich wieder nach einer länger als dreimonatlichen Abwesenheit in Richmond an. Das Aussehen unsers guten alten Staates hatte sich gewaltig geändert. Gleich bei meiner Ankunft in Richmond wurde ich auf die große Menge Gesindel aufmerksam, welches von allen Seiten der Conföderation hierher geströmt war. Besonders war Baltimore durch dergleichen Individuen vertreten. Dieses Volk hatte in Wahrheit sowol von der Stadt wie vom Staate Besitz genommen und thrannisirte das Gouvernement. Letscher, Gouverneur von Virginia, hatte sich durch die Insulten, die ihm jene Bande angedeihen ließ, so verblüffen lassen, daß er Trost und Stärkung nur noch bei seinen mit Whisky und Brandy gefüllten Fässern suchte.

Der Fall von Fort Sumter und die prahlerischen, in der ganzen Welt ausposaunten Lügenberichte von der Tapferkeit der Südcarolinatruppen unter ihrem großen Beauregard versetzten jene müßigen Vagabonden in den größten Jubel. Sie zwangen die Bevölkerung, zur Verherrlichung des glorreichen Sieges die Stadt zu illuminiren; wo dieses nicht geschähe, sollten die Fenster eingeworfen, die Bewohner mishandelt werden, die überhaupt den Verfolgungen jener aufrührerischen Massen preisgegeben waren. Geld und Versprechungen der Regierung in Montgomery thaten das Uebrige, um diese trostlosen Zustände zu befördern. An jeder Straßenecke, in jeder Kneipe hörte man diese Kerle unter Flüchen und Verwünschungen schreien, daß morgen Virginia aus der Union treten müsse. Eine Unterredung, welche ich jedoch gleich abends bei meiner Ankunft mit Gouverneur Letscher sowie mit dem Ehrenw. John Minor Botts hatte, ließ mir die Hoffnung, daß die Regierung des Staates von Virginia an die getreuen Unterthanen der Vereinigten Staaten appelliren werde. Ruhig mußte man deshalb einstweilen die kommenden Ereignisse abwarten.

Am nächsten Morgen, den 17. April, versammelten sich aufrührerische Massen auf dem Capitolplatze vor der Wohnung des Gouverneurs Letscher und verlangten unter gräßlichem Geheul die Entfernung der Vereinigten Staatenflagge vom Capitol, sowie die Aufhissung des conföderirten Banners. Einer der Bursche konnte nicht einmal länger warten. Er eilte die Treppen des Capitols, dann auf das Dach hinauf und erklomm die Fahnenstange, um das Banner der Union zu entfernen, wozu ihm die unten versammelten Volksmassen aufmunternd zuriefen. Beinahe oben angelangt, glitt der Held aus und stürzte mit zerschmettertem Fuße auf das Dach. Das war ein böses Omen. Bald darauf erschien ein Detachement Soldaten, um die Menge etwas in Ordnung zu halten. Nachmittags jedoch wurden die Massen so gewaltig, daß sie die wenigen braven Bürger und Soldaten verdrängten, das Capitol mit Sturm nahmen, die Flagge der Union herunterrissen und diejenige der Conföderation aufzogen.

Als die Unionsflagge entfernt wurde, sah ich manche treue wackere Bürger der Union und ihrer Sache, welche mit Thränen in den Augen Zeugen dieser Gewaltthat waren. Viele Weiber und Kinder schluchzten laut auf, als sie von den geliebten Sternen und Streifen Abschied zu nehmen gezwungen waren. Mich selbst ergriff es tief, als ich die Flagge verschwinden sah, unter deren mächtigem Schutze ich, der Flüchtling, ein Asyl, und Weib und Kinder eine Heimat gefunden hatten.

Der Austritt Virginias brachte eine unbeschreibliche Begeisterung in den bereits ausgetretenen Staaten hervor, denn jetzt zählte die Conföderation bereits zehn Staaten für ihren Terrorismus. Durch den Abfall des Staates von Virginia, welcher bei den Vereinigten Staaten wie bei der Conföderation seiner Größe, seines Reichthums, seiner vorzüglichen Staatsmänner wegen eines bedeutenden Rufes 'genießt, hoffte das Gouvernement von Montgomery die Regierung in Washington gänzlich zu verblüffen. Man hegte die positive Erwartung, daß der Staat Maryland diese günstige Gelegenheit zum Austritte aus der Union benutzen werde, und hoffte dadurch die Regierung in Washington zu zwingen, ihren Sitz mehr nördlich zu verlegen. Alle Versuche und Bestrebungen scheiterten jedoch an der Ehrenhaftigkeit und dem festen, unerschütterlichen Willen des Gouverneurs Hollyday Hicks, der treu zur geliebten Sache der Union hielt.

2.
Der Aufruhr in Baltimore.

Folgen des Austritts von Virginia. Die Conföderirten werden stärker. Begeisterung und Unterstützung. Schöne Soldaten. Das Gouvernement wird lebhaft. Verlegung der Regierung von Montgomery nach Richmond. J. B. Floyd besorgt Waffen. Die ersten Soldaten der Vereinigten Staaten. Aufruhr in Baltimore. Man versperrt den Weg durch die Stadt. Insulte auf die Soldaten; eine tödliche Salve. Kampf am Eisenbahndepot. Thätigkeit der Directoren. Unthätigkeit der Polizei. Noch ein paar unschuldige Opfer. Die revolutionäre Partei in Baltimore. Energische Maßregeln der Vereinigten Staatenregierung. Die Stadt wird ruhig. Der Bürgermeister gefangen. Illusionen der Journalisten. Kriegspläne. Lincoln's Energie. Bewegung der Truppen.

Es war kein Wunder, wenn die Regierung in Washington im höchsten Grade über den Austritt Virginias aus der Union erbittert war, da dies die Folge hatte, daß die Staaten Tennessy, Arkansas und Nordcarolina rasch folgten und dadurch die conföderirte Regierung genug Mittel erhielt, den Krieg in großartigster Weise zu betreiben. Sämmtliche Eisenbahnen wurden dem Gouvernement zur Verfügung gestellt, welches von diesem großen Anerbieten den besten Gebrauch machte. Der Congreß von Montgomery autorisirte die Regierung zu einer Anleihe von fünf Millionen, welche rasch gezeichnet waren. In allen zuletzt ausgetretenen Staaten wurde die Errichtung von Regimentern mit Ausdauer und Eifer betrieben. Die ganze waffenfähige Bevölkerung von 18—40 Jahren strömte herbei, um sich unter das Banner der Conföderation zu stellen, ja viele alte Männer von 60 Jahren ließen sich nicht abweisen, die Waffen für die Regierung zu tragen. Freilich ist es wahr, manche Regimenter wurden wol nur so schnell errichtet, weil damit eine Unmasse von besoldeten Stellen verknüpft war. Alles schwärmte für die jetzige kriegerische Epoche, aber nach meinem Urtheil durchaus nicht, um für das neue Gouvernement zu fechten, sondern die meisten dachten, nachdem ihre Staaten ausgetreten, sei die Sache so ziemlich geschlichtet, und keiner vermuthete, daß die Sache so schrecklich ernst werden würde. Viele benutzten ihre Stellung, um auf Gouvernementsunkosten kleine Vergnügungstouren zu machen. Der Kaufmann besuchte seine Geschäftsfreunde und der Farmer und Hinterwäldler aus Texas und Arkansas schloß sich einem Regimente an, um den Staat Virginia einmal in Augenschein zu nehmen. Bewaffnet bis an die Zähne mit den besten Stücken aus den gespickten Zeughäusern, welche die Regierung mit Beschlag belegt hatte, und mit stattlichen Uniformen geschmückt, paradirten die ehren=, aber nicht bombenfesten Ritter sonder Furcht und Tadel ein= her. Es war, als ob man einen großen Carneval halten wolle, wozu sich jeder maskirt hatte. Daß auf diesen Tau= mel eine Ernüchterung voll Thränen, Blut und Elend folgen, daß der kleine Spaß ein großer Ernst werden würde, daran hatte wol niemand gedacht. Wer bedachte ferner, daß die wortseligen und leichtsinnigen Söhne am Ruin des Vater= landes arbeiteten, daß sie sich eine Zukunft voll Jammer und Noth anbahnten und den heiligen Pfeilbündel der starken, un= überwindlichen Eintracht muthwillig auflösten zum Spott der Feinde und zum größten Schmerze ihrer Freunde! Einer be= wunderte den andern in seiner glänzenden Rüstung und jeder gratulirte dem Vaterland im stillen, daß es solche gewaltige und muthige Vertheidiger habe.

Es herrschte ein toller Geist, es war ein buntes, farben=

reiches Leben. Das Gouvernement begann endlich etwas militärische Ordnung in dieses Durcheinander zu bringen und legte große Truppenkörper in die Forts Charleston, Pensacola, Morgan, Jackson, Philippi und Pulaski, während sämmtliche Truppenmassen der verschiedenen zur Conföderation gehörigen Staaten nach dem Staate Virginia beordert wurden, welcher ja zum Kriegsschauplatz auserkoren war. Am 20. Mai verlegte die Regierung ihren Sitz von Montgomery in Alabama nach Richmond in Virginia, und Jefferson Davis, der auserkorene Volksbeglücker, zog unter dem Geheul seiner Freunde und Verehrer in Richmond ein. Richmond, das Capitol des Staates von Virginien und überhaupt des ganzen Südens, war um diese Zeit in Betreff seiner Industrie noch in der ersten Kindheit, und besonders hätte es dort in Anbetracht von Waffen schlecht ausgesehen, wenn nicht der frühere Kriegsminister der Vereinigten Staaten J. B. Floyd dem Süden durch eins seiner künstlerischen Escamoteurstückchen aus der Verlegenheit geholfen hätte. Dieser gewandte Finanzier wußte beim Anfange des Krieges nicht nur zu seinem eigenen Vortheil die Kriegskasse zu leeren, sondern um einen Freund, das neue Gouvernement des Südens, auf seiner Seite zu haben, transferirte er aus den Zeughäusern zu Springfield und Watervliet 115,000 ausgezeichnete Gewehre und gezogene Büchsen ins feindliche Lager, sodaß wir beim Ausbruche des Krieges auf 150—200 Tausend Gewehre zur Ausrüstung unserer Truppen vorräthig hatten, dank dem pflichttreuen und gewissenhaften Beamten der Vereinigten Staaten.

In der Zeit, da diese Bewegungen im Süden vor sich gingen, war das Gouvernement in Washington nicht müßig geblieben, sondern zog große Truppenmassen zusammen.

Beim Ausbruche jener entsetzlichen Wirren, in welche die Regierung zu Washington versetzt war, zeigte sich die Opferwilligkeit des Volkes wie in den Tagen der ersten Revolution.

Die ersten Soldaten, welche dem Aufrufe ihres Präsidenten Folge leisteten, waren die freiwilligen Milizregimenter von Massachusetts, welche nach Washington zum Schutze ihres Präsidenten eilten. Als das erste Regiment per Eisenbahn am Bahnhofe zu Baltimore anlangte, war es gezwungen, um zu dem andern Bahnhof zu gelangen, den Weg durch Baltimore zu nehmen. Ein Theil der Truppen wurde diese Strecke mit der Pferdebahn befördert, während ein anderer zu Fuß zu marschiren gezwungen war. Bei der Nachricht von der Annäherung dieser Truppen bemächtigte sich des arbeitsscheuen, immer zu jeder Gewaltthätigkeit bereit stehenden Gesindels eine Wuth, die zu einer wahren Raserei ausartete. Die Polizei, von dem gesetzlosen Gebaren dieser Bande nur zu wohl überzeugt, leistete entweder gar keinen oder nur so schwachen Widerstand, daß sie durch ihr zu ruhiges Verhalten den Aufstand fast zu begünstigen schien. Durch Getränke aufgeregt und durch die Unthätigkeit der Sicherheitsbehörde aufgemuntert, fingen die Aufrührer jetzt an, ihren Leidenschaften freien Lauf zu lassen.

Die Eisenbahnschienen wurden aufgerissen, die Straßen mit steinernen Barrikaden abgeschlossen, während sich eine Schar, mit der conföderirten Flagge voran, dem Militär in den Weg warf und ihm den Durchgang verwehrte. Ja, man griff nach Steinen und begann damit auf das Militär, welches ruhig den Dingen, die da kommen sollten, entgegensah, zu werfen. Obgleich der Truppencommandant die Menge aufforderte, seine Leute ruhig passiren zu lassen, machte das Volk nicht Platz, sondern blieb mit Schimpfen und Höhnen stehen. Der Commandant war ganz kaltblütig. Als jedoch die Masse anzugreifen begann und sich das Steinwerfen vermehrte, hieß er seine Leute sich fertig halten, die Trommeln wirbelten noch einmal und das Commando Feuer ertönte; eine tödtliche Salve entlud sich auf das Gesindel, welches jetzt Messer und Revolver zog, um den Kampf zu beginnen. Unter beständigen Angriffen erreichten die Truppen mit Verlust einiger Mann den Bahnhof. Hier jedoch erwartete sie eine womöglich noch wüthendere Menge. Trotz der Eile, mit der die Directoren der Eisenbahn Wagen herbeischaffen ließen, um die Truppen nach Washington zu befördern, hatte sich eine solche Volksmasse eingefunden, daß der Abgang des Zuges unterbrochen werden mußte. Die Scene am Eisenbahndepot wurde jetzt wirklich gräßlich. Die Soldaten waren bereits in den Wagen untergebracht, während das Volk wie toll auf die armen Opfer losfuhr, sie schimpfte und beleidigte, sodaß man glauben mußte, die Hölle habe diesen Auswurf ausgespien.

Die rasende Menge drängte sich an die Fenster der Wagen, drohte den Soldaten mit Messer und Revolver und überschüttete sie mit allen möglichen Flüchen. Die Polizei machte endlich Miene, etwas zu thun; doch dabei blieb es auch. Die Aufregung des Volkes war in jenes Stadium getreten, wo versuchte Besänftigungsmittel es nur noch mehr reizen und es zu jenem Fieberwahnsinn treiben, daß es zuletzt selbst nicht mehr weiß, was es eigentlich will. Endlich ging der Zug ab, während viele wüthend und heulend hinterherliefen, und als sie sahen, daß ihre Opfer ihnen entgangen waren, warfen sie sich auf die Eisenbahn, welche nun total zerstört wurde. Als der Zug bereits im Abfahren begriffen war, feuerten einige Soldaten auf die zu beiden Seiten sich drängenden Massen, und wie es bei solchen Gelegenheiten gewöhnlich der Fall ist, wurden Personen Opfer des Tumults, die gar keinen Antheil an diesem empörenden Auftritt genommen hatten, sondern als bloße Zuschauer herbeigekommen waren. Mehrere geachtete Bürger Baltimores zahlten ihre Neugierde mit dem Leben, während viele gefährlich verwundet wurden. In Baltimore entwickelte sich nun jene revolutionäre Partei, von der wir schon früher sprachen, zu ganz außergewöhnlichen Anstrengungen. Die Eisenbahnbrücke über die Susquehannah wurde zerstört und Gouverneur Hicks gezwungen, dem Präsidenten Lincoln und seiner Regierung den Krieg zu erklären. Gouverneur Hicks ließ sich jedoch durch diese Vertreter des Volks von Maryland nicht irre machen, entfernte die aufrührerische Bande durch gut ersonnene Finten und stellte kurze Zeit nachher dem Gouvernement zu Washington vier Regimenter zur Verfügung. Lange Zeit noch nachher grollte es, wenn auch nur dumpf, in Baltimore.

Baltimore mußte sich der Militärgewalt der Union fügen, die revolutionären Elemente waren südlicher gezogen, um dort ihr Wesen weiter zu treiben.

Die Eisenbahnen wurden bald wieder in ihre frühere Thätigkeit gesetzt, sodaß die Regierung täglich 4—5000 Mann Truppen nach Washington ziehen konnte. Vergebens protestirte die südliche Partei in Maryland gegen diese Durchzüge der Truppen, sowie gegen die militärische Behörde, welche nun Besitz von der Stadt Baltimore und ihren Festungswerken nahm. Präsident Lincoln ließ sie aber ruhig protestiren und verfolgte ohne Zögern seinen Weg. General Butler wurde zum Militärgouverneur von Maryland ernannt und war auch ganz der geeignete Mann, in dieses zügellose Treiben Ruhe und Ordnung zu bringen. Der Bürgermeister der Stadt Baltimore sowie sämmtliche Chefs der Polizei wurden abgesetzt und als Gefangene auf die Festung gesandt, alle Verbrecher und Rebellen gegen die Regierung einem dort sitzenden Kriegsgericht überwiesen. In kurzem kehrte der alte ruhige Verkehr zurück.

Tag und Nacht tönte es im Norden von all den Rüstungen, welche dort stattfanden. Nieder mit den Rebellen! war die Losung, jedoch wie und auf welche Art; damit sich zu beschäftigen, hatte man keine Zeit.

Man glaubte seine Schuldigkeit gethan zu haben, wenn man dem Süden schwarz auf weiß erklärte, der Norden sei stärker an Bevölkerung, habe einen größern Reichthum wie der

Süden, besitze eine Flotte; ja die nördlichen Kaufleute gingen so weit, zu behaupten, daß der Süden verhungern müsse, wenn sie ihm Getreide, Lebensmittel 2c. vorenthielten. Der ganze Plan des Nordens bestand aus folgenden Operationen: Man sendet 25,000 Mann über den Potomac und marschirt nach Richmond, sendet weitere 25,000 Mann nach Cairo am Mississippi und sperrt die Communication mit dem Westen, und hält dann fernere 25,000 Mann als Reserve bereit. Kurz und gut, die Journalisten der nördlichen Staaten hatten ihre strategischen Bewegungen mit einem solchen militärischen Genie ausgearbeitet, daß es beinahe nur eines Parademarsches bedurfte, um diese halbverhungerten Südländer zu unterjochen. Die Soldaten wurden blos für die Dauer von drei Monaten angeworben, indem man hoffte, in dieser Zeit mit dem ganzen Feldzuge fertig zu werden. Präsident Lincoln ließ sich glücklicherweise durch diese Zeitungsurtheile nicht irre leiten und erließ eine zweite Proclamation, welche von neuem 45,000 Mann für die Dauer des Krieges unter die Waffen rief, während er zu gleicher Zeit anbefahl, die reguläre Armee um zehn Regimenter zu verstärken, sowie die Mannschaft der Flotte um 18,000 Seeleute zu vermehren. Man konnte aus all diesen Vorbereitungen entnehmen, daß Präsident Lincoln sich seiner gefährlichen Aufgabe vollkommen bewußt war.

Kaum waren in Washington genug Truppen zusammengezogen, als ein großer Theil auch schon Ordre erhielt, den Potomac zu überschreiten und der Orange- und Alexandria-Eisenbahn entlang gegen Richmond vorzudringen, während eine andere Colonne von Pennsylvanien aus durch Maryland in die Thäler Virginiens vorrücken sollte. Der erste militärische Act war die Besetzung der nicht ganz unwichtigen Stadt Alexandria, welche den 24. Mai bewerkstelligt wurde, während unsere Truppen gegen Manassas zurückfielen, wo General Bonham von Südcarolina das Commando übernahm.

3.

Zerstörung der Flotte zu Portsmouth.

Die Proclamation Lincoln's. Virginia der Kriegsschauplatz. General Lee als Obercommandant. Zerstörung von Harper's Ferry. Anstalten in Portsmouth. Verbrennung der Schiffe. Schauerliche Zerstörung der Flotte.

Am 19. April erschien endlich die Proclamation des Präsidenten Lincoln, worin er die Häfen der sämmtlichen Südstaaten als blokirt erklärte. Die Feindseligkeiten zwischen Norden und Süden waren somit vollständig ausgebrochen, Truppen auf beiden Seiten zusammengezogen und Virginia wurde allgemein als der Kriegsschauplatz angegeben. Das Bestreben beider Parteien ging nun darauf hinaus, einander recht viel Schaden zu thun, und wurde dabei oft mit einem so rohen Vandalismus verfahren, daß die ganze gebildete Welt darüber entrüstet war. Ein Act dieser Zerstörungswuth war die Vernichtung der Flotte zu Portsmouth, die ich meinen Lesern in wenig Worten schildern werde.

Gleich nachdem Präsident Lincoln seine Proclamation erlassen hatte, ernannte Präsident Jefferson Davis den aus den Vereinigten Staaten ausgetretenen Obersten der Cavalerie R. Lee zum Oberbefehlshaber der sämmtlichen Truppen im Staate Virginia. Den 19. April gaben die Truppen der Vereinigten Staaten-Armee Harper's Ferry, eine der größten

Waffenfabriken Amerikas, auf, nachdem sie den größten Theil der Maschinen und Gebäulichkeiten zerstört hatten, und zogen sich dann auf befreundeten Boden zurück. Die Zerstörung jedoch wurde mit einer solchen Eilfertigkeit betrieben, daß trotzdem noch eine große Menge werthvoller Maschinen der neuen südlichen Regierung in die Hände fiel und ihr später außerordentliche Dienste that. An demselben Tage wurden großartige Vorbereitungen in Richmond getroffen, um den Kriegshafen von Portsmouth, welcher am Ausflusse des James River liegt, anzugreifen.

Die Offiziere und Beamten des Hafens, von unsern Planen unterrichtet, säumten nicht länger, ihre Vorbereitungen zum Verderben dieses größten Seehafens der Vereinigten Staaten zu treffen. Anstatt daß die Anführer, von der großartigen Wichtigkeit ihres Postens erfüllt, diese Werke unter allen Umständen ihrer Regierung hätten erhalten sollen, verloren sie trotz aller günstigen Aussichten den Kopf und überlieferten jenen majestätischen Kriegshafen, an welchen ganz Amerika, sämmtliche Regierungen der Vereinigten Staaten Millionen Dollars verschwendet hatten, um ihn zu einem der ersten von Amerika zu gestalten, den Flammen.

Es war ein fürchterlich großartiges Schauspiel, als die Flammensäulen der stolzen Schiffe, welche hier vor Anker lagen oder im Bauen begriffen waren, gen Himmel stiegen. Da war unter andern das größte Kriegsschiff seiner Zeit, das Linienschiff Pennsylvania von 131 Kanonen und 3500 Tonnen Tragfähigkeit, die schönen Fregatten Columbus, Delaware, der später so gefürchtete Merrimac. Die Fregatten Bariton, Delphin mußten ihre schlanken Leiber dem feigen Feuertode preisgeben. Die Schiffswerfte, welche Millionen Dollars gekostet hatten, wurden in die Luft gesprengt. Um Mitternacht wurde das Signal zur Zerstörung gegeben, und in wenigen Minuten standen die prächtigen Bauten, welche des Menschen Geist und

Genie erbaut hatten, in vollen Flammen und eine kleine Brise, welche eben wehte, beförderte den Brand mit rasender Eile.

Alle Arbeitsleute der Flotte sowie sämmtliche Mannschaft waren beschäftigt, alles nur irgend Werthvolle auf die vor Anker liegenden Schiffe Pawne und Cumberland zu bringen, und beide Schiffe waren bis zu den Stückpforten voll geladen. Um 4 Uhr in der Frühe, als die Flut sich einstellte, verkündete ein Raketensignal von der Pawne der Mannschaft in der Navy-Yard, daß die Zeit der gänzlichen Zerstörung gekommen und in einem Augenblick war auch der ganze Raum ein einziges Flammenmeer. Dies Schauspiel war fürchterlich schön. Das Prasseln und Knattern des Feuers, das Stürzen der Masten, das Entladen der zum Feuertode verdammten Kriegsschiffe, das Auffliegen der unterminirten Fabrikgebäude, kurz das ganze großartige Vernichten war eine jener Katastrophen, welche bei jeder Rückerinnerung ein unheimliches Gefühl hervorrufen. Es war eine jener feigen Zerstörungen, welche dem Feinde keinen Nachtheil, der eigenen Regierung jedoch nie wieder zu ersetzende Verluste bereitet. Der Commandant dieses Platzes sowie seine sämmtlichen Offiziere und Mannschaften der Flottenstation zu Portsmauth hätten ihren Namen mit ehernen Buchstaben in das Buch der Geschichte geschrieben, wenn sie diesen so bedeutungsvollen, wichtigen Platz dem Volke und der Regierung zu erhalten verstanden hätten. Erst dann, wenn sie wirklich angegriffen worden wären, blieb ihnen ja vollkommen genug Zeit übrig, ihrer Zerstörungswuth freien Spielraum zu lassen.

Den 20. April 1861 hatte der Kriegshafen von Portsmouth aufgehört zu existiren und war mithin aus der Geschichte gestrichen. Während das Feuer die Gegend auf Meilen erleuchtete, segelten die Fregatten Pawne und Cumberland mit einigen geretteten Utensilien die Bai hinab, unter den Kanonen des Fort Monroe Schutz suchend.

4.

Die Schlacht von Bethel.

Vertheidigungswerke der Conföderirten bei Bethel-Church. Angriff der Unionstruppen. Major Randolf. Vier Compagnien vom ersten Nordcarolina-Regiment. Batterien. Neuer Sturm. Major Winthrop fällt. Die Feinde setzen sich zur Rechten fest, sie werden vertrieben. Rückzug der Unionstruppen. Das erste Nordcarolina-Regiment.

Unsere Truppen, in der Stärke von 1800 Mann, errichteten Vertheidigungswerke unter dem Commando des Generals B. Magruder in der Nähe von Bethel-Church. Dieser Ort ist ungefähr neun Meilen von Hampton entfernt, wo die Truppen der Vereinigten Staaten ihr Lager aufgeschlagen hatten. Am 9. Juni entsandte der unionistische Oberbefehlshaber Butler eine Abtheilung von 4000 Mann, welche in zwei Colonnen gegen Bethel vorrücken sollte, um womöglich die dort stehenden Feinde zu vertreiben und die von denselben errichteten Werke zu zerstören. Die Führung erhielt Oberst Pierce. Die erste Colonne setzte eine Strecke unterhalb unserer Stellung über den Fluß, während die zweite denselben noch weiter abwärts überschritt. Dem Uebergang dieser letzten Colonne stellte sich nicht das mindeste Hinderniß entgegen, und während die erste die Truppen der conföderirten Armee angriff, faßte jene zweite den Feind in der Flanke. Der Angriff wurde von einer Batterie richmonder Haubitzen unter persönlicher Leitung ihres Majors, jetzigen Kriegsministers, Randolf, abgewiesen. Er legte an diesem Tage die ersten Proben seiner Bravour und Tapferkeit ab und stand unerschrocken auf seinem Posten. Die Truppen der Vereinigten Staaten griffen indessen mit solcher Energie an, daß sie das erste Werk ohne großen Verlust eroberten. Unsere Soldaten wichen in großer Verwirrung und verloren zwei Kanonen. Der ungewohnte Angriff machte unsere jungen ungeübten Soldaten stutzig. Sie wurden durch die große Anzahl der anbringenden Truppen eingeschüchtert, und ohne zu bedenken, daß eine gedeckte Stellung eine Kraft dreimal so stark und sicher wirken läßt, gingen sie sogleich zurück und warfen sich in die Hauptwerke. Der Feind faßte entschieden festen Fuß in dem eroberten ersten Werke, ja die Conföderirten waren nahe daran, ihre ganzen Befestigungswerke zu verlieren, und unsere Truppen beschlich eine Muthlosigkeit, welche sicher von den schlimmsten Folgen für sie gewesen wäre, hätte nicht General Magruder mit großer Ruhe und Geistesgegenwart vier Compagnien des ersten Nordcarolina-Regiments unter dem Major Bridges beordert, womöglich das Werk wiederzunehmen. Diese Aufgabe wurde auf das glänzendste von den vier Compagnien gelöst. Kalt und unerschütterlich rückten sie trotz eines heftigen Artilleriefeuers in ihrer Front vor, und als sie etwa 60 Schritt vom Werke entfernt waren, gingen sie mit einem donnernden Hurrah zum Angriff über und vertrieben mit Leichtigkeit die hier postirten Unionstruppen, welche auch sofort in großer Verwirrung zurückwichen und das kaum Errungene den Conföderirten wieder überließen.

Die Feinde fuhren fort ein lebhaftes Gewehrfeuer zu unterhalten, welches aber durch ihr gänzlich planloses Draufschießen den Conföderirten keinen großen Schaden brachte. Während wir uns in unserm wiedereroberten Werke festsetzten, eröffneten unsere Batterien ihr Feuer, jedoch ohne bedeutende

Resultate, denn die Stellung des Feindes war eine gutgedeckte. Seine rechte Flanke lehnte sich an ein kleines dichtes Gehölz, während seine linke Seite durch einige Häuser geschlossen wurde. Das Feuer unserer Geschütze wurde durch eine Batterie Zwölfpfünder erwidert, die durch das Holz und die kleinen Häuser so gut gedeckt war, daß wir nur durch das Leuchten des Schusses von der Postirung dieser Batterie Kenntniß erhielten. Die Unionsbatterie überschüttete uns nun mit einem Hagel von Geschossen, und zwar in einer Distanz von 500— 600 Schritt. Zu unserm großen Glück wurde mit einer solchen Nachlässigkeit gefeuert, daß der Schaden des fürchterlichen Feuers nur von geringer Wirkung war, während General Magruder den Batteriecommandanten die Weisung ertheilte, nur dann und mit Vorsicht zu feuern, wenn die Truppenmassen sich in Schlachtlinie befänden.

Etwas nach 1 Uhr nachmittags wurde eine große feindliche Colonne auf der Straße von Hampton entdeckt, welche eine kleine Brücke in unserer Front zu erreichen eilte. Diese Colonne befand sich unter der persönlichen Anführung des Majors Winthrop, ersten Adjutanten des Generals Butler. Muthig führte dieser Offizier seine Leute zum Sturme, welche sich mit donnerndem Hurrah auf unsere Verschanzungen stürzten, jedoch von dem ersten Nordcarolina=Regiment mit einem so mörderischen Feuer empfangen wurden, daß sie in großer Unordnung zurückwichen. Unsere Schützen, welche sich zum ersten male im Feuer befanden, bereiteten uns keine kleine Verwirrung. Es fehlte ihnen noch alle selbstständige Haltung; bei jedem Schusse frugen sie: „Darf ich schießen? Ich denke, ich treffe ihn."

Als die Feinde zurückgeworfen wurden, durchbohrte die Kugel eines unserer Schützen die Brust des tapfern Major Winthrop, eines der muthigsten und kühnsten Offiziere der Vereinigten Staaten, welcher wegen seiner ausgezeichneten

Bravour und Todesverachtung die größte Bewunderung und Achtung selbst unserer Offiziere und Soldaten erregte. Oberst Hill, Commandant des ersten Nordcarolina=Regiments, widmete ihm in seinem Rapport einen besondern Tribut der Hochachtung. Major Winthrop fiel, als er auf einer Anhöhe seine ent= muthigten Leute zu sammeln versuchte. Die Vereinigten Staaten verloren an ihm einen tüchtigen, umsichtigen Führer.

Während des heftigen Kampfes hatte sich eine kleine Anzahl Feinde in einem Hause zu unserer Rechten festgesetzt und be= lästigte uns durch ihr gutunterhaltenes Feuer. Eine Com= pagnie Freiwilliger wurde beordert, das Haus von den Feinden zu reinigen und es der Erde gleich zu machen. Der Befehl wurde mit vieler Energie ausgeführt. Die Freiwilligen trieben die Feinde, welche jede Oeffnung als Schießscharte benutzten, beim ersten Anfall hinaus. Das Haus wurde sofort von Grund aus zerstört.

Nach einer Weile brach der Feind die Schlacht ab und zog sich mit Zurücklassung seiner Todten und Verwundeten eilig aus dem Bereiche unserer Geschütze zurück. Das Resultat der Schlacht von Bethel war für unsere Truppen von unbe= rechenbarem Erfolg, indem es ihnen Vertrauen auf die eigene Tüchtigkeit gab.

Obwol an diesem denkwürdigen Tage unsere kleine Armee im ganzen recht wacker gegen den ihr fast doppelt überlegenen Feind sich hielt, so ist doch besonders das Benehmen des ersten Nordcarolina=Regiments hervorzuheben, welches während der Dauer des Gefechtes am meisten den feindlichen Geschützen ausgesetzt war und sich am ruhigsten und kaltblütigsten verhielt.

5.

Gefangennahme von Porterfield's Truppen.

General Porterfield wird von General Lee mit der Bildung eines Corps Freiwilliger beauftragt. Schlechte Stimmung im Westen. Bitte um Verstärkung. Porterfield sammelt eine Armee. Sein Muth. Er bezieht ein Lager. Ueberfall der Feinde. Verwirrung und Auflösung seiner Armee. Wie der Commandirende Fersengeld bezahlt. Porterfield vor dem Kriegsgerichte; er wird wegen seiner Tapferkeit belobt.

Während wir auf der Halbinsel unsere Waffen erprobten und dem Feinde Achtung abnöthigten, erlitten wir im westlichen Theile unseres Staates eine Niederlage, welche unsere Regierung beinahe gezwungen hätte, sich von Richmond weiter südlich zu wenden. General Porterfield, Commandant der conföderirten Truppen zu Philippi, ward von General Lee, Oberbefehlshaber der Armee in Virginien, beauftragt, in verschiedenen westlichen Counties die Freiwilligen bis zu einer Stärke von 5000 Mann zu organisiren und damit, im Einvernehmen mit den Verwaltungen der Baltimore- und Ohio-Eisenbahnen, zu operiren. General Lee hatte sich jedoch gänzlich im Charakter Porterfield's getäuscht. Denn dieser war einer von den zahlreichen Helden, welche viel sprechen, alle möglichen Großthaten vollbringen wollen, aber bei der ersten ihnen etwas bedenklich erscheinenden Gelegenheit davonlaufen. Von dieser Art Helden war Porterfield in Wahrheit ein Prachtexemplar. Gleich bei seiner Ankunft in dem zu seiner Rekrutirung bestimmten

District fand er sämmtliche Counties in einer der Union sehr günstigen Stimmung. Statt nun mit Vorsicht und Energie an Ort und Stelle selbst zu Werke zu gehen, suchte er vor allen Dingen ein sicheres Plätzchen und schrieb von da aus einen höchst merkwürdigen Brief an General Lee, worin er an allen Ecken und Enden Tausende von Feinden sah und deshalb den General bat, ihm doch eine solche militärische Verstärkung zu senden, daß er die Sache mit Nachdruck betreiben könne. Sobald er diese erhalten hatte, begann er seine Organisirung. Jedoch schon der Anfang zeigte wenig Erfreuliches, da man auf seine Aufforderung, sich unter das Banner der Conföderirten zu stellen, fast überall die Antwort ertheilte, wenn man fechten wolle, würde dies nur geschehen, um die Union zu vertheidigen.

Nachdem Porterfield, einem wandernden Künstler gleich, die westlichen Berge Virginiens durchstreift und vergebens der dortigen Bevölkerung die Trefflichkeit der tapfern Armee, zu welcher auch er gehörte, gepriesen, brachte er dennoch nach manchem Kunststückchen eine aus allen Ecken zusammengelaufene Bande unter seine Fahne, welche sich durch seine abenteuerlichen Lügenberichte verleiten ließ, ihm zu folgen. In einigen Tagen war seine Macht auf 1200 Mann Infanterie und 300 Mann Cavalerie angewachsen, und mit dieser Stärke däuchte er sich ein Napoleon. Zu Grafton ließ er seine Armee ein Lager beziehen und einige Tage ausruhen. Kaum hatte jedoch der General des Unionsheeres Kunde davon erhalten, als er sofort aufbrach und sich den in glücklicher Ruhe lagernden Truppen Porterfield's näherte. Von dem Anrücken des Feindes in Kenntniß gesetzt, konnte Porterfield schnell auf Philippi zurückweichen und gab sofort Befehl zur Zerstörung der Cheatbrücke, der jedoch nicht ausgeführt wurde. Selbst die Vorposten waren so ungeschickt und allen Regeln zuwider aufgestellt, daß, als der feindliche General wie der Blitz aus der Luft unter dieselben fuhr, alles davonlief, was nur laufen konnte. Die Waffen wurden weggeworfen und jeder eilte Rettung suchend in die Berge. Porterfield, welcher von seiner Schnelligkeit im Laufen außerordentliche Proben ablegte, kam halbtodt im Lager des Generals Lee an. Der arme Mann wußte von seiner Armee nichts, gar nichts, als nur, daß alles verloren sei, daß sich jedoch die kleine Schar mit Löwenmuth gegen den zwanzigfach stärkern Feind geschlagen habe. Wie er aber allein durchgeschlüpft war, wußte er selbst nicht. Er wurde später vor ein Kriegsgericht in Richmond gestellt, wußte aber sein Verhalten vor dem Feinde in ein so günstiges Licht zu stellen, daß schließlich die Herren des Kriegsgerichts, welche jedenfalls Liebhaber von Porterfield's Kunst im Laufen waren, ihn nicht nur von allen Anschuldigungen frei sprachen, sondern selbst wegen seines Betragens belobten.

6.

M'Clellan, der Held von Rich Mountain.

Der Kriegsschauplatz im westlichen Virginien. Die conföderirte Armee unter General Garnett. M'Clellan's Pläne. Das Terrain von Virginien. Die Stärke der Südarmee. Angriff. General Rosenkranz bleibt zurück. Oberst Pegram. M'Clellan's unermüdliche Verfolgung. Rückzug. Ueberfall. Das Gefecht bei Corroks Fort. Oberst Talioferro. Ein Irrthum. General Garnett fällt. Große Entmuthigung. Verlust von Artillerie und Bagage. Auflösung der conföderirten Armee.

Während die vorher erzählten Ereignisse sich in Winchester und Manassas zutrugen, hatte sich der Kriegsschauplatz im westlichen Virginien ganz merkwürdig geändert. Eine für die dortigen Verhältnisse große Armee der Conföderirten war auf die Beine gebracht worden, über welche der umsichtige General Garnett das Commando führte. Er hatte zu Rich Mountain im nordwestlichen Virginien, Randolf County, eine überaus günstige Stellung inne, von wo aus er mit leichter Mühe die Bewegungen des gegen Beaverly vorbringenden Generals M'Clellan beobachten konnte, welcher deutlich die Absicht verrieth, sich im Rücken des Generals Garnett aufzustellen, um dessen Verbindungen mit General Lee abzuschneiden. Schwerlich könnte sich selbst ein europäischer Offizier eine rechte Vorstellung von dem Feldzuge ohne die allergenaueste Kenntniß des Terrains und seiner Eigenthümlichkeiten machen. Das ganze westliche Virginien ist ein gebirgiges, mit düstern Waldungen bedecktes

unfruchtbares Land, welches von kleinen Gebirgsflüssen durch=
strömt wird; die Straßen und Communicationsmittel sind
sämmtlich noch in der Kindheit und ein Feldherr ist darauf ange=
wiesen, seine Bedürfnisse für die Verproviantirung aus weiter
Ferne herbeizuschaffen. Die Stärke des Garnett'schen Corps
war 17—18000 Mann Infanterie, 15 Stück Sechs= und Zwölf=
pfünder sowie sechs Escadrons Cavalerie. Die Truppen
waren gut bewaffnet, für den Gebirgskrieg geeignet und durch
ein längeres Soldatenleben vollkommen abgehärtet. Die Stel=
lung Garnett's war vorsichtig gewählt und nicht allein von
Natur, sondern auch durch Kunst zu einer tüchtigen Verthei=
digungsbasis geschaffen. Oberst Pegram besetzte mit einer
Abtheilung von 3000 Mann die Umgebung von Rich Mountain,
während General Garnett mit der Hauptmasse seiner Armee
an Laurel Hill seine Stellung nahm.

Für diesen langwierigen und strapaziösen Feldzug wurden
von der Regierung der Vereinigten Staaten die Generale
M'Clellan und Rosenkranz bestimmt, zwei der gediegensten
und tüchtigsten Offiziere der ganzen Armee. M'Clellan beson=
ders war es, der in diesem Feldzug zuerst die allgemeine
Aufmerksamkeit auf sich zog und durch seine Umsicht, Kühn=
heit und Tapferkeit die Herzen der Soldaten für sich gewann.
Er war es, der das unionistische Heer aus seiner Lethargie
aufrüttelte und es zu einem Siege führte, der unter Umstän=
den dem Bestehen der conföderirten Armee ein Ende gemacht
hätte.

Am 5. Juli beschloß General M'Clellan, nachdem er von
der Stellung der conföderirten Armee unterrichtet war, mit
einem raschen Schlag unsere Corps zu vernichten und dann
den der Unionsarmee sehr unbequemen Feldzug im westlichen
Virginien zu beendigen. In der Besprechung dieses Planes
waren von den Generalen M'Clellan und Rosenkranz folgende
Punkte festgesetzt worden. General M'Clellan übernimmt

den Frontangriff, während Rosenkranz mit seinem Corps eine Flankenbewegung ausführt und dem Gros der Armee von der Seite beizukommen sucht. Ein zusammenwirkendes energisches Handeln hätte die Gefangennahme von Garnett's gesammtem Corps zur Folge gehabt.

General M'Clellan trat in diesem Feldzug zuerst als selbstständiger Führer vor die Oeffentlichkeit, und wir können nicht unterlassen, Bewunderer eines Mannes zu werden, welcher den Anfang seiner kriegerischen Laufbahn so glänzend bezeichnete. M'Clellan's Armee war nichts weniger als feldtüchtig, es war ein aus allen Theilen der Union zusammengestoppelter Truppenkörper. Nicht allein, daß die verschiedenen Regimenter aus verschiedenen Staaten zusammengewürfelt waren, sodaß sich die Truppen gegenseitig fast gar nicht kannten, so war auch die Bewaffnung ungleich und schlecht. Trotz aller dieser einen kühnen und raschen General hemmenden Mängel wußte M'Clellan diese Uebelstände durch seine Vorkehrungen fast unschädlich zu machen. Er suchte mit Sorgfalt und Aufmerksamkeit den Geist seiner Mannschaft zu beleben und sie gegen Strapazen und Entbehrungen abzuhärten. Erst als er von der Bereitwilligkeit und Tüchtigkeit seiner Offiziere und Soldaten überzeugt war, begann er mit Energie die einmal gefaßten Plane zur Ausführung zu bringen.

Den 8. Juli setzte er sich mit seinen Truppen in Marsch und nahm noch denselben Tag eine Stellung zu Beatington, Laurel Hill gegenüber, ein; daselbst ließ er einen Theil seiner Truppen als Beobachtungscorps zurück und eilte mit der größern Masse in Eilmärschen gegen Rich Mountain. Dieser Marsch war eine jener Strapazen, wie sie nur in Amerika vorkommen können. Durch pfadlose Wälder, über hohe Berge, durch Ströme und Bäche mußten sich die Soldaten den Weg bahnen. Dazu regnete es unaufhörlich. Trotz aller dieser Hindernisse marschirten die Soldaten voll Muth und Ausdauer dahin und überwanden alle Schwierigkeiten so leicht, daß man hätte glauben sollen, europäische Soldaten vor sich zu haben. Ungemein viel trug hierzu die Persönlichkeit des Führers bei, der, selbst an der Spitze, alle Beschwerden zuerst überwand und durch sein Beispiel seine Soldaten ermunterte und belebte.

Am frühen Morgen des 11. Juli erhielt General Garnett eine Depesche von Oberst Pegram, worin dieser die Gefangennahme eines Soldaten der Unionsarmee und dessen Aussagen in Betreff des Feindes meldete. Diesen zufolge sei General M'Clellan mit neun Regimentern vor Rich Mountain angekommen und habe bereits Befehle zum Angriff auf den nächsten Tag gegeben; General Rosenkranz manövrire bereits mit 4000 Mann in seinem Rücken, um ihm den etwaigen Rückzug abzuschneiden. Zugleich theilte Pegram mit, daß er das Regiment des Obersten Scott in eine Stellung gebracht habe, von wo aus er den Feind erwarten könne. Sobald General Garnett diese Meldung erhalten, ließ er dem Obersten Pegram Befehl zugehen, wonach er seine Stellung mit Aufbietung aller Kräfte, im Nothfall bis auf den letzten Mann behaupten solle. Kaum hatte jedoch Pegram seine Truppen aufgestellt, als auch schon General M'Clellan's Massen wie eine Windsbraut aus dem Gehölze mit donnerndem Hurrah hervorbrachen und die sehr starke Stellung Pegram's angriffen. In diesem Augenblick hörte man auch das Donnern der Geschütze, das zehnfach in den Bergen widerhallte. Das Krachen und Brechen der zerschossenen Bäume und Aeste, das Hurrah der begeisterten Unionisten, das Knattern der Gewehre, die Signale der Trommeln und Hörner, kurz, das Gefecht in dieser Umgebung vereinigte ein Bild des Kampfes in sich, wie es ewig im Gedächtniß des Kriegers fortleben wird. Der Kampf hatte bereits zwei Stunden gewüthet, als Oberst Pegram die Einsicht gewann, daß er sich nicht lange mehr halten könne; die

Truppen waren erschöpft, der größte Theil der Munition verschossen; was war natürlicher, als daß er zu entschlüpfen suchte? Schade, daß M'Clellan keine Lust hatte, etwas, was er schon besaß, wieder aufzugeben; sobald er das Vorhaben Pegram's merkte, richtete er seine Stellung so ein, daß dem letztern nur die Alternative blieb, entweder im Kampfe zu erliegen oder sich als Gefangener zu übergeben. Er wählte das letztere und ergab sich unbedingt.

Mit diesem Resultate hätte M'Clellan zufrieden sein können; allein er hatte wohl berechnet, daß, wenn die Mitwirkung des Generals Rosenkranz zur gehörigen Zeit erfolge, die Niederlage Garnett's unausbleiblich sein würde, und erwartete stündlich das Mitwirken jenes Generals, um den zweiten Hauptschlag noch an diesem Tage auszuführen; allein er täuschte sich diesmal in dem General Rosenkranz, dieser schien etwas furchtsam, voll Bedenklichkeiten, marschirte, machte Halt, als wenn er die Plane M'Clellan's nicht begreifen könne. Hätte er seine Aufgabe so erfüllt, wie M'Clellan die seinige, so wäre auch nicht ein Mann von Garnett's Corps übrig geblieben, der die Nachricht seiner Vernichtung nach Richmond bringen konnte.

Kaum hatte General M'Clellan die Truppen Pegram's die Waffen niederlegen lassen, als er auch ohne Säumen seine Manöver ausführte, um selbst ohne General Rosenkranz die Hauptmacht Garnett's zu vernichten. Sobald dieser die Nachricht von der Capitulation Pegram's erhielt, gab er sogleich Befehl, die feste Stellung auf Laurel Hill zu verlassen und so rasch als möglich nach Huttonsville zurückzugehen. Er vermuthete mit Recht, daß M'Clellan einen großen Schlag vorbereite. Ebenso hatte Oberst Scott, welcher mit seinem Regimente die Aufgabe hatte, das Vorbringen des Generals Rosenkranz zu verhindern, nachdem er die Capitulation Pegram's erfahren, seine Stellung verlassen und sich aus der allzu großen

Nähe des Feindes zurückgezogen. Noch in diesem Augenblicke konnte General Rosenkranz als wackerer entschlossener Offizier nach der Verabredung eingreifen und beim Schlusse des Kampfes entscheidend mitwirken. Die Besorgnisse wegen seiner unerfahrenen, schlecht equipirten Soldaten mußte ihm doch Scott's eilige Flucht benommen haben. Allein er war einmal an diesem Tage ein merkwürdiges Gegenstück zu M'Clellan.

Garnett befand sich durch die Capitulation Pegram's und M'Clellan's kühnes Vordringen in einer schlimmen Lage. Selbst als er nach Huttonsville retiriren wollte, fand er diese Straße durch Scott's zu raschen Rückzug total zerstört und war gezwungen, sich einen Weg über die ungangbarsten Berge nach Hardy County zu bahnen. Trotzdem wurde der Rückzug in ziemlich guter Ordnung ausgeführt, und dies ist um so mehr zu bemerken, da der Weg nur eine Wagenbreite hatte. Am nächsten Morgen hatte die Armee nach einem außerordentlich beschwerlichen Marsche Little Cheat erreicht, wo Offiziere und Mannschaften sich auf das nasse Gras niederlegten, um sich wenigstens etwas von diesen anstrengenden Strapazen zu erholen.

Kaum mochten jedoch die Ermüdeten eine Stunde campirt haben, als auch schon auf der ganzen Vorpostenlinie das Feuer von neuem begann und uns die Gewißheit gab, daß der Feind schon angelangt sei und unausgesetzt seine Angriffe wiederhole. Ohne sich und seinen müden Soldaten auch nur die mindeste Rast zu gönnen, war M'Clellan unserm Heere auf dem Fuße gefolgt, zwar immer aufgehalten durch unsere tapfere Nachhut, aber trotzdem immer mit neuem Eifer angreifend. Ohne Säumen nahm er das Gefecht an allen Punkten mit Nachdruck wieder auf, und obgleich dasselbe nur ein großartiges Geplänkel zu nennen war, so dauerte es doch den ganzen Tag fort. Die Thätigkeit des Generals an diesem Tage war merkwürdig, nichts konnte ihm störend in den Weg treten; trotz des entsetzlichsten Regens, der fürchterlichen Wege, zeigten seine Truppen eine Ausdauer und einen Eifer, wie wir ihn selten gewahrten; jetzt war er doch schon seit zwei Tagen mit einer fürchterlichen Erbitterung hinter uns her gewesen. Kaum hatten wir uns niedergelassen und hofften etwas Ruhe zu haben, so meldeten auch schon unsere Vorposten die Tirailleure seiner Truppen und die Kugeln, welche stets alle Richtungen durchkreuzten, machten unsere Lage mehr als unangenehm. Als wir eben unsere Artillerie glücklich über den Carroks Fort hatten, erhielt Oberst Talioferro mit seinem Regimente Ordre, die höhern Ufer des Flusses zu besetzen und den Feind so lange als möglich zu beschäftigen, damit unsere gänzlich abgematteten Truppen doch einige Erholung hätten. Kaum war dieser Befehl ausgeführt, als auch die feindlichen Vorposten sich wieder bemerklich machten. Anfangs hielten unsere Leute jene für die abgeschnittenen Georgia-Truppen und empfingen dieselben mit Hurrah; als aber statt Erwiderung dieses freundschaftlichen Empfanges ein impertinenter Kugelregen uns herübergeschickt wurde und einige unsere Soldaten getroffen niedersanken, da sah man den Irrthum leider etwas zu spät ein, wenn wir uns auch bemühten, das feindliche Feuer mit verdoppelter Schnelligkeit zu erwidern. Bald darauf ließ der die feindliche Vorhut führende Commandant eine seiner Batterien aufführen und bearbeitete uns heftig und unablässig. Seine beiden Versuche jedoch, den Fluß zu überschreiten, wurden von unsern Leuten mit dem Bajonnet abgewiesen. Während dieser Affaire hatte General Garnett seine noch geretteten Kanonen und Bagage auf der Straße vorwärts beordert und sandte den kämpfenden Regimentern den Befehl, die Nachhut der retirirenden Truppen zu übernehmen. Unser Rückzug wurde so ziemlich ungestört ausgeführt, denn wahrscheinlich war der Feind durch die mühevollen Märsche sowie durch unsere unabläſſige Vertheidigung ſelbſt gezwungen, ſich Ruhe zu gönnen. Am zweiten Fort, eine kurze Strecke rückwärts, wurde General Garnett von einem feindlichen Jäger erſchoſſen. Kaum hatte nämlich der General ſeine Truppen den Fluß paſſiren laſſen, als er einer Compagnie vom 23. Virginia-Regiment den Befehl gab, die ſich am Ufer hinziehenden Gebüſche zu beſetzen, indem er ſelbſt den Befehl über die Compagnie und die Vertheidigung des Uebergangs übernehmen wolle. In demſelben Augenblicke hörte man im Rücken unſerer Armee feuern. Der Feind mußte uns umgangen haben und jagte dadurch unſerer Arrièregarde großen Schreck ein. General Garnett blieb in dieſem kritiſchen Momente ruhig und gelaſſen. Er befahl den Soldaten, ſich langſam und ruhig zurückzuziehen. Kaum hatte er dieſen Befehl gegeben, als er, von einer Kugel durchbohrt, niederſank. Ein Jäger der Unionstruppen hatte dieſen Meiſterſchuß gethan, der uns einen der bravſten Führer raubte. Das Pferd des Generals galopirte bald nachher, mit Blut beſpritzt, die Straße entlang und meldete die entſetzliche Kunde vom Tode des Führers dem ganzen Heere.

General M'Clellan, welcher mit dem Reſultate des Tages wohl zufrieden ſein konnte, gab hier die Verfolgung auf. Nachdem er unſere Armee verſprengt und total demoraliſirt hatte, blieb ihm ein großer Theil als Gefangene, viele Kanonen und Bagage als Beute. Wohl mit Recht konnte er nach Waſhington berichten: „Unſer Erfolg iſt vollſtändig; die Secceſſion iſt in dieſem Theile des Landes getödtet."

Die Schlacht von Rich Mountain war ein herber Schlag für unſere jungen Waffen und machte in den geſammten ſüdlichen Staaten einen ſehr peinlichen Eindruck. Hätte die Regierung in Waſhington aus dieſen für ſie glorreichen Erfolgen Nutzen zu ziehen verſtanden, ſie hätte ſicher in kurzem den Staat Virginien unter ihre Fittiche gebracht. Sie durfte aber nicht erſt ihre ganze Exiſtenz aufs Spiel ſetzen und das Wohl und

Wehe eines Landes unerfahrenen Feldherren anvertrauen, sondern sie mußte auf der Stelle den wahren Gehalt des Generals M'Clellan zu würdigen wissen und ihm ohne Zögern das Commando der Potomacarmee anvertrauen. Das für die Union so fürchterliche Unglück bei Manassas wäre vermieden worden, denn nach den Erfolgen, die M'Clellan im westlichen Theile von Virginien errungen hatte, wäre er von den Truppen des Potomac nicht als Fremder, sondern als alter Bekannter aufgenommen worden. Die Soldaten hätten dann einen Führer gehabt, dessen Erfolge ihnen Ergebenheit und Achtung einflößten, und sie würden mit Freude und Aufopferung ihre harten Pflichten erfüllt haben. Daß die Regierung in Washington M'Clellan's Talent wohl kannte, beweist der Umstand, daß nach dem Unglück von Manassas, als selbst Washington in Gefahr schwebte, von unsern Truppen genommen zu werden, die Regierung den Oberbefehl über die vernichtete Armee dem General G. B. M'Clellan übertrug.

7.

Bewegungen am Potomac.

Harper's Ferry. General Johnstone tritt zur Conföderation. Stellung der Truppen am Potomac. Zerstörung am Potomac. Die Eisenbahnbrücke wird gesprengt. Oberst Jackson operirt gegen General Patterson. Gefecht. Johnstone will kämpfen. General Patterson's Kriegslist. Versuch, General Beauregard's Hauptarmee zu schwächen. Johnstone's Stellung.

Der Kriegsschauplatz fing jetzt an, sich am Potomac zu concentriren, besonders in der Nähe der von den Truppen der Vereinigten Staaten aufgegebenen Harper's Ferry. General Joseph Johnstone, welcher früher eine Stelle als Generalquartiermeister in der Unionsarmee bekleidete, legte, sobald der Krieg ausbrach, seine Stelle nieder und stellte sich zur Verfügung der neuen conföderirten Regierung, welche auch nicht zögerte, seine Dienste sofort anzunehmen und ihn mit dem wichtigen Posten des Commandos zu Harper's Ferry betraute. Am 27. Mai 1861 wurde General Beauregard seines Commandos in Charleston enthoben und zunächst nach Corinth in Mississippi beordert, aber noch während seiner Reise nach Richmond zurückgerufen und ihm das Commando der conföderirten Armee, welche unter dem Namen Potomac- und Shenandoaharmee bekannt wurde, übertragen.

General Johnstone's ganze Stärke zu Harper's Ferry bestand in 13 Regimentern Infanterie, 10 Compagnien Cavalerie,

7 Compagnien Artillerie, was gewiß eine achtunggebietende Streitmacht war. Er hatte die Aufgabe, beide Ufer des Potomac zu überwachen und jedem Vordringen des Feindes von dort zu wehren. Nachdem er die ganze Umgegend recognoscirt hatte, beschloß er, die ihm angewiesene Position so lange zu behaupten, als es die Regierung für nothwendig finden würde. Die Demonstrationen der Unionstruppen beschränkten sich hauptsächlich auf Vorpostengefechte und ihre Plane waren auf die Bewegungen des feindlichen Heerestheils gerichtet, welcher in die ebenen Thäler Virginiens eindringen würde. Patterson, welcher mit seinen Truppen in Maryland und Pennsylvanien lag, wartete ebenfalls auf Johnstone's Bewegungen, um dann über Harper's Ferry nach Winchester vorzubringen und eine Verbindung mit dem andern unionistischen Corps herzustellen. Den 13. Juni meldeten unsere Vorposten das Vorrücken von Patterson's Armeecorps. Ein Detachement wurde sofort beordert, dasselbe in seinem Vorbringen aufzuhalten, und am 15. Juni wurde Befehl gegeben, Harper's Ferry zu verlassen und zurück nach Winchester zu gehen. Nachdem der Befehl zur Aufgabe dieses Platzes ertheilt war, trat tags darauf eine jener peinlichen Katastrophen ein, welche der Krieg stets im Gefolge hat. Alles, was fliehen konnte, ergriff die Flucht, während Vorbereitungen getroffen wurden, den Platz vollständig der Vernichtung zu übergeben. Das erste Opfer der Zerstörung war die wundervoll construirte Eisenbahnbrücke, welche den gewaltigen Potomac überspannte. Ein Signal, und eins jener Wunderwerke der Baukunst flog mit einer gewaltigen Explosion in die Lüfte. Alle jene prächtigen Gebäulichkeiten, alle Fabrikgebäude, Waarenhäuser und Eisenbahnwagen, Locomotiven, kurz eine ganze blühende Stadt mit all ihrem Reichthum wurde zum schimpflichen Feuertode verdammt.

Es war ein trauriger Anblick, jene Feuersäulen zum Himmel steigen zu sehen; mismuthig wandte ich mein Auge von diesem barbarischen Schauspiel der Vernichtung ab und ritt den Truppen nach, welche in dichten Massen sich die Martinsburger Straße entlang bewegten, um durch dieses Flankenmanöver zwischen Winchester und die bei Williamsport den Potomac überschreitende Armee Patterson's zu kommen. Dieser ließ auf die Kunde von unserm Rückzuge von Harper's Ferry seine Truppen den Potomac so rasch als möglich überschreiten, um vielleicht noch etwas zu retten.

General Johnstone verfolgte ruhig seinen Marsch nach Winchester, von wo er mit Leichtigkeit das eine feindliche Heer im Schach zu halten sowie ein weiteres Vordringen Patterson's zu verhüten im Stande war, während er ohne Schwierigkeit die Verbindung mit General Beauregard, welcher bei Manassas-Gap lag, herstellen konnte. Nachrichten jedoch, welche wir aus Maryland erhielten, gaben uns die Gewißheit, daß Patterson ein anderes Manöver im Sinne hatte, und bewogen General Johnstone, den Obersten Stonewall Jackson mit seiner Brigade in die Nähe von Martinsburg zu dirigiren, um den Obersten Stuart, welcher mit seinem Cavalerieregiment zum Observiren aufgestellt war, zu unterstützen.

Am 2. Juli überschritt Patterson von neuem den Potomac. Stonewall Jackson befolgte die ihm gegebenen Instructionen genau und ging mit seiner Brigade zurück. Die Avantgarde von Patterson's Corps, welches in Jackson's Brigade eine flüchtende zu sehen glaubte, verfolgte ihn etwas zu lebhaft. Jackson zog zwei Bataillone vom fünften Virginiaregiment sowie eine Sechspfünderbatterie heran und brachte seine kleine Schar in eine gut gewählte und gedeckte Stellung. Er nahm dann das sich ihm darbietende Gefecht an, und erst als er befürchtete, von seiner Verbindung mit dem Hauptheer abgeschnitten zu werden, trat er den Rückzug ruhig und unbelästigt an und führte noch 53 Gefangene mit sich fort. Als General Johnstone von Jackson's Gefecht Nachricht erhielt, beeilte er sich, dem General Patterson eine Schlacht anzubieten. Er bezog eine Stellung fünf Meilen von Martinsburg, welches die Unionstruppen besetzt hielten, und wartete geduldig vier Tage auf das Erscheinen Patterson's. Dieser jedoch hatte keine Courage oder Lust, das Compliment zu erwidern und der Forderung Johnstone's nachzukommen, trotzdem er ihm beinahe doppelt an Mannschaft überlegen war. Nach vergeblichem Warten ließ Johnstone seine kampfmuthigen Soldaten den Rückzug nach Winchester antreten. Kaum waren jedoch die Truppen in ihre alten Quartiere gerückt, als Oberst Stuart das Vorrücken Patterson's meldete. Freudig hoffte Johnstone jetzt eine Klinge mit ihm wechseln zu können. Zu Bunker's Hill, ungefähr 7—8 Meilen von Winchester, machte der General jedoch wieder Halt und blieb dort bis zum 7. Juli ruhig liegen.

Darauf machte Patterson Anstalten, als wolle er unsern linken Flügel angreifen, doch General Johnstone durchschaute jetzt seinen Plan. Die Operationen und Bewegungen der feindlichen Truppen hatten keinen andern Zweck, als Johnstone zu Winchester festzuhalten, damit General Beauregard der Gesammtmacht der Unionsarmee, welche sich unter dem Commando des Generals M'Dowell bei Manassas concentrirt hatte, preisgegeben würde. Johnstone stellte nun seine Armee in der Weise auf, daß sie auf die ersten Befehle von General Beauregard sofort nach Manassas hin zu manövriren im Stande war, und Patterson's Winkelzüge, so schlau sie berechnet waren, hatten keinen Erfolg.

8.

Bull-Run.

Vorbereitungen und Stellungen. Stärke der Truppen. Der entscheidende Augenblick naht heran. Ein Rückblick auf die Friedenszeit. Bull-Run. M'Dowell's Angriff. Unerfahrenheit der Artillerie. General Bonham. Ein Kanonenduell und seine Folgen. Die Brigade Longstreet in Blackburnford. Heftiger Angriff. Schlacht. Die Conföderirten wanken. Hülfe von General Earley's Brigade. Die Feinde weichen. Kanonade. Die Batterie Rhode-Island. Schaden an Bedeckung und Bespannung. Unentschiedenheit des Gefechts. Die Kräfte sind geprüft, wie werden die Würfel fallen?

Anfang Juli 1861 standen zwei der größten Armeen, welche je dieses Land sah, in geringer Entfernung sich feindlich gegenüber und erwarteten mit größter Spannung den blutigen Tag, wo sich Nord und Süd messen sollten. Die nördlichen Truppen glaubten ihres Sieges sicher zu sein, denn sie dachten mit Leichtigkeit die südliche Armee zu vernichten und den Siegesmarsch nach Richmond ohne große Hindernisse auszuführen, um dort das Banner der großen Republik, die Sterne und Streifen aufzuziehen. In dieser Meinung wurden sie noch von vielen Congreßmitgliedern bestärkt, denen man doch ein reiferes Urtheil hätte zutrauen sollen. Daß die ganze Sache in 12—14 Tagen beendigt sei, wurde jetzt für ausgemacht gehalten. In Betreff der Ausrüstung der großen Armee war von der Regierung nichts versäumt worden, um sie mit jeder europäischen in gleichen Rang zu stellen. Sie war ausgestattet mit einer vortrefflichen Artillerie, verbunden mit den regulären Truppen, welche die Regierung aus allen Territorien, so von Rocky-Mountains, Saint-Louis, Jefferson, Banaks Fortresse, Monroe u. s. w. herbeigezogen hatte und welche derselben einen gewissen Glanz verliehen. In Bezug auf ihre Stärke glauben wir nicht zu irren, wenn wir dieselbe auf 50,000 Mann schätzen incl. 9 Compagnien Dragoner, reguläre Truppen der Unionsarmee, sowie einem Artilleriepark von 50—60 größtentheils gezogenen Kanonen. Diese stattliche Armee war unter das Commando eines Generals gegeben, der durch die ganzen Vereinigten Staaten den Ruf eines der größten militärischen Genies genoß, nämlich unter das des Generals M'Dowell.

General M'Dowell hatte in der gesammten Armee einen guten Namen, wozu seine Collegen im Westpoint nicht wenig beitrugen.

General Beauregard war von den Vorgängen im feindlichen Lager vollkommen unterrichtet, und dem Vorhaben des Feindes, sich einen Weg nach Richmond zu bahnen, wurde viel Aufmerksamkeit geschenkt, um wo möglich die Ausführung zu hindern. Es war für die conföderirte Armee eine entsetzliche Periode, denn wenn sie einmal geschlagen wurde, gab es keine weitere Hülfsquelle, den Krieg noch fortzuführen.

Was Schiller den Tell von seinem Pfeile sagen läßt, das konnte Beauregard mit Recht von seiner Armee sagen:

> Entweicht er kraftlos meinen Händen,
> Ich habe keinen zweiten zu versenden.

Und in der That, wäre diese Armee der Conföderirten geschlagen worden, sie hätten keine zweite ins Feld stellen können.

Welchen Eindruck mußte es ferner auf Europa machen,

wenn der Süden schon hier einen Sporn verlor! Schwere Sorgen mußten die Heerführer der conföderirten Armee drücken, wenn sie alle Umstände, die zu ihrem Verderben zusammentrafen, erwogen. Auf diesem Punkte war es zum ersten mal, daß sich die Elite der beiden feindlichen Armeen gegenüberstand.

Wie hatte in einer kurzen Spanne Zeit sich so vieles geändert! Seit mehr als achtzig Jahren hatten diese Feinde, welche sich jetzt voll Wuth und Erbitterung gegenüberstanden, ein friedliches ernstes Bürgerleben zusammen geführt und sich mit dem Waffenhandwerk nur wenig vertraut gemacht, denn der Krieg in Mexico war von keiner Bedeutung. Jetzt waren aus dem eng verbundenen Brudervolke, welches immer nur ein Interesse hatte, mit Einem Schlage zwei Parteien geworden, die sich auf den Tod erbittert gegenüberstanden. „Auf, nach Richmond!" war der Wahlspruch der einen, „Unabhängigkeit oder Tod!" riefen die andern.

Vor Bull-Run trafen sich die grimmigen Gegner, wenn auch nur auf wenige Momente. Die Schlacht war kurz, aber hitzig, und zeigte schon im Kleinen, wie sehr die Feinde ihre Kräfte anstrengen würden, um eine etwaige Hauptschlacht zu einer ganz entscheidenden zu machen. Der Zusammenstoß von Bull-Run war gleichsam nur eine Einleitung zu dem großen, blutigen Schauspiel, welches kurz nachher bei Manassas in Scene gesetzt wurde.

Der Bull-Run bildet die nördliche Grenze von William's County, welche es von Fairfax trennt, und an seinen Ufern, drei Meilen nordwestlich von der Vereinigung der Manassas Gap mit der Orange- und Alexandria-Eisenbahn, wurde den 18. Juli die denkwürdige Schlacht geschlagen. Bull-Run ist ein kleiner Fluß, welcher in dieser Gegend seinen Lauf von Westen nach Osten richtet und sich weiter unten mit dem Occoquanflusse verbindet. Viele Straßen durchschneiden das Land hier fast nach allen Richtungen. Die Ufer des Flusses sind felsig und steil und mit einer Menge von Fords versehen. Bei Mitchellsford ist ungefähr die Mitte der Entfernung zwischen Centreville und Manassas. Jeder der Wege beträgt etwa sechs Meilen.

Auf Anlaß der Bewegungen des Feindes, welcher, wie Beauregard vermuthete, auf Manassas operirte, zog er seine äußerste vorgeschobene Brigade von den Linien des Bull-Run mehr nach seinem Centrum. Am Morgen des 17. Juli hatten die Truppen Beauregard's ihre Stellung von Mills-ford bis nach Stonebridge genommen, eine Entfernung von beinahe acht Meilen. Den nächsten Tag machte M'Dowell Anstalten, die Brigade Bonham's anzugreifen. Er schob große Infanteriemassen vor, welche von einigen Batterien gedeckt wurden. Mittags eröffnete der Feind ein heftiges Artilleriefeuer aus gezogenen Geschützen. Wegen der großen Ungeschicktheit der Artilleristen, die sich wahrscheinlich heute zum ersten mal im Feuer befanden, hatte das Schießen indessen sehr wenig Nachtheil für unsere Truppen. Erst nachdem die Feinde einige hundert Schüsse in den Wind gefeuert hatten, fingen sie an, die bei solchen Gelegenheiten nothwendige Kaltblütigkeit allmählich zu erlangen, sowie die Richtung, welche ihre Geschütze nehmen mußten, kennen zu lernen, und in kurzem brachte ihr Feuer tödliche Verheerungen in unsere Brigade. Unsere Batterien sowie unsere Truppen verhielten sich noch ruhig, erwarteten jedoch mit Ungeduld den Augenblick, wo ihnen Befehl ertheilt werden würde, auch ihre Thätigkeit zu entfalten.

Nach kurzer Weile brauste eine leichte feindliche Artilleriebatterie heran und nahm eine uns etwas nähere Position. Sogleich gab General Bonham einer seiner Batterien Befehl, die feindliche zu vertreiben, und der Batteriecommandant führte seine Aufgabe so schnell und wirksam aus, daß er schon nach einem kleinen

Kanonenduell die feindliche Batterie zwang, ihre Position wieder aufzugeben, was diese sammt ihrer Bedeckung rasch vollführte. Der kühne Versuch wurde also ganz entschieden von unsern Truppen abgewiesen. Die merkwürdige Ruhe und Sicherheit, welche unsere Batterie in diesem kleinen Feuer zeigte, erfüllte viele unserer Offiziere mit Bewunderung, und General Bonham ernannte sofort den Batteriecommandanten zum Major. Bonham zog dann rasch die Batterie von ihrer Position wieder ab und gab ihr eine Stellung bei Mitchellsford, von wo aus sie mit ihrem Feuer jede Annäherung auf die Fords abwehren konnte.

Während sich das eben erwähnte kleine Kanonenduell entwickelte, dirigirte General M'Dowell große Massen Infanterie, Cavalerie und Artillerie gegen Blackburnford, wo die Brigade Longstreet stand und Befehl hatte, diese Stellung zu behaupten. General Longstreet erhielt noch zeitig genug von dem in gewaltigen Massen heranrückenden Feinde Nachricht, um seine aufgestellten Vorposten zurückzuziehen. Dagegen ließ er die ganze Länge der südlichen Bank des Flusses mit einer dichten Linie von Tirailleurs besetzen. Die feindlichen Massen, geschützt durch das wellenförmige Terrain, konnten sich bis auf beinahe hundert Schritt unsern Tirailleurs nähern, während die feindlichen Batterien, auf beiden Flanken verwendet, den Infanteriemassen Gelegenheit gaben, sich uns ohne vielen Verlust zu nähern, da sie durch ihr verderbenspeiendes Feuer geschützt waren. Nachdem sich die verschiedenen feindlichen Truppenmassen mitten unter dem Feuer ihrer Kanonen geordnet und, obwol sie sich fast größtentheils zum ersten mal auf einem Schlachtfelde befanden, mit ziemlicher Ruhe zu einer Sturmcolonne formirt hatten, brachen die zwei Brigaden mit einem donnernden Hurrah auf Longstreet's Position los, wo man sie jedoch mit großer Ruhe und Unerschrockenheit empfing.

Hier war es, wo zum ersten mal die beiden feindlichen großen Armeen zusammentrafen. Der Kampf, welcher sich jetzt entwickelte, wurde von Minute zu Minute heftiger und steigerte die Erbitterung der Soldaten. Schon währte das Gemetzel zwei Stunden und noch hatte keine der Parteien einen Fuß breit errungen. Jeder Baum, jedes Felsstück, jede Vertiefung wurde von unsern texanischen Jägern in Besitz genommen und von dort bahnte sich das tödliche Blei einen Weg in des kühnen Feindes Brust. Lange währte schon der Kampf, als endlich die Division Longstreet zu ermatten anfing und etwas von ihrer sichern Haltung verlor. Da erschien im günstigsten Augenblick General Earley's Brigade, und mit dieser Verstärkung wurde das Gleichgewicht der Schlacht wiederhergestellt. Der feindliche General erkannte bald, daß er gegen unsere überlegenen Massen nichts ausrichten konnte, daher ließ er die Truppen aus der Gefechtslinie bringen und beschränkte sich auf ein Artilleriefeuer, welches sich jetzt auf beiden Seiten entwickelte und uns Gelegenheit gab, unsere Ueberlegenheit dem Feinde gegenüber auch in dieser Waffengattung kennen zu lernen. Die Batteriecommandanten konnten ihr Feuer blos nach den Blitzen der Bajonnete richten, welche über das Gehölz funkelten, und unsere Leute fingen an, die feindlichen Massen unermüdlich mit gezogenen Kanonen zu beschießen. Kaum hatten wir jedoch eine kleine Unordnung und Zerstörung in die feindlichen Colonnen gebracht, als eine Unionsbatterie — Rhode=Island — im Fluge heranbrauste, auf eine Entfernung von 800 Schritt anfuhr und uns mit einem Hagel von Kugeln überschüttete, welche besonders in der Bedeckung und Bespannung große Verheerung anrichteten. Eine bedeutende Anzahl unserer besten Pferde ging dabei zu Grunde. Sofort wurden unsere Batterien aus dem verderbenbringenden Feuer gezogen; die feindlichen Batterien ließen jedoch mit dem Feuern nach. Allgemach wurden die Pausen immer länger, und als die Nacht ihre dunkeln Schleier über die Erde verbreitete, verhallte der Kanonendonner gänzlich. Dieser Zusammenstoß endete die Affaire bei Bull=Run, welche ich als Einleitung zu der großen Schlacht ansehe, welche zwischen den beiden Armeen geliefert werden mußte. Die Schlacht von Bull=Run hatte für den feindlichen General keinen andern Zweck, als den Fluß zu überschreiten und sich von der Tüchtigkeit seiner Truppen zu überzeugen. Obgleich ihm der Uebergang über den Fluß nicht gelang, hatte er doch Zeugniß von der Tüchtigkeit und Kaltblütigkeit seiner Soldaten erhalten, dazu aber auch Achtung vor dem Feinde bekommen, den er nicht mehr als einen zu verachtenden Gegner betrachten konnte. Beide Heere zogen sich zurück, gleichsam um neue Kräfte zu sammeln und dann mit aller Anstrengung und Aufbietung aller Mittel die Sache der Conföderirten zu entscheiden. — Das Spiel hat begonnen; wer weiß, wie die Würfel fallen!

9.
Die Schlacht von Manassas.

Stellung der Armeen. Patterson in der Klemme. Spionage. Lagerscenen. M'Clellan in Virginien. Scott am Potomac. Vor der Schlacht. Ein Blick auf beide Heere. Die Generale der Conföderirten. Stärke der Armee. Kanonade. Die Schlacht beginnt. Sturmcolonnen. Der linke Flügel. Das Plateau. Heftiger Kampf. Allgemeiner Angriff. Blutige Köpfe. Beauregard und Jackson. Rückzug. Johnstone's Heldenmuth. Letzte Hoffnung. Das Regiment Cocoran. General Fischer und Bartow sterben den Heldentod. Vergebliches Ringen. Sterbensmüde. Noch einmal drauf! Stonewall Jackson. Neues Blutbad. Zurück. Alles verloren. Jeff. Davis. Düstere Stimmung. Jackson vor. Warum Stonewall. Hülfe in der höchsten Noth. Kirby Smith. Die Entscheidung. Schrecklicher Rückzug. Das Schlachtfeld. Verwundete Feinde. Grauenhafte Scenen. Lazarethe und Verpflegung. Plünderer. Resultate der Schlacht von Manassas.

Es war Sonntag den 21. Juli 1861, als General Scott dem General M'Dowell den Befehl gab, gegen Manassas vorzurücken. Diese Aenderung des Operationsplans blieb uns indessen gar kein Geheimniß, denn trotz der empfindlichen Schlappe, welche die Unionsarmee bei Bull=Run erlitten hatte, wandte man in Washington wenig Vorsicht an. General Beauregard wurde durch einen dortigen Freund rechtzeitig von allem unterrichtet, und hatte Zeit genug, mit aller Umsicht und Ruhe seine Vorkehrungen zu treffen. Er benachrichtigte sofort General Johnstone von dem Vorhaben des Feindes und ersuchte ihn, mit sämmtlichen Truppen auf Manassas zu rücken, um sich mit seiner Armee zu verbinden. Diesen Marsch führte General Johnstone denn auch sehr geschickt aus. Um nämlich dem zu Martinsburg stehenden Corps Patterson seinen Abzug nicht zu verrathen, beorderte er seine Cavalerieregimenter unter Stuart, eine großartige Recognoscirung vorzunehmen, um den Feind glauben zu machen, Johnstone habe die Absicht, ihm in kurzer Zeit eine Schlacht anzubieten. Oberst Stuart führte seine Befehle so wohl aus, daß der arme General Patterson ganz verzweifelte Berichte über die Demonstrationen Johnstone's nach Washington schickte und dringend um Verstärkung bat. General Scott schenkte diesen Nachrichten gar zu gern Glauben und freute sich nicht wenig, daß Johnstone sich bei Winchester mit Patterson aufhielt, denn nun hoffte er Gelegenheit zu bekommen, die Truppen Beauregard's bei Manassas vollständig zu vernichten und so einen Hauptschlag auf die Armee der Conföderirten glänzend auszuführen. Johnstone ließ ihm herzlich gern dieses Vergnügen und schlüpfte unterdessen unbemerkt von Winchester hinweg, seine Richtung nach Manassas nehmend. Blos die Brigade Kirby Smith mit 10 Compagnien Cavalerie blieb in Winchester mit dem Befehl, erst am nächsten Tage zu folgen.

So war nun gleich zu Anfang der Ereignisse ein entschiedener Vortheil auf seiten der Conföderirten, denn während wir von allem Thun und Treiben des Feindes die genauesten Nachrichten erhielten, alle seine Absichten und Plane gleich nach ihrer Entstehung erfuhren, wußten Scott und M'Dowell von unsern Anstalten und Vorkehrungen so gut wie nichts. Sie hatten nicht die entfernteste Ahnung davon, daß Johnstone's Armee sich schon seit zwei Tagen mit der von Manassas vereinigt hatte, denn sonst hätte das zu Winchester stationirte Corps des Generals Patterson (welcher noch immer glaubte, Johnstone's Truppen vor sich zu haben, und demnächst einen

Zusammenstoß erwartete), doch augenblicklich Befehl erhalten müssen, Winchester zu besetzen und Demonstrationen in Shenondah-Valley auszuführen. Wäre dies geschehen, so hätten die Feinde uns sofort alle Zufuhr aus jenem reichen Thale abgeschnitten und unsere Communication nach dieser Seite hin gehemmt. Die Vereinigten Staaten hatten aber bekanntlich in jener Zeit noch eine ziemliche Anzahl Generale, welche ihren Sold in Ruhe und Gemächlichkeit verzehren wollten und im Gefühle ihrer Größe und Uebermacht sorglos manche Anstrengung und Vorkehrung unterließen.

Das Lager General Scott's glich eher einem großen Jahrmarkte als einem Kriegslager. Tausende von Zuschauern hatten sich von nah und fern eingefunden, um Zeugen von der Tapferkeit ihrer Truppen, sowie von dem gewissen Untergange unserer Armee zu sein. Senatoren, Congreßmänner, Politiker, Pfaffen, Journalisten und Müßiggänger aller Art, ja selbst viele Frauen hatten sich zu dem großartigen Schauspiel eingefunden, dessen Entwickelung und Ende jeder mit der größten Gewißheit voraussagte. Nichts ist schädlicher für eine Armee, als so viele unnütze und hinderliche Elemente zu beherbergen. Scott aber that nichts, den Zugang des wirren Publikums ins Lager irgendwie zu hindern.

Ruhig ließ er es geschehen, daß Herren und Damen die Lagerplätze der Soldaten durchwanderten, wobei denn natürlich jeder sein strategisches Talent glänzen ließ. Wenn man diese Leute raisonniren, schwadroniren, bramarbasiren hörte, hätte man glauben sollen, hier wäre eine Zusammenkunft aller großen Helden der alten und neuen Zeit, die es auf nichts Geringeres abgesehen hätten, als unsere Armee mit Stumpf und Stiel, bis auf den letzten Trainsoldaten, auszurotten. Jeder war ein kleiner Hannibal oder doch wenigstens ein halber Napoleon und gab seine Ideen ganz uneigennützig zum Besten. Indessen nahmen ganze Züge und Wagenladungen voll Wein und Champagner ihren Weg zum Lager hin, um bei dem demnächst zu feiernden Siegesfeste den allgemeinen großen Freudenrausch zu steigern. Alles dieses untergrub die Tapferkeit der Truppen, indem es die strenge Subordination lockerte und den Offizieren die nothwendige Ruhe und Kaltblütigkeit nahm. Die ganze Sache wurde von den Generalen und obersten Führern mit einem zu großen Leichtsinn betrieben, und mit eingebildeter Sicherheit sahen sie schon im voraus die schwankende Wage des Kriegsglücks nach ihrer Seite hin den Ausschlag geben, ohne daß sie den kommenden Ereignissen mit dem nöthigen Ernste entgegengingen.

Vergleichen wir damit die Thätigkeit der Unionsarmee unter dem Commando des Generals M'Clellan im westlichen Virginien, welche fern von aller Communication, aller Verbindungsmittel beraubt, in einer Gegend steckte, wo jeder Fels, jeder Hügel zu einer Festung umgewandelt war, so können wir nicht umhin, diesen wackern Soldaten und ihrem umsichtigen Führer unsere vollkommenste Achtung auszusprechen. Die kleine muthige Armee stand immer kriegsbereit und folgte vertrauensvoll ihrem geliebten Feldherrn Tag und Nacht trotz aller sich entgegenstellenden Hindernisse, jede Mühe und Anstrengung unverzagt überwindend. Welchen Contrast bildete hierzu die Armee am Potomac, welche sich in träger Unthätigkeit einem erschlaffenden, Ordnung und Disciplin störenden Lebensgenusse hingab. Welch ein buntes Durcheinander der Uniformen, vom einfachen ernsten Jäger an, der fern aus seinen stillen Wäldern von Minnesota kam, um hier für sein Sternenbanner zu fechten, bis zu den lächerlichen Uniformen der Turcos, Zuaven, Araber und Gott weiß welchen unsinnigen Theatergarderoben, die hier stolz zur Schau getragen wurden. Die bunten Soldaten paradirten und stolzirten nicht allein zum Erstaunen der Menge, sondern auch zu ihrem eigenen umher, und mancher entdeckte verwundert, daß er ein prächtiger Held sei, natürlich in seinem Aeußern, wovon er früher keine Ahnung hatte. Doch genug von dieser Beschreibung, wir wollen die Schwächen und Schäden der Potomacarmee, woran sie eigentlich zu Grunde ging, nicht weiter aufdecken und fahren in unserer Darstellung fort.

Es war also, wie schon bemerkt, der 21. Juli 1861, als General Scott dem General M'Dowell den Befehl ertheilte, mit seiner Armee gegen Manassas vorzurücken. Es war ein herrlicher Sonntagsmorgen, prächtig stieg die Sonne am wolkenlosen Himmelszelt empor und ihre glühenden Strahlen verkündeten einen heißen Tag; unsere Truppen hatten ruhig ihr Frühstück eingenommen, die Geistlichen den verschiedenen Truppen ihren Segen ertheilt und die Soldaten mit kräftigen eindringlichen Worten für den verhängnißvollen Tag ermahnt. Die wenigen übrig bleibenden Minuten waren dem Abschiede von den zurückbleibenden Lieben gewidmet. Welch ein rührender, wehmüthiger Anblick! Der Sohn bot dem Vater, der Bruder noch einmal dem Bruder, vielleicht zum letzten mal Hand und Mund; manches Lebewohl, manches fromme Segenswort tönte aus den abziehenden Colonnen und manche Thräne ward still zerdrückt. Die Truppen sammelten sich bei ihrem Banner und nahmen die angewiesenen Plätze ein, alles war ernst und gefaßt, von dem wichtigen, entscheidenden Zusammenstoß überzeugt.

Einen ermuthigenden Anblick gewährten die Reiterregimenter, welche unter ihren braven Führern, Stuart, Ashby und Davis, mit donnerndem Geräusch heranbrausten. Die Generalität hatte sich um Beauregard und Johnstone gesammelt; obgleich eigentlich letzterer den Oberbefehl hatte, so ließ er denselben doch dem General Beauregard, da dieser bereits sämmtliche Pläne ausgearbeitet und die Dispositionen für die Armee getroffen hatte. Tiefer Ernst lag auf den Gesichtern der Generäle und manches Auge blickte gedankenvoll auf die vorübermarschirenden Colonnen. Endlich wurden die Pferde vorgeführt, man schwang sich hinauf, und wie eine aufgescheuchte Vogelheerde flog alles den angewiesenen Posten zu, hierhin und dorthin, jedes an seinen Ort.

Durch einen Sturz des Pferdes für einige Tage des Dienstes entbunden, konnte ich mir doch nicht versagen, der Schlacht wenigstens als Augenzeuge beizuwohnen. Ich begab mich deshalb mit meinem Kameraden, dem Prinzen von Polignac, Oberstlieutenant der Artillerie im Stabe Beauregard's, auf einen kleinen Hügel, wo eine schwere Batterie placirt war. Es war einer jener klaren Tage, wo die Luft, von Dünsten rein, dem Auge die größte Fernsicht gewährt, und deutlich konnte man von unserm Standpunkte aus die entlegensten Gegenstände erkennen und unterscheiden. Vor unsern Augen lag die weite Ebene Manassas, von unzähligen buntschimmernden Soldatenhaufen wie besäet. Es war ein prächtiger, großartiger Anblick! Vor uns dehnte sich die Unionsarmee aus, ihre weitgezogenen Flügel lehnten sich an die großen Wälder, deren dunkles Grün zu den farbigen Uniformen und glänzenden Bajonneten einen herrlichen Hintergrund bildete. Eine leises Lüftchen trug die lustigen Melodien der zahlreichen Musikchöre zu uns herüber, welche fröhlich in die Morgenluft hineinklangen. Das ganze Kriegstheater zu unsern Füßen glich einem schön gemalten Panorama, und entzückt betrachteten wir lange das herrliche Bild, bis uns die ernsten gespannten Gesichter, sowie die brennenden Lunten der Leute in der nahen Batterie Gewißheit gaben, daß ein ernsteres Spiel hier in kurzem beginnen würde.

Immer bunter wurde tief unten das Gewühl, wie emsige Bienenschwärme drängten sich die Truppenmassen durcheinander, Batterien, Munitionswagen, Ambulanzen flogen vorüber und die wirbelnden Staubwolken zeigten den Weg, den sie nahmen. Die Massen gruppirten und formirten sich langsam, aber sicher in ihren angewiesenen Stellungen. Herrlich leuchtete die Sonne hernieder, ein kühlendes Lüftchen wehte spielend über die weite Fläche hin und der Himmel blickte so freundlich hernieder, als hätte er gar keine Ahnung von dem schrecklichen Vernichten, von dem blutigen Schlachten, welches hier bald seinen Anfang nehmen sollte. Noch standen sie da so lebensmuthig, in strotzender Fülle und Jugendkraft, die Brust voll Hoffnung und Muth, die in wenig Stunden, vom Todesengel hingemäht, ihr Leben verhauchen und mit ihrem Herzblut das grüne Laub des Sommers färben sollten.

Plötzlich änderte sich das Bild und der poetische Duft, welcher dasselbe umhüllte, machte dem Donner der Kanonen Platz, welcher sich sofort auf der ganzen Linie mit fürchterlichster Heftigkeit entwickelte.

General M'Dowell hatte von General Scott Befehl erhalten, die Truppen für vier Tage Rationen fassen zu lassen, dann früh am 21. Juli sich in den Besitz von Manassas zu setzen und dasselbe unter allen Umständen mit Aufbietung aller Kräfte und Standhaftigkeit zu behaupten, indem er dann seine Bedürfnisse mittels der Eisenbahn von Alexandria erhalten könne. Dieses war die erste Einleitung der Generale für die kommende Schlacht von Manassas.

In dem Hauptquartier der conföderirten Armee herrschte ein wirres Durcheinander. Unser General Beauregard hatte sein militärisches Genie walten lassen und seinen Generalen mehrere Plane vorgelegt, welche jedoch alle den Stempel der buntesten Verwirrung trugen. Niemand konnte aus diesen defensiven und offensiven Bewegungen klug werden. Als nämlich Beauregard erfuhr, daß General Scott dem General M'Dowell den Befehl ertheilte habe, die Offensive zu ergreifen und eine Schlacht anzubieten, wollte er jetzt selbst dieses Unternehmen ausführen, und nur der Dazwischenkunft des Generals Johnstone war es zu verdanken, daß dieser

verderbliche Schritt unterblieb. Johnstone befürwortete die
Defensive und wußte mit klaren Gründen darzuthun, daß
wir nach der Lage der Dinge den ersten Stoß des Feindes
abwarten müßten, bevor wir die Offensive ergriffen. Trotz
dieser Argumente blieb Beauregard so klug, wie er war, und
konnte sich nicht versagen, sein Feldherrntalent in das rechte
Licht zu stellen.

Die Truppen Johnstone's rückten in dichten Massen durch
Ashby's Gap und stellten die Verbindung mit Beauregard's
Potomacarmee her, deren linken Flügel sie nun bildeten.

General Bee bezog mit dem 4. Alabama-, 2. und 11.
Mississippi-, 2., 4., 5., 9., 19. und 35. Virginiaregimente
sofort die Avantgardeposten, um der übrigen Armee Zeit zu
gestatten, ihre Bewegungen unbelästigt auszuführen und die
richtige Stellung einzunehmen. Die Brigade Ewell hatte
Posten an der Union Mill genommen, während Johnstone
M'Lanesford, General Longstreet Blackburnsford und General
Banks mit seiner Division Mitchellsford besetzte. General
Cokes und Oberst Evans waren am äußersten rechten
Flügel aufgestellt und die Brigaden Holmes und Earley dienten
als Reserve, um überall, wo es nöthig war, thätig vorzugehen;
Centrum und Flanken deckten mehrere schwere Batterien. Die
Heerbefehle wiesen an diesem Tage auf Seite der Conföderirten
incl. des Johnstone'schen Corps und der Division
Kirby Smith's eine Stärke von 65,000 Mann Infanterie,
4000 Mann Cavalerie, sowie einen Park von 68 theils
gezogenen, theils glatten Kanonen nach. Somit waren wir
dem Feinde an Stärke überlegen, und nur in dem Falle, daß
Patterson's Armee bei Zeiten auf dem Kampfplatze erschien, wäre
die Unionsarmee zahlreicher als die unserige gewesen. Die
Conföderirten hielten den Bull-Runfluß in einer Länge von
9—11 Meilen besetzt und erwarteten mit ängstlicher Ungeduld
die Entwickelung des Kampfes. Als sich nun der Kanonen-

6*

donner längs unserer ganzen Linie hinzog, betheiligten sich dabei Batterien, die weder Anlaß noch eigentlich selbst Gelegenheit zum Feuern hatten. Die Truppen waren aber von solchem Eifer beseelt, daß kein Gegenbefehl gefruchtet hätte. Die wackern Bursche glaubten vielleicht, den Zaghaften und Wankenden durch ihr Feuern Muth einzuflößen. Mancher verwunderte Blick richtete sich nach den Kugeln, die über unsere Köpfe hinflogen, und drollig war es anzusehen, wie sich die Soldaten compagnienweise, gleichsam auf Commando, bückten, wenn eine solche Kugel etwas niedrig flog, und der großen Erbse die respectvollsten Verbeugungen machten.

Nachdem das Feuer der Batterien eine Weile angedauert hatte, ohne daß die eine oder andere Armee irgend Miene machte, offensiv vorzugehen, ritt Beauregard die Linie entlang und ermunterte die Truppen zu Tapferkeit und Ausdauer. Plötzlich sah man mehrere feindliche Infanteriemassen sich aus dem Centrum bewegen und zu Sturmcolonnen formiren. Unsere Gegner hatten das Kanonenfieber rascher als wir überstanden und machten ernstlich Miene, uns anzugreifen. Es war ein beengender, peinlicher Anblick, die Musikbanden spielten ihren Yankee=Doodle und ermuthigten die Truppen. Schnell waren die nothwendigsten Anordnungen getroffen und bald richteten die Colonnen ihren Angriff auf eine kleine Häusergruppe, die von unsern Leuten besetzt war. Das Commando dieses Platzes war vor wenig Stunden aus den Händen des Generals Bee an Evans übergegangen.

Gegen Mittag sandten die Feinde ihre Tirailleurs massenhaft vor und diese eröffneten ein außerordentlich heftiges Feuer. Gleich darauf zeigten sich auch die Spitzen der Sturmcolonnen, welche in ziemlich guter Ordnung, aber mit zu großer Langsamkeit vorrückten. Wenige Augenblicke später war der Kampf auf diesem Punkte entbrannt. Seitwärts der Häusergruppe hatten wir eine Batterie von 16 Kanonen aufgefahren und diese spien nun Tod und Verderben in die Reihen der Feinde. Unsere Gegner hielten mit großer Kaltblütigkeit unser Feuer aus, drangen muthig vor und vertrieben die Besatzung jener Häuser. Jetzt sandte Beauregard die Brigade Fischer zur Unterstützung herbei. Mit unerschütterlicher Standhaftigkeit griff dieselbe den Feind an und vertrieb die in den Häusern postirten Soldaten. Kaum hatten jedoch unsere Truppen wieder Terrain gewonnen, als ihnen General Evans Befehl ertheilte, daß Fischer's Brigade rechts, gegen Longstreet's Division manövriren sollte, während er die genommene Stellung zu behaupten suchte. Jetzt aber führte der Feind große Verstärkung nebst einer Batterie reitender Artillerie herbei und griff ganz verzweifelt die Division Evans an. Mörderisch wüthete der Kampf; vergebens bot Evans alles auf, seine Stellung zu halten, bis Hülfe herbeikäme; inzwischen ließen die feindlichen Befehlshaber nicht ab, ihre Truppen zu ermuthigen und anzufeuern. Der Angriff war zu heftig, unsere Truppen wurden zurückgedrängt und jene Häusergruppe abermals vom Feinde besetzt. Langsam retirirte Evans hinter die Batterie, um den Soldaten Zeit zu lassen, sich zu sammeln und von der erschöpfenden Anstrengung zu erholen.

Während nun dieser kleine mörderische Kampf auf unserer Linken stattfand, gab Beauregard gegen 1 Uhr auf seiner ganzen Linie Befehl zum Vorgehen. General Stonewall Jackson stürzte sich sofort mit seiner ganzen Division, der noch Ewell's Division beigegeben war, auf das feindliche Centrum. Fürchterlich war der wüthende Zusammenstoß. Die Unionstruppen standen fest, ohne zu wanken, und Jackson's ungestümer Angriff prallte an den geschlossenen Reihen machtlos ab. Die Verzweiflung und Ausdauer, womit hier auf beiden Seiten gekämpft wurde, war bewunderungswürdig. Trotz der gewaltigen Anstrengung mußte sich Jackson mit seiner blutenden Division aus dem Gefecht zurückziehen. In demselben Augenblick erschien Beauregard und führte selbst die Divisionen Bee's und Earley's zur Unterstützung herbei, aber nur mit Widerstreben rückten diese Truppen vorwärts, sie waren entmuthigt und unruhig. Eben wollte der Feind eine Bewegung nach links ausführen, da brausten Oberst Stuart und Ashby mit ihren Reiterregimentern unter lautem Hurrah auf die jauchzenden Feinde. Revolver und Pallasch arbeiteten lustig drein und unerschrocken drangen die Braven vorwärts. Jetzt gewannen auch jene Divisionen ihre Kaltblütigkeit wieder, ermuntert durch das Beispiel und den Erfolg ihrer Kameraden. Jackson hatte indeß seine Leute gesammelt und suchte die erlittene Schlappe auszugleichen. Mit Löwenmuth gingen seine Truppen gegen den Feind, hemmten seinen Vorgang und gewannen bald wieder Terrain.

Währenddeß hatten unsere Truppen auf dem linken Flügel ihre Stellung bei der vorhin beschriebenen Häuserreihe abermals verloren. Der Feind beeilte sich diesmal, seine errungenen Vortheile besser zu benutzen. Er führte auf dem den Häusern zunächst liegenden Plateau eine gedeckte Batterie auf und postirte auf diesem im Laufe des Tages so ereignißvollen Platze die Batterien Ricketts und Griffie. Kaum oben angelangt, eröffneten dieselben sofort ihr Feuer und überschütteten unsere Truppen mit einem Kugelregen. Der Schaden und die Verheerung, welche diese Geschütze in unsern Reihen anrichteten, waren ungeheuer. Johnstone, überzeugt von der Wichtigkeit jenes Plateaus, ließ sofort eine zwölfpfündige gezogene Batterie aus der Reserve vorfahren und befahl, die Feinde von jenem Punkte zu vertreiben. Unerschrocken und rasch ging unser Batteriecommandant ans Werk, aber seine Bemühungen scheiterten an der Tüchtigkeit des feindlichen Führers. Kaum merkte dieser unser Vorhaben, als er auch schon jene Zwölfpfünderbatterie zu seinem Zielpunkte nahm. Der erste Schuß tödtete gleich den

Batteriecommandanten und einige weitere Schüsse demontirten zwei von unsern Kanonen und verwundeten und tödteten mehrere Leute der Bedienungsmannschaft. Unsere Lage auf diesem Punkte war also eine höchst schlimme. So oft sich unsere Bataillone so weit gesammelt hatten, daß sie zum Stürmen vorgehen konnten, schmetterten die Kugeln der Feinde die Reihen nieder und brachten Verwirrung und Unordnung in unsere Truppen.

Johnstone warf oft sehnsüchtige Blicke nach jener Gegend, von welcher die Division Kirby Smith erscheinen sollte, die aus Winchester erwartet wurde. Durch den fünfstündigen, fast ununterbrochenen Kampf waren seine Leute gänzlich erschöpft und todmüde. Dazu sandte die Sonne ihre sengenden Strahlen hernieder, daß in ihrer Glut alles dampfte und die letzte Kraft verzehrt wurde. — Von Kirby Smith ließ sich noch immer nichts sehen. Eine dumpfe Verzweiflung malte sich auf den meisten Gesichtern, die Hoffnungslosigkeit ließ allen Muth sinken, da raffte Johnstone noch einmal seine zerrissenen Regimenter zusammen, ergriff die Fahne des sechsten Northcarolinaregiments und beschwor seine Soldaten, die Ehre der Conföderation zu retten. An der Spitze des genannten Regiments stürzte er sich dann auf den sich ihm entgegenstemmenden Feind. Nichts vermochte die bis zur wilden Raserei entflammte Mannschaft aufzuhalten. Unwiderstehlich drängten sie vorwärts, durchbrachen die feindliche Linie und befanden sich Mann gegen Mann im mörderischsten Handgemenge. Wer vermag die unzähligen Scenen von Muth, Todesverachtung und fast übermenschlicher Tapferkeit alle aufzuzählen! Ohne sich aufhalten zu lassen, stürmte Johnstone mit seinem Regimente sowie einem Theil der Brigade Bonham gegen das Plateau, auf welchem die Batterien Ricket und Griffie sich befanden.

General M'Dowell, von der Wichtigkeit jenes Postens überzeugt, schickte das irländische Regiment Cocoran zur Unterstützung. Jauchzend eilte dieses Regiment den Conföderirten entgegen. Schon im Laufen entledigten sich die Leute aller hinderlichen Gegenstände und wiesen tapfer mit dem Bajonnet die erbitterten und ungestümen Angriffe Johnstone's zurück. Verzweifelt steht dieser selbst todmüde an einen Baum gelehnt, zornig den Boden stampfend; bewundernswerth wurde hier gekämpft. General Fischer von Nordcarolina und Bartow von Georgia sind nacheinander gefallen, rechts und links sinken die Tapfersten blutend zusammen, und noch kommt man keine Hand breit weiter. Da erscheint im kritischen Augenblick eine Abtheilung der Brigade des Generals Jones, Truppen von Texas, Arkansas und Louisiana. Mit lautem Hurrah warfen sich diese Truppen auf den schon siegesfrohen Feind und brachten ihn zum Stehen. Johnstone eilt mit seinen Adjutanten an den gelichteten Reihen seiner schönen Division vorbei und versucht noch einmal den gesunkenen Muth seiner Krieger zu beleben. Manches Auge blickte düster zur Erde, während die erschöpfte Brust keucht, aber dennoch versagten sie dem geliebten Führer den Gehorsam nicht. Nochmals wurden die Trümmer zu einem Ganzen formirt, und „Vorwärts!" ertönt das Wort des Führers, und vorwärts stürzen die von der Anstrengung des Tages ganz ermatteten Helden dem Feinde entgegen in das Schlachtgetümmel zum Sieg oder zum Tod.

Diesem gewaltigen Stoß vermochten selbst die felsenfesten Irländer unter ihrem tüchtigen Führer Oberst Cocoran nicht zu widerstehen; auch sie waren von dem fünfstündigen Kampfe völlig erschöpft und gaben uns bald etwas Boden preis, was den letzten Muth bei den Unsern entzündete. Wie zwei wild aufbrausende Wogen, vom Sturme einander entgegengeschleudert, trafen sich die feindlichen Massen. „Hurrah, Jefferson!" donnerte es in unsern Reihen, und „Auf, nach Richmond!"

war das Echo unserer Gegenpartei. Die Kanonen mußten ihr Feuer einstellen, um nicht ihre eigenen Leute zu verderben, und nur die Handwaffe ward in diesem Gewirr gebraucht, um ihr tödliches Ziel zu treffen.

Da ermattete allmählich der Widerstand unserer Gegner, — sie wichen. Noch ein Stoß, noch ein muthiges, todverachtendes Vorwärts, ein verzweifeltes Drauf- und Dreinschlagen und der Feind mußte sich zurückziehen. Ein Jubelruf ertönt aus unsern Reihen: sie weichen! sie weichen! und entflammt rafft alles sich auf zum letzten Anlauf. Der Feind muß seine schwer errungenen Vortheile draufgeben und sucht Schutz hinter den Kanonen, welche sich zu seiner Rettung heranwälzen, aber vergebens.

Die Conföderirten haben dieses wichtige Plateau errungen, sammt einem Theil der darauf postirten Batterie, und wenden die Geschütze gegen die zur Unterstützung des Feindes heraneilenden Colonnen, welche alsbald einem mörderischen Feuer preisgegeben sind. Der Kampf auf dem linken Flügel war somit zu unsern Gunsten entschieden. Johnstone hatte alle Anstrengung des Feindes, sich in Besitz des Plateaus und der Häuser zu setzen, vereitelt und warf ihn mit großem Verluste an Todten, Verwundeten, Kanonen und Bagage auf seine Reserven zurück. Hier vermißten wir ganz besonders eine tüchtige Cavalerie. Hätte Johnstone in dem Augenblick, wo der Feind wich, zwei oder drei gute Cavalerieregimenter zur Verfügung gehabt, so wäre unser Erfolg ein ganz entschiedener gewesen. Unsere ermattete Infanterie war so abgearbeitet, daß sie den leichtesten Dienst, die Verfolgung des geschlagenen Feindes, nicht mehr zu besorgen im Stande war. Unser Erfolg war demnach nur unvollkommen. Hätten wir Cavalerie einsetzen können, so wäre auch zu gleicher Zeit in unserm Centrum, wo eben M'Dowell die Conföderirten hart bedrängte, Luft gemacht worden.

Johnstone befürchtete ernstlich, die Feinde würden unsere Schwäche erkennen und von neuem vordringen. Eilig beorderte er Ordonnanzen und Adjutanten nach der Richtung hin, in welcher General Kirby Smith mit seiner Division erwartet wurde. Wenn diese Truppen eben zur rechten Zeit ankamen, dann konnten die Unsern eine kurze Weile Ruhe und Erholung genießen; doch vergeblich war alles Hoffen; von Kirby Smith mit seinen Hülfstruppen war keine Spur zu entdecken, und fast verzweifelnd sah Johnstone die großen Vortheile, die er mit seinen braven Leuten errungen, in Gefahr und die letzte Aussicht, dieselben zu behaupten und zu verfolgen, verloren gehen.

Inzwischen hatte sich der Kampf auf der ganzen Linie entwickelt; Beauregard, von Johnstone's Erfolg auf dem linken Flügel benachrichtigt, wollte demselben nicht nachstehen und setzte alle Kraft daran, einen Hauptstreich gegen die Feinde auszuführen. Deshalb beorderte er, die Division Longstreet an der Spitze, einen Hauptangriff. Muthig führte Longstreet seine Leute ins Gefecht, während die Brigaden Kershaw's und Cole's zur Unterstützung folgten. Die Unionstruppen erwarteten unsern Angriff mit Ruhe und wußten durch eine maskirte Batterie ein verderbliches Feuer gegen die Division Longstreet zu richten. Diese ließ sich jedoch dadurch keinen Augenblick aufhalten, sondern eilte über die Ebene sowie über kleine Verhaue, welche sie vom Feinde trennten, mit einer wahren Todesverachtung, das Bajonnet gefällt, den Feinden entgegen. In diesem Augenblick öffnete sich die gegnerische Front, mehrere Geschütze kamen zum Vorschein und überschütteten die Stürmenden mit einem wahren Kartätschenhagel. Ganze Reihen werden niedergeschmettert und liegen blutend und zerrissen am Boden. Die beiden Unterstützungsbrigaden sehen den Verlust ihrer Leute; vor Wuth und Schmerz laut aufschreiend, verlassen sie ihre so schön gehaltenen Glieder und eilen planlos über die Ebene, um ihren sterbenden Brüdern beizustehen, aber ehe sie dieselben erreichen, sinken auch sie schon als Leichen zu Boden.

Unsere Gegner, von dem Erfolge einer geschlossenen sichern Gefechtsführung überzeugt und begeistert, vertheidigten ihre Stellung mit ausgezeichneter Kunst und Ruhe. Longstreet, verzweifelt über den gräßlichen Verlust, sucht vergebens seine Leute zu sammeln und ihren Muth anzufeuern. Seine Division ist bis auf geringe Trümmer aufgelöst und viele seiner Leute haben sich mit andern Brigaden so vermischt, daß eine große Unordnung entsteht und das Commando fast unmöglich wird. Die Soldaten kennen ihre Führer nicht und umgekehrt; eine entsetzliche Verwirrung tritt ein. Man schießt, sticht ohne Ueberlegung wie rasend. Aller Zuruf, alle Befehle Beauregard's und seiner Offiziere sind fruchtlos. Die Truppen, von einem panischen Schrecken erfaßt, machen „Kehrt" und rennen über den sie vom Walde trennenden Plan. Kaum aber haben sie sich gewandt, als auch schon einige Schwadronen der regulären Unionstruppen hervorbrechen und die Verfolgung beginnen. Der commandirende Offizier führte zum Glück der Unserigen seine Mannschaft schlecht und schwerfällig an; als ein paar Compagnien, die sich etwas gesammelt hatten, Miene machten, seine Attaque auszuhalten, machte er gleich Kehrt und ließ den zersprengten Rest unserer Truppen sich retten.

Kaum hatten die Muthlosen den Saum des Waldes erreicht, als auch schon Oberst Ashby mit einigen Compagnien seiner Reiter herangesprengt kam und alles in seinen Schutz nahm, was noch zu retten war. Mit großem Mistrauen und außerordentlich langsam bewegten sich jetzt unsere Feinde vorwärts, während die Kanonen ein nutzloses Feuer unterhielten. Unsere Truppen wollten nicht mehr stehen. Der große unerwartete Verlust hatte sie entmuthigt und erst als

Beauregard mit einigen Bataillonen frischer Truppen und einer Batterie herangeeilt kam, erhielten die Offiziere wieder einige Oberhand über sie und konnten in das bunte Durcheinander, so gut es eben anging, wieder etwas Ordnung und Gehorsam bringen. Beauregard blickte düster und fast flehend zum Himmel, als suche er dort Hülfe und Trost. Die wenigen mitgebrachten Bataillone übernahmen sofort die Front, lösten sich in eine dichte Tirailleurlinie auf und unterhielten auf die langsam vordringenden Feinde ein so lebhaftes Feuer, daß die feindlichen Generale wahrscheinlich eine größere Verstärkung vermutheten, als wirklich vorhanden war. Hätten sie ihre Vortheile zu benutzen verstanden, so brauchten sie Beauregard's Centrum gar nicht mehr zu erschüttern, denn es war bereits aufgelöst und zertrümmert.

Vom linken Flügel war keine Hülfe zu erwarten, denn Johnstone, mit seinen gänzlich ermüdeten Truppen, dankte Gott, daß er so weit durchgekommen war. Die Reserven waren gleich zu Anfang so verschwenderisch verwendet worden, daß jetzt keine da waren, folglich konnten unsere zerstreuten Truppen unmöglich einen Anlauf der Feinde aushalten; dazu kam eine allgemeine Entmuthigung und theilweise auch Ermattung; noch wenige Augenblicke und die Schlacht von Manassas war entschieden, entschieden zu Gunsten der Vereinigten Staaten.

Heilige Langsamkeit, gepriesene Vorsicht! Ihr halft uns diesmal aus der Noth und wehrtet noch einmal den gewaltigen Schlag ab, der zu unserm Verderben gereichen mußte.

Unsere wackern Tirailleurs machten sich noch immer vor dem heranrückenden Feinde zu schaffen. Wie die kleinen Kläffer das starke Pferd anbellen, unablässig vor ihm her sind, den mächtigen Hufschlägen ausweichen, aber unverzagt drauflos bellen, so machten es die wenigen Bataillone, die noch zu unserm Schutz und Schirm den Feind aufhielten. Und dieser ging mit einer Saumseligkeit, übertriebenen Vorsicht und Langsamkeit zu Werke, daß wir Zeit gewannen, das verlorene Panier aufs neue zu erheben. In demselben Augenblicke, wo sich die eben erzählten Ereignisse auf dem rechten Flügel und dem Centrum zutrugen, erschien der Präsident Jefferson Davis, umgeben von einer glänzenden Suite. Zum Triumphzug kam er leider noch zu früh und schweigend ritt er an den Colonnen der Brigaden vorbei. Welch ein Anblick! Die herrliche Armee war sozusagen aufgelöst, der Stolz und die Blume des Südens lag blutend und zerstückt am Boden und nur noch wenige Mannschaft hatte sich um die zersetzten Fahnen gesammelt. Vernichtet war die Hoffnung von Tausenden, zerstört die Freude von abermals Tausenden. Stöhnen und Aechzen, Hülferuf und Wehklagen von allen Seiten, ein gräßliches, entsetzliches Bild! Was mußte das stolze Herz dieses Mannes fühlen beim Anblick dieses grenzenlosen Elends, da das Gewissen ihm zurief: „Dies ist dein Werk!" Welche Empfindungen mußten ihn überwältigen, als ihm die Leichen seiner gefallenen Freunde Bartow und Fischer gebracht wurden, die den Heldentod bereits gefunden hatten. Krampfhaft faßte er die Zügel, sein Auge blickte düster und trüb, ein Zucken überflog sein Gesicht; wol mochte die Verantwortung riesengroß sich vor ihm erheben und mit drohender Leichenhand auf alle die armen Opfer hinweisen, die seinem Stolze, seiner Eitelkeit gefallen waren.

Beauregard gab ihm in Kürze die nähern Details der Schlacht. Schweigend standen die Soldaten, auf ihre Waffen gelehnt, umher. In ihren Blicken und in ihrer Haltung lag eine gewisse Unzufriedenheit und eine Art von Hohn, welcher dem Präsidenten sagen wollte: nicht für dich und deine falsche Politik haben wir uns geschlagen, sondern wir thaten es, weil wir eben als Soldaten, dem Feinde mit der Waffe in der Hand, gegenüberstanden.

eine Excellenz hielt nicht lange den peinlichen Anblick
Wie das böse Gewissen flog er unruhig davon, auf
n linken Flügel, doch nur, um hier dasselbe Bild zu er-
n, dem er dort ausweichen wollte.

kaum hatte sich der Präsident mit seinem Gefolge ent-
, als auch schon die Feinde Miene machten, das ange-
ene Werk rasch mit Einem Schlage zu beendigen. Rascher
gen sie vorwärts, warfen unsere Tirailleurs zurück und
erten sich dem Orte, wo unsere Reserven, Spitäler und
nitionswagen standen. Wenn hier der Feind festen Fuß
te, mußte jeder Widerstand von selbst aufhören. In diesem
ischen Augenblicke befahl Beauregard dem General Jackson,
Feinde von der linken Seite zu fassen, während er sie im
ntrum angreifen wolle. Der arme Jackson war bei allen
elegenheiten der letzte Nothhelfer und mußte immer vor,
enn eine schwere oder fast unerreichbare Arbeit auszuführen
ar; er war aber auch immer willig und bereit, nie hörte
an ihn klagen oder sich über dies und jenes beschweren.
heute traf ihn also wieder sein gewöhnliches Los, er mußte
rauf und dran, trotzdem daß keine Division so schwer hatte
herhalten müssen und schon so viel gelitten hatte als die
seinige. Er mußte den gesunkenen Muth seiner Leute anzu-
fachen, und mit unbegrenztem Vertrauen folgten sie ihm unermüdlich und unverzagt. Wenige Minuten, nachdem Jackson
seine Befehle erhalten hatte, sehen wir ihn auch schon im
Handgemenge mit dem Feinde, dem er tapfer zu Leibe rückt.
Die Unionstruppen hatten eben einen Graben überschritten,
aber Jackson wirft sie sofort ungestüm zurück und folgt ihnen
auf dem Fuße nach; die Feinde stutzen, als sie die vor einer
Stunde noch geschlagenen, fliehenden Conföderirten wieder
vorwärts bringen und angreifen sehen. An einer kleinen
Ruine machen sie indessen Halt und alle Anstrengungen Jackson's, sich dieses Postens zu bemächtigen, waren vergebens.

General Scott und M'Dowell, die Erschöpfung unserer Truppen bemerkend, beschlossen sofort einen allgemeinen Angriff auf unsere ermattete Linie auszuführen. General Mills wurde mit drei Brigaden nach Centreville beordert, um von da aus ein falsches Manöver gegen Blackburns= und Mitchellsford auszuführen. Dadurch wollte man Beauregard täuschen, und General Tyler sollte indessen gegen Stone Bridge, General Heinzelmann so schnell wie möglich gegen Red=Houseford vorgehen und sich dieser Punkte bemächtigen. General Hunter mit zwei Brigaden sollte währenddeß das Terrain säubern und die feindlichen Tirailleurs abhalten. Der Feind führte sein Manöver recht gut aus und dabei mit Sicherheit, während wir durch die schrecklich lange Schlachtlinie unsere Kräfte zu sehr zersplittert hatten und einzelne Abtheilungen oft geraume Zeit ohne Hülfe und Unterstützung lassen mußten. Unsere Truppen konnten die Feinde in ihren Operationen gar nicht hindern, weil die Zusammenziehung größerer Massen auf Einen Punkt mit zu viel Beschwerden und Zeitverlust verknüpft war. Durch die dichtere Concentrirung unserer Gegner war es denselben leicht, sich gegenseitig zu unterstützen.

Ohne uns daher Zeit zu lassen, ihre Plane ganz zu begreifen und denselben hindernd entgegenzutreten, griffen die Unionstruppen auf der ganzen Linie plötzlich zu gleicher Zeit an. General Heinzelmann und Burnside überfielen wüthend die fast zu Tode gehetzten Truppen Johnstone's und suchten sie aus der mühsam errungenen Stellung wieder zu verdrängen.

Johnstone erkannte vollkommen seine Stellung und die Wichtigkeit derselben, und übersah mit raschem Blick seine Lage. Wenn die Unionstruppen hier siegten und die Conföderirten zurückwarfen, so blieb letztern nur die Bewegung nach dem Centrum hin und Johnstone mußte seinen linken

Flügel nach der Mitte hin dirigiren. Auf diese Weise aber wurde die Verbindung mit der Division Kirby Smith abgeschnitten, da das feindliche Corps alsdann die Position der conföderirten Brigade einnehmen konnte, und sich zwischen Kirby und Johnstone drängend, letztere Division sicher abgefangen und vernichtet hätte, da dieselbe alsdann der feindlichen gesammten Streitmacht geradezu in die Hände fiel.

Die beiden feindlichen Generale thaten ihr Möglichstes, aber Johnstone stand wie ein Fels und war mit seiner Brigade entschlossen, das kostbare Terrain bis auf den letzten Mann zu behaupten. Ein großartiger Kampf hatte sich indessen auf der ganzen Schlachtlinie entwickelt, die Schwüle war fast unerträglich und die durch den anhaltenden Kampf erhitzten Truppen waren müde bis zur Erschöpfung; mühsam raffte Johnstone seine Compagnien zusammen und stellte die fast Verzweifelnden dem wüthend andrängenden Feinde entgegen. Beide Parteien kämpften mit einer Erbitterung und Hartnäckigkeit, die erstaunlich war; die Kanonen donnerten, die Musketen knatterten und mit Hurrah gingen die Streitenden gegeneinander. Rauch und Staubwolken verhüllten die entsetzlichen Scenen der menschlichen, nein, ich möchte sagen, der thierischen Wuth und Grausamkeit, die sich hier zeigten. Unsere Truppen standen unerschütterlich. Schon mehrere mal hatten sie den Angriff der Feinde abgeschlagen, als plötzlich die Division Hunter zur Verstärkung derselben herbeieilte und mit frischer Kraft gegen unsere ermatteten Soldaten andrang. Das ist zu viel, trotz der größten Todesverachtung, mit welcher Johnstone sich den Gefahren selbst unerschrocken aussetzt, trotz der heldenmüthigsten Ermunterungen vermögen die armen Conföderirten auf dem Punkte sich nicht mehr zu halten; von allen Seiten angegriffen, weichen sie langsam aus den so mühsam behaupteten Stellungen zurück, jeden Zoll Boden aber mit der letzten Kraft noch vertheidigend. Johnstone verzweifelte fast, alles war verloren und die Anstrengungen des ganzen Tages vereitelt; vor Wuth schäumend wie ein angeschossener Eber, rennt er umher, die letzten Trümmer seiner geschlagenen Brigade zu sammeln, und der Glücksstern der Conföderation neigte sich bereits zum Untergang — da, im Augenblick der größten Verwirrung, erscheint die Hampton=Legion Jackson mit einigen Regimentern zu Hülfe — „Ueber=nehmen Sie die Deckung!" ruft Johnstone ermattet; „wir sind geschlagen und müssen uns zurückziehen." — „Dann, Ge=neral", rief Jackson muthig, „will ich den Feinden erst noch einmal das Bajonnet geben!" Im Nu hatte er seine Truppen formirt und General Bee rief jubelnd: „Hier steht Jackson wie ein Stonewall (Steinwall); hier wollen wir stehen oder sterben!"

Mit Begeisterung vernehmen die Soldaten das Wort — „Stonewall! Stonewall!" tönt es die Front entlang und hoch flammt der schon gesunkene Muth; hier also war es, wo Jackson sich den unsterblichen Namen Stonewall errang.

Unterdessen hatte der Feind aber schon von allen bedeu=tenden Stellungen Besitz genommen. Die Wichtigkeit dieser Punkte erkennend, richtete Jackson sofort seinen Angriff dort=hin; wüthend stürzt er sich auf die erschrockenen Feinde, greift sie im Centrum an und versucht sie zu werfen. Eine halbe Batterie Zwölfpfünder that dabei sehr gute Dienste und Ge=neral Bee folgte mit den zusammengelesenen Truppen der andern Division; aber vergebens sind alle heroischen Anstrengungen, die Feinde sind zu mächtig, Burnside und Heinzelmann ver=theidigen den Platz mit großem Geschick. Johnstone macht eine verzweifelte Flankenbewegung, doch die Feinde lassen sich nicht irren, sie schicken ihm blos ihre disponible Cavalerie und einige Kanonen entgegen, welche durch ihr festes Auf=treten sofort Halt gebieten. Jackson mußte wie Johnstone endlich abbrechen und machte eine kleine Rückwärtsbewegung.

Kaum bemerkten dies die Feinde, als sie beschlossen, uns durch einen allgemeinen Angriff zu vernichten; jetzt war keine Zeit zu verlieren und nur der muthigste Widerstand konnte die neuen Regimenter retten.

Der Zustand des Schlachtfeldes war für uns ein ganz verzweifelter, unsere linke Flanke war überwältigt, und ohne Unterstützung war es unmöglich, mit diesen gänzlich erschöpften Truppen etwas auszurichten; General Holmer rückte mit drei Regimentern, General Earley mit mehreren Regimentern und einer Sechspfünderbatterie, und der Kapitän Walker zur Unterstützung vor, während die schon völlig gesprengten Brigaden Bonham, Kemper, Longstreet, Ewell und Jones beordert wurden, einen allgemeinen Angriff auf die Unionstruppen zu machen. Ein wahres Glück war es, daß in diesem Augenblicke frische Truppen von Virginien und Tennessee eintrafen und durch ihr gutes, tüchtiges Aussehen den Muth unserer Leute etwas belebten. Beauregard und Johnstone gaben sich bei Robinson's Farm ein Rendezvous, welchem auch Präsident Jefferson Davis beiwohnte. Nur wenige Worte mögen die Männer gewechselt haben, und wahrscheinlich betrafen sie unsern unvermeidlich scheinenden Rückzug. Bald hernach eilten die Generale wieder auf ihre Posten zurück; es war die höchste Zeit, daß sie kamen, denn die Feinde brachen von allen Seiten vor und vereitelten Beauregard's Offensive. Noch einmal raffte Jackson seine Truppen zusammen und führte sie zum Kampfe, aber alle Angriffe scheiterten an der beispiellosen Tapferkeit der Gegner, welche kaltblütig und unerschrocken alle Anstrengungen der Unserigen vereitelten. Schon ging der heiße blutige Tag zur Neige und die Sonne sank am dunstbedeckten Horizont schnell hinab, gleichsam als hätte sie genug Elend, Jammer und Noth angesehen, und die Dämmerung breitete ihren mitleidigen Schleier über den Schauplatz des Krieges, über die zerschmetterten und zertretenen Leichen und über die zahlreichen Verwundeten, die den weiten Plan bedeckten. Immer haltloser wurde die Stellung der Conföderirten, und als nun gar die Versprengten von Beauregard's Divisionen herbeieilten, als eine Hiobspost auf die andere folgte: Beauregard ist geschlagen, Longstreet gefallen, alles flieht u. s. w., da waren auch die Standhaftesten nicht mehr zu halten. Näher und näher zog sich der Kanonendonner und gab uns die Gewißheit von der Niederlage der Unserigen; vergebens waren alle Bemühungen, der einreißenden Unordnung vorzubeugen und die Flüchtenden aufzuhalten, viele warfen die Waffen weg und eilten davon; auch die Tapfersten wanken, Johnstone und Jackson sprengten wie rasend durch die Reihen der entmuthigten Soldaten, doch vergebens ist ihre Aufopferung, immer mehr wächst die Verwirrung, und immer größere Haufen von den geschlagenen Divisionen Beauregard's fallen in unsere Reihen und vermehren die Unordnung; alle Disciplin hört auf, die feindlichen Kugeln schlagen in die Mitte der Unserigen und schon ertönt es kläglich: „Rette sich, wer kann!" — da, im allerletzten Augenblicke entfalten sich plötzlich in nicht zu weiter Entfernung die Spitzen der so sehnlich erwarteten Truppen Kirby Smith's.

Wie ein elektrischer Schlag durchzuckt es die Reihen — „Kirby kommt! Kirby kommt!" heißt es und ruft es und donnert es, Kirby mit 30,000 Mann. Begeisterung spricht aus jedem Auge und Muth füllt jede Brust, mit Leichtigkeit haben jetzt die Offiziere ihre Truppen wieder geordnet, alles jauchzt den Ankommenden entgegen — „helft, rettet oder wir sind verloren!" ertönt es überall. Wie ein Kriegsgott begrüßt, geht Kirby Smith, ohne zu zögern, sofort zum Angriff über. Neue Hoffnung belebt den gesunkenen Muth der Soldaten und jeder fühlt, daß durch Kirby's Eintreffen ein Wendepunkt gekommen sei. Ein jubelndes Hurrah braust

durch die gelichteten Regimenter und macht den siegreich vor=
dringenden Feind stutzig. Wie ein Wetterstrahl bricht Kirby
in die Feinde, eine wahre Raserei erfaßt unsere Soldaten
und im Augenblick schon ist der Gegner, der seines Erfolges
so sicher war, wieder zurückgedrängt. Kaum machen die Feinde
eine rückgängige Bewegung, als auch unsere Truppen nicht
mehr zu halten sind. Ein riesiger Texaner wirft sein Ge=
wehr von sich und ergreift sein so gefürchtetes Bowiemesser.
Mit einem Schlage spaltet er einem verwundeten, bereits am
Boden liegenden Feinde den Schädel und dieses gibt das
Signal zu einem allgemeinen Gemetzel. Mit barbarischer
Wuth fallen die Soldaten über ihre armen Opfer her, hauen,
stechen, schlagen, stoßen wie Rasende.

Eine entsetzliche Furcht bemächtigt sich der Unionstruppen.
Solchen Angriffen vermögen auch die Tapfersten nicht zu
widerstehen, sie weichen und in wilder Todesangst laufen Of=
fiziere und Soldaten in wirrer Flucht wie gehetztes Wild da=
hin. Nur wenige Regimenter, und unter diesen besonders
wieder das schon rühmlichst bekannte irländische Regiment
unter Oberst Cocoran halten sich noch und stehen wie Felsen
in dem allgemeinen großen Strudel, der um sie her wirbelt
und sie mit hinwegzureißen droht. Die Irländer fochten wie
echte Helden, und erst als ein großer Theil ihrer Brüder ge=
fallen und ihr tapferer Führer Cocoran selbst in unsere Ge=
fangenschaft gerathen ist, weichen auch sie langsam; die armen
Burschen können es gar nicht begreifen, daß dieser Tag zu
ihrem Unglück enden sollte. Sie hatten gewiß das Ihrige
vollkommen gethan.

Auf unserer ganzen Schlachtlinie trat nun eine Erbitterung
ein, die ans Grauenhafte grenzte. Beauregard benutzte diesen
Fanatismus, ließ seine ganze Armee eine Vorwärtsbewegung
machen und mit Hurrah ging es in die ermatteten Feinde
hinein. General Stuart sammelte indessen seine sämmtlichen

Reitermassen und fegte wie der Sturmwind über das Feld
dahin, alles niederwerfend, was sich in den Weg stellte.
Immermehr zog sich der Feind an allen Punkten zurück und
durch unser rasches Vorgehen lösten sich die einzelnen Reihen
und Glieder unserer Armee auf, sodaß kein Regiment in
Ordnung zu bringen war. Plötzlich verbreitete sich die Nach=
richt, Kirby Smith sei gefallen. Ein Schrei des Entsetzens
und der wildesten Wuth ging durch das ganze Heer, wie toll
fallen unsere ganz wild gewordenen Leute über ihre Gegner
her und ein entsetzliches Blutbad beginnt; wer vermag die
Scenen der scheußlichsten Grausamkeit, der unmenschlichsten
Barbarei zu beschreiben! Das waren keine Menschen mehr,
die hier blutbespritzt, von Pulverrauch geschwärzt, über die
erschrocken dahinfliehenden Feinde herfielen, das waren lech=
zende Raubthiere im Zustande der wildesten Wuth. Die ganze
feindliche Armee war aufgelöst und retirirte in grenzenloser
Unordnung nach Bull=Run; der Sieg war entschieden. Ueber
die ganze Ebene sah man die wilde Flucht der Gegner, wäh=
rend unsere Leute dieselben mit wildem, entsetzlichem Geheul
verfolgten.

Kaum war Beauregard von dem ungewöhnlichen Erfolge
seiner Waffen auf allen Punkten unterrichtet, als er seinen
Weg nach jenem Punkte richtete, wo der Präsident Jefferson
Davis mit seiner Begleitung sich aufgestellt hatte.

„Präsident", sagte er, „die Schlacht von Manassas ist
durch die Tapferkeit der conföderirten Truppen gewonnen, der
Sieg ist unser!" Gerührt schloß Jefferson Davis den Helden
von Manassas in seine Arme und weinte, denn die Con=
föderation war jetzt für die nächste Zeit gesichert und mit ihr
die Stellung und die Würde ihres Präsidenten Jefferson Davis.

Mitternacht war schon vorüber und das Obercommando
befand sich noch immer in völliger Ungewißheit über die Lage
und Stellung der Truppen. In der heftigen, unordentlichen

Verfolgung waren alle Regimenter auseinandergerannt und die Stimme einiger Führer verhallte wirkungslos; fernher zog sich der dumpfe Donner der Kanonen und allmählich erstarb das Gewehrfeuer. Ich wandte meine Blicke auf das Schlachtfeld. Welch ein Bild!

Die Zerstörung, die Vernichtung, welche der fast zwölfstündige Kampf hier angerichtet hatte, war unbeschreiblich. Zu Tausenden lagen die Todten, Verwundeten und Sterbenden umher. Ihr Aechzen, Wimmern und Hülferufen drang durch die stille Nacht hin, aber keiner war, der sich der Armen und Leidenden auf dem Felde des Todes draußen annahm. Die Anstalten zum Transport und Pflege der Verwundeten waren so mangelhaft, die Mittel zur Linderung der armen Kranken so unzureichend und das Personal, welches dazu beauftragt war, so schwach, daß nur wenigen Hülfe werden konnte. Die Hitze war noch immer unerträglich, die Aerzte hatten gar keine Idee von ihren Pflichten, und bei der großen Noth war doch ein energisches Handeln unerläßlich. Beauregard und die andern Generale hatten über ihren errungenen Sieg den Kopf gänzlich verloren, sie sahen schon im Geiste die Conföderirten in Washington und ließen die Regierung vom hohen Capitol herab dem Norden den Frieden decretiren. Doch wo sich jetzt eigentlich die Arme befänden, die das alles bewirken sollten, wußte niemand. Ein großer Theil derselben lag todt oder verwundet auf der Wahlstatt, allem Elend mitleidlos preisgegeben, kein Hospital, keine Verpflegung, nichts war da für die Unglücklichen; nur mit großer Mühe konnten die Quartiermeister der Armee einige Räumlichkeiten für 1500—2000 Mann Verwundete herrichten; doch bedurften die Feinde, deren eben so viel oder noch mehr draußen lagen, eines ebenso großen Raumes. Wer aber dachte an diese Armen? Der größte Theil der Armee war beschäftigt, Beute zu machen, zu plündern und zu rauben und ging alsdann mit dem Bewußtsein des errungenen Sieges fröhlich nach Hause, Fahne und Führer verlassend, um daheim von seinen Heldenthaten zu erzählen.

Unsere Armee war somit factisch aufgelöst und nur wenige waren da, mit denen man etwas ausrichten konnte. Welcher Mensch konnte aber beim Anblick all dieses Jammers kalt bleiben! Auch mir schnitt der Hülferuf der Armen durchs Herz. Rasch eilte ich zu den gefangenen Feinden und fragte, ob sich nicht einige Aerzte bei ihnen befänden? In kurzer Zeit hatte ich wirklich einige zusammengebracht und eilte mit ihnen nach unserm linken Flügel, wo bekanntlich am heftigsten gestritten ward. Es war ein höchst trauriges Geschäft, was wir hier begannen, als wir die Plätze des Kampfes betraten, Freund und Feind lagen in bunter Unordnung durcheinander, mit Trümmern der Bagage, zerbrochenen Ambulanzen, Wagen, Munitionskarren, Todten und Sterbenden. Es war ein Bild, welches sich nicht mit Worten beschreiben läßt.

Nothdürftig stellten wir die Häuser, welche auf jenem Plateau standen, wieder her, so gut es eben gehen konnte; die Gebäulichkeiten waren indessen nur noch schwache Fragmente und elende Trümmer, von Kugeln zerschossen und demolirt. Zimmerleute und Tischler thaten aber ihr Bestes, um vorläufig wenigstens ein provisorisches Lazareth herzustellen. Die dunkle Nacht hinderte natürlich noch alle unsere Anstrengungen und erst gegen 3 Uhr morgens waren wir mit den ersten Anordnungen fertig. Gegen 5 Uhr betrat ich schon wieder das Schlachtfeld. Unsere Generale hatten die weitere Verfolgung des Feindes aufgegeben und waren beschäftigt, die gänzlich aufgelösten Truppen zu ordnen. Die Unordnung war aber wirklich großartig. Die ganze Bevölkerung der Umgegend hatte sich versammelt, theils um Beute zu machen, theils um sich nach den Verwandten und Bekannten zu erkundigen. Es gab nur ein großes wirres Durcheinander, keiner achtete die Befehle der Vorgesetzten, keiner gab auf seinen Dienst mehr Acht, die Commandanten selbst hatten jede Festigkeit verloren und wurden in den Strudel mit hineingerissen. Aufrührerische Soldatenhaufen brüllten und lärmten umher, trieben allen Unfug und viele desertirten. Disciplin und Subordination existirten gar nicht mehr, die Armee der Conföderirten war so gut wie vernichtet. Trotz des Sieges, hätte General Scott jetzt eine Reserve besessen, hinter deren Reihen sich die zersprengten Truppen wieder sammeln konnten, er hätte mit geringer Mühe sich für die Niederlage revanchiren und alle Vortheile des Sieges vernichten können. Seine Cavalerie war noch ziemlich verschont und er konnte in Eilmärschen das Corps Patterson's von Martinsfeld heranziehen. Ein wenig Energie und Geistesgegenwart, und das Sternbanner stand wieder hoch. Die Unordnung und der Schrecken in der Unionsarmee muß indeß nicht gering gewesen sein; wenn man die Richtung verfolgte, welche dieselbe auf ihrem Rückzuge nahm, so fand man den ganzen Weg mit Waffen, Pferden, Bagage, Verwundeten und Todten bezeichnet. An der Cup Runbridge war allem Anschein nach das größte wirrste Gewühl gewesen. Der ganze Strom der Fliehenden, von Earley's und Stuart's Truppen verfolgt und gedrängt, wälzte sich über jene Brücke. Cavalerie, Infanterie und Artillerie, Wagen und Pferde, alles preßte sich hinüber, um den Strom zwischen sich und den Verfolgern zu haben. Die Verwirrung erreichte auf dieser Brücke den höchsten Grad. Ein Wagen fiel quer und versperrte die Passage; in wilder Verzweiflung rennt, klettert, springt einer um den andern. Der hintere Mann drängt den vordern und in diesen gräulichen Knäuel schmetterten die ersten Kugeln der Batterie Kemper, welcher den Flüchtenden im Rücken saß, hinein und steigerten die entsetzliche Angst aufs höchste.

Hunderte von Neugierigen, welche zu Wagen und zu Pferde herbeigeeilt waren, um den Sieg der Unionstruppen mitfeiern zu helfen, vermehrten noch die gräßliche Unordnung und flehten die Soldaten um Hülfe an, die sich selbst nicht zu retten wußten. Pferde ohne Reiter, bluttriefend und durch Verwundungen rasend gemacht, stürzten in den Menschenhaufen hinein und vermehrten die Noth; jeder sucht sich selbst zu retten auf Kosten seiner Kameraden, die er blindlings aus dem Wege stößt. Im Fluge saust die Cavalerie heran, alles niederwerfend und unter ihren Hufen muß noch mancher Verwundete sein Leben verhauchen. Näher und immer näher zieht sich der Donner der Kanonen, nur Einen Gedanken, nur Ein Gefühl hat jeder der armen Gehetzten: sich zu retten.

Die Flucht der Unionstruppen ging bis Centreville, wo die Brigade Mills sich befand; hier stand wirklich noch Reserve, welche noch gar nicht im Feuer war. Wie nützlich, wie wirksam hätte dieselbe an richtiger Stelle sein können; aber alles hatte den Kopf und den Muth verloren. Ein Rückzug war gar nicht vorhergesehen, durchaus nicht erwartet worden, so zuversichtlich gingen die Befehlshaber zu Werke; aber auch an eine eventuelle Verfolgung der Feinde im Falle des gewissen Sieges war nicht gedacht worden. Wenn man die Zustände bedachte und betrachtete, so konnte man nicht umhin, den obersten Leitern der Armee den Vorwurf des Leichtsinns, zum wenigsten der Fahrlässigkeit, zu machen.

Weder General Scott noch M'Dowell hatten der Brigade Mills einen Befehl ertheilt. Vergeblich bemühte sich der Commandant dieser Reserve, die flüchtenden Soldaten zu sammeln; der Schrecken war zu groß, und bald wurde die Reserve selbst in den Strudel der Flüchtlinge mit hineingerissen.

Kehren wir indessen zum Schlusse noch einige Augenblicke

aufs Schlachtfeld zurück. Hier sah es traurig, entsetzlich, jammervoll aus und die grausigen Scenen mußten jedes Herz, welches nicht von Stein war, rühren und bewegen. Der Leser möge verzeihen, wenn ich auf meine eigene Thätigkeit und Theilnahme zurückkomme; meine Beschreibung soll ja nur dazu dienen, ihm in etwas ein schwaches Bild von der Hülflosigkeit und Verlassenheit auf der einen und von dem rohen Fanatismus auf der andern Seite zu geben. Vom innigsten Mitleid erfüllt, machte ich mir die Aufsuchung und Pflege der armen Verwundeten zur Gewissenssache, um so mehr, da von den meisten diese Arbeit sehr lau und nachlässig betrieben wurde. Ich sah in den Armen nur leidende Menschen, hülfsbedürftige Mitbrüder, und machte keinen Unterschied zwischen Freund und Feind; ja ich muß gestehen, daß ich den letztern zuweilen gar den Vorzug gab, weil die Unserigen in den herbeigeeilten Verwandten und Bekannten schon vielen Beistand fanden. Da stieß ich aber bald auf Widerstand, ich wurde als Verräther an der guten Sache der Conföderation betrachtet und hörte hier und da halblaute Flüche und Verwünschungen. Um mich vor den Beschwerden meiner eigenen Kameraden sicherzustellen, eilte ich zu General Jackson und setzte ihn von meinen Anordnungen in Kenntniß; freundlich reichte er mir die Hand und sagte: „Sie haben recht, als europäischer Offizier müssen Sie wissen, was einem neuen Heere noth thut; darum handeln Sie ganz nach Ihrer Ueberzeugung und schießen lieber diejenigen nieder, welche sich den Gesetzen der Menschlichkeit und Civilisation nicht fügen wollen." Fröhlich eilte ich hinaus und ging mit neuem Muth ans Werk. Ich errichtete einen Centralpunkt in der Mitte des Feldes, von wo aus meine Leute in alle Richtungen ausgingen und Tragbahren, Verbandwerkzeuge und Proviant mit sich führten. Viele Offiziere und Soldaten sahen gleichgültig, ja sogar mürrisch meinen Bemühungen für die Feinde zu.

Gegen Abend hatten wir drei Hospitäler, eins für leichte Wunden und Blessuren, eins für schwere und Amputationen, eins für vollkommen Unheilbare eingerichtet. Es war ein entsetzliches Bild menschlichen Elends in diesen nothdürftigen Asylen der Humanität aufgerollt. Ein junger feindlicher Offizier nahm vor allen andern meine Theilnahme in Anspruch. Bleich wie der Tod, mit geschlossenen Lippen und Augen lag er da und ein paar helle Zähren perlten über seine Wangen. „Trösten Sie sich, Kamerad", sagte ich zu ihm; „die Zeit wird wol kommen, wo Sie sich dieser Schlacht als eines längstvergangenen Ereignisses erinnern werden." Langsam öffnete er die Augen, streckte eine Hand aus und drückte die meinige. „Machen Sie mir keine unnützen Hoffnungen, Herr Offizier", sagte er zitternd, „mit mir ist's aus!" Vergebens bemühte ich mich, dem armen Jungen Muth einzusprechen und ihn zu trösten „Ich bin nicht traurig, daß ich sterben muß", sagte er langsam, „denn mit diesen Stümpfen" (und dabei zog er die Decke hinweg und ich gewahrte, daß seine beiden Beine von einer Kanonenkugel zerschmettert waren) „kann ich doch nicht lange mehr leben; aber ich weine über mein zerrissenes Vaterland. Hätte ich noch ein zweites Leben, ich opferte es ebenso freudig für mein Sternbanner." Tiefbewegt stand ich am Lager dieses jungen Helden, welcher sterbend noch an seine Sterne und Streifen dachte. Seine Augen hatten sich wieder geschlossen, ein leichtes, stolzes Lächeln flog über sein Antlitz, wie das junge Morgenroth einer andern Welt. Plötzlich hob er sich krampfhaft empor, während ein leichtes Frösteln den Körper zu durchbeben schien. „Sir, Sir, meine Mutter, mein Vater!" rief er laut und fiel zurück, die Züge dehnten sich, die Gestalt wurde länger, er hatte ausgerungen.

Seine letzten Worte galten seinem Vaterlande und seinen Aeltern. Hier unter den Feinden verhauchte er sein junges

Leben und keiner von den Seinigen wird je erfahren, wie und wo er starb; nichts konnte Aufschluß über ihn geben, man wußte nicht, wer er war. An seinem Halse hing ein kleines Medaillon mit dem Bilde einer jungen, schönen Dame, ich ließ es auf der todten Brust ruhen und senkte es mit ihm hinab in das kleine Grab, welches ihm unter einem schattigen Baume zur letzten Ruhe bereitet wurde. Wie viele starben so fern von den Ihrigen, ohne daß ein tröstliches Wort, ein freundliches Bild ihre letzten Augenblicke erheitert hätte.

Doch genug, ich könnte Scenen der Art zu Hunderten beschreiben, die ich in den Hospitälern erlebte, aber die blühendste Phantasie des Lesers vermag dennoch kein annäherndes Bild des Jammers und Elends zu entwerfen, das dort zu sehen war. Betrachteten die Mächtigen, die Großen ein einziges mal solche Hospitalscenen, sie würden zurückschaudern vor der Zerstörung des Krieges und niemals leichtsinnig und frevelnd das Schwert erheben.

Unsere Generale hatten ihr Bestes gethan, ihre Armee wieder zu organisiren und eine Uebersicht der Schlacht zu ermitteln, doch es gelang dieses nur sehr unvollkommen. Die Brigaden Johnstone und Longstreet hatten am meisten gelitten, da sie fast den ganzen Tag im Feuer waren. Fast jede Compagnie hatte 40—50 Mann an Todten und Verwundeten. Besonders war der Verlust an Offizieren enorm, viele Regimenter hatten sie fast alle verloren. Der Tod der Generale Bee, Bartow und Fischer wurde allgemein bedauert. Oberst Bartow fiel an der Spitze des vierten Georgiaregiments und ermunterte noch sterbend seine Soldaten. Fischer war erst vor einigen Tagen mit dem sechsten Nordcarolinaregiment eingetroffen und fand hier den Heldentod. General Bee, ein ehemaliger Schüler von Westpoint, war der Liebling seiner Soldaten; er fiel im letzten Angriff und seiner Truppen bemächtigte sich eine förmliche Wuth, als sie den Tod des Führers erfuhren.

Nach den Listen hatte die conföderirte Armee einen Verlust von 879 Mann an Todten, 2963 an Verwundeten. Der Verlust der Unionstruppen war keinesfalls geringer, eher größer. Die Brigaden Tyler, Heinzelmann, Hunter, Franklin hatten ungeheuere Verluste. Diese Soldaten, welche bis zuletzt aushielten, verdienten alles Lob, besonders ihre wackeren Führer verdienen alle Anerkennung. Die Batterie Griffie leistete Ausgezeichnetes.

Die Beute der Conföderirten war natürlich sehr bedeutend. Außer einem Artilleriepark von 28 Stück theilweise demontirten Kanonen hatten sie viele Gefangene (1600 Mann) und einige Fahnen, dazu eine Masse Waffen, Wagen, Munition, Bagage, unter anderm auch einen hübschen Galawagen mit zwei Pferden bespannt, in dessen Innerm man auch ein paar Epauletten ohne Besitzer vorfand. Viele behaupten, es sei der Siegeswagen des Generals Scott gewesen, womit derselbe in Richmond einzuziehen gedacht hätte.

Unsere Politiker waren außer sich, sie wollten die Welt stürmen und machten schon die entschiedensten Wetten über die Unterwerfung des Nordens. Weit entfernt davon, daß indessen der harte Schlag von Manassas die Unionsregierung entmuthigt hätte, rüttelte er vielmehr dieselbe zu neuer Thätigkeit auf. Ein Racheschrei ging durch den ganzen Norden, alles wurde lebendiger, das Volk strömte herbei und bald stand eine größere, stärkere Armee da als je zuvor. Führer derselben war M'Clellan und wahrlich, hätte dieser Feldherr einige Wochen früher das Commando gehabt, die Schlacht von Manassas wäre nicht verloren gegangen!

Im Süden dagegen ging es toller denn je zuvor. Dort wurde jetzt erst recht nichts mehr gethan. Die Unordnung und Nachlässigkeit nahm überhand; hatte doch die Schlacht von Manassas gezeigt, daß wir die besten Generale der Welt hatten, daß jeder Soldat ein Held war, kurz, daß der Süden siegen mußte und die Conföderation obenauf sein werde.

———

10.

Beauregard, Oberbefehlshaber der Potomacarmee.

Der Sieger von Manassas, der größte Held des Jahrhunderts. Unthätigkeit der Conföderirten. Thätigkeit M'Clellan's. Beauregard läßt Virginien befestigen. Unordnungen und Krankheiten im Lager. Beauregard geht nach Mississippi. Die Armee am Potomac geht zu Grunde.

Während der Gegner mit größtem Eifer bemüht war, den erlittenen Schaden zu ersetzen, und seine ganze Aufmerksamkeit der Ausbildung seiner Truppen zuwandte, sowie alle möglichen Maßregeln ergriff, um die empfangenen Wunden zu heilen, that unser höchster General gar nichts, um sich auf kommende Ereignisse vorzubereiten. Nichts! Gar nichts! Die merkwürdige Schlacht von Manassas hatte viel eher das Genie von Leuten wie Smith, Jackson, Johnstone, als Beauregard gewonnen, sie hatten die Ehre des Tages gerettet und den Sieg auf ihre Seite zu ziehen verstanden. Allein General Beauregard glänzte nun einmal als Sieger von Manassas, Erstürmer des Fort Sumter, und wer es nicht glauben wollte, konnte sich für zwei Cents die Richmond Dispatch kaufen, worin er schwarz auf weiß gedruckt sah, daß der größte Held des Jahrhunderts Beauregard heiße. Es war wirklich auffallend, in welche abnorme Sorglosigkeit die Schlacht von Manassas unser ganzes Kriegsdepartement versetzt hatte. Alles ruhte auf seinen Lorbern und gab sich angenehmen Träumen hin, denn gearbeitet wurde nun einmal nicht. Es war ja auch ein so erhabener Gedanke, sich sagen zu können, wir haben diese nördliche Armee geschlagen; es ist alles nur Einbildung, wenn große Männer vom Fach erklärten, man müsse, um guter Offizier und Soldat zu werden, viel, sehr viel arbeiten und lernen. Haben wir doch den größten Feldherrn der Welt — als solcher galt bisher Winfield Scott — geschlagen, seine Armee vernichtet; Thorheit ist es, was man von Waffenübungen, Exerciren sagt; Europäer, die nicht wissen, womit sie die Zeit todtschlagen sollen, und die nicht wie wir geborene Soldaten sind, treiben wol dergleichen Unsinn. Wir haben blos nothwendig, unsere gefürchteten Bowiemesser in die Hand zu nehmen, und alles läuft, was laufen kann.

Diese Ideen waren unter den Soldaten der Potomacarmee, überhaupt des ganzen südlichen Heeres, vorherrschend und die Offiziere gaben sich keine Mühe, sie zu bekämpfen; und dennoch, welche ausgezeichneten Elemente waren dort vorhanden, hätten sie nur einen General gehabt, der es verstanden, den rohen Stoff zu bearbeiten und zu bilden. Erst als General M'Clellan das Obercommando der Unionstruppen erhielt und anfing, durch solide Werke seine Stellung zu verstärken, um desto sicherer die Reorganisirung seines Heeres vornehmen zu können, erst da fing auch der gute Beauregard an, sich zu rühren und Offiziere wie Soldaten aus ihrer Lethargie zu wecken. Befestigungswerke wurden jetzt in großartiger Weise unternommen, ja die Einleitungen waren in so tollem Maßstabe angelegt, daß man hätte glauben sollen, es gälte den ganzen Staat Virginia zu befestigen. Für Ausbildung der Soldaten, Besserung der Straßen, Anlage von Hospitälern wurde jedoch gar nichts gethan. Durch die mit aller Strenge durchgeführte Blokade der Unionsflotte waren unsere Bedürfnisse aufgezehrt. Besonders herrschte großer Mangel an Medicamenten und Kleiderstoffen, worunter die Truppen arg litten. Dazu grassirten im Lager Beauregard's schreckliche Krankheiten, die um so verderblicher wurden, da, wie bemerkt, für das Sanitätswesen gar keine Vorsorge getroffen war. Pferde und Menschen wurden so leichtsinnigerweise verscharrt, daß man davor erschrecken mußte; ja manchmal blieben die Pferde zu Hunderten liegen, wie sie gefallen waren. Kein Mensch dachte daran, diesem der ganzen Armee gefährlichen Zustande ein Ende zu machen. In kurzem waren alle Hospitäler überfüllt und jene stolzen Soldaten, einstens die Freude und gleichsam die Zukunft des ganzen Volkes, sanken in ein unrühmliches Grab. Schonungslos mähte der Tod ganze Scharen nieder. Endlich wurde die Armee von ihrem Führer und dieser von seiner dahinsterbenden Mannschaft erlöst. Beauregard erhielt das Commando der conföderirten Armee in Mississippi, wohin er eilte, um durch Buell, den General der Unionstruppen, seines Heldennamens und seiner Lorbern beraubt zu werden.

11.

Richmond nach der Schlacht von Manassas.

Jubel in der Stadt. Abenteurer. Spielhöllen. Provost-Marshall Winder. Zügellosigkeit und Räubereien. Geheime Polizei. Dr. Roßwally als Ankläger. John Minor Botts als unschuldiges Opfer. Seine Leiden. Die schreckliche Zeit für Richmond. Die Stadt wird ruinirt.

Der Jubel über die Niederlage der Unionsarmee grenzte in Richmond ans Fabelhafte; die ganze Stadt trug den Stempel der größten Aufregung, zu welcher besonders die Journale Anleitung gaben. Seitdem das Gouvernement seinen Sitz in Richmond aufgeschlagen, schien überhaupt die Bevölkerung eine ganz andere geworden zu sein. Es wimmelte an allen Ecken von Abenteurern und die Bevölkerung, welche früher etwa 30000 betragen haben mochte, war nun bedeutend gestiegen. Die sonst so ruhige, stille Stadt bekam allmählich das Ansehen einer Schauspielerbude. Eine Menge Spielhäuser hatten sich von Neuorleans und Californien nach Richmond verzogen und betrieben ihr Geschäft mit einer ans Unglaubliche grenzenden Unverschämtheit. Wie die Pilze schossen jene Räuberhöhlen aus der Erde hervor, sodaß Richmond deren in ganz kurzer Zeit über 170 zählte. Zu alledem fingen auch die niederträchtigsten Räubereien in unserer Mitte sich zu entwickeln an, sodaß die wohlhabende Klasse nach und nach daran dachte, Richmond zu verlassen und in das Innere des Landes zu ziehen.

Die Regierung hatte gänzlich ihre Haltung verloren und setzte als Provost=Marshall für den Staat Virginia mit dem Titel eines Brigadegenerals den ehemaligen Oberst der Unionsarmee, J. Winder von Baltimore, ein. Die zu Tausenden anwesenden von Baltimore geflüchteten Einwohner glaubten jetzt, daß eine goldene Zeit für sie anfinge, und es fielen Scenen vor, welche unsere Bürger in die größte Aufregung versetzten. Auf offener Straße, im Theater, in den Speisehäusern wurden die Leute angefallen und umgebracht, sodaß sich abends kaum jemand auf die Straße wagte. General Winder, welcher die redliche Absicht hatte, in dieses gesetzlose Treiben Ordnung zu bringen, umgab sich jetzt mit einer sogenannten geheimen Polizei, welche jedoch leider aus Vertriebenen von Baltimore und, zur Schande sei es gesagt, aus deutschen Juden bestand. Einer schrecklichen Zeit ging jetzt Richmond entgegen. Mord und Todtschlag wurde Tagesordnung und alle Versuche des Gouverneurs Letscher und des Majors Majo, die alte Ordnung und Ruhe herzustellen, scheiterten an dieser geheimen Polizei, deren erste Opfer eine Menge unserer achtbarsten Bürger wurden, unter denen sich obenan John Minor Botts befand.

Die Anklage, welche man gegen ihn vorbrachte, lautete: Einverständniß mit dem Feinde, Mitgliedschaft einer geheimen Gesellschaft, welche den Zweck habe, den Präsidenten Davis sowie sein Cabinet gefangen zu nehmen und dem Feinde auszuliefern. Um dem Unfug die Krone aufzusetzen, fungirte unter den Anklägern ein Mann namens Dr. Roßwally, welcher aus seiner Heimat Neuorleans den Ruf mitbrachte, daß er dort die Leichen auf dem Friedhofe bestohlen und sich nur durch die Flucht dem Gefängnisse entzogen hatte. Trotz der thatsächlichen Beweise von der Unhaltbarkeit der Anklage hielt die

Polizei ihr einmal erkorenes Opfer fest; man wollte dadurch besonders der Regierung zeigen, daß jenes Gesindel nicht umsonst sein Geld verdiene, sondern daß es für das Wohl und die Sicherheit des Präsidenten Davis Sorge trage. Die Stadt wurde dagegen nicht ruhiger noch sicherer. Friedliche Bürger wurden bei Ausübung ihrer Pflichten von Soldaten mit blanker Waffe angegriffen, während betrunkene Horden die Umgegend meilenweit unsicher machten. Gegen diese Skandale zeigte jedoch die Polizei keine Strenge, aber geachtete Bürger, welchen keine Schuld beigemessen werden konnte, als daß sie als loyale Unterthanen in ihrer Gesinnung gegen die Unionsregierung beharrten, wurden vor den Provost-Marshall gebracht und eingesperrt.

Machte dann und wann die alte gesetzliche Regierung von Virginia Miene, die wirklichen Ruhestörer der Stadt zu bestrafen, so wurden diese ihr mit Waffengewalt von der Polizei entrissen und ihrem saubern Gewerbe zurückgegeben.

Lange blieb der arme John Minor Botts als anerkannter Verräther hinter Schloß und Riegel, und es war wirklich ein Wunder zu nennen, daß der Mann noch lebend der gegen ihn empörten und besonders von den Journalen aufgehetzten Menge entging. Wenn die Regierung der Vereinigten Staaten einem Patrioten zu Dank verpflichtet ist, so gewiß dem braven John Minor Botts. Von allen Seiten angegriffen und verfolgt, von seiner rechtmäßigen Regierung ohne Schutz gelassen, einer aufgeregten fremden Pöbelmasse preisgegeben, zeigte er stets die kalte Ruhe und Würde eines Mannes, der sich seines Rechtes bewußt ist und sich fühlt als ein freier Bürger der großen Republik. Alle Anerbietungen der neuen Regierung von sich stoßend, blieb er seinen Ueberzeugungen getreu.

Die Verhaftungen in Richmond nahmen täglich zu. Ein unvorsichtiges Wort, von einem der geheimen Polizeibeamten, die überall herumspionirten, um die Leute in ihre Gewalt zu bringen, aufgegriffen, war Veranlassung genug, den Sprecher vor den Provost=Marshall und von da ins Gefängniß zu bringen. Niemand fühlte sich mehr frei und sicher. Jeder erblickte in dem andern einen Spion und langjährige Freunde begannen sich mit zweideutigen Blicken zu betrachten. In der That, es war eine schreckliche Zeit über Richmond gekommen, welche ewig in dem Gedächtniß seiner Bewohner fortleben wird. Daß Handel und Gewerbe, wie im ganzen Süden so in Richmond ganz besonders, stockten, daß keiner kaufen, verkaufen, arbeiten, ausleihen wollte, versteht sich von selbst. Es war, als ob die Stadt von feindlichen Truppen eingenommen wäre, welche nur auf den Ruin und das Elend derselben hinarbeiteten. Richmond verlor in dieser Zeit durch seine guten Schützer und Freunde seinen ganzen Wohlstand, und die schöne aufblühende Stadt glich bald eher einer Räuberhöhle als einem Sammelplatz der Vaterlandsfreunde. Mancher gute ehrliche Bürger mag in dieser in jeder Beziehung so grauenvollen und schrecklichen Zeit aus Herzensgrund seinen Gott gebeten haben: Bewahre mich, Herr, vor meinen Freunden; vor meinen Feinden will ich mich selber bewahren!

12.

Der Feldzug im westlichen Virginien.

Virginien. Der alte Wise. Eine schwierige Aufgabe. General Henningsen. Die Armee vermehrt sich. Die tapfern Truppen. Hauptquartier Charleston. Buntes Lagerleben. Friedliche Krieger. Scharmützel bei Seary-Creek. Muth der Conföderirten. Schlechte Nachrichten. Vorsichtsmaßregeln. Wie die Regierung den alten General Wise verläßt. Der Feind überschreitet den Ohio. Die Conföderirten wollen ihn angreifen. Ein Reitergefecht. Der Feind ermüdet die Unserigen. Beide Armeen treffen sich endlich. Der Kampf beginnt. Verluste, neues Reitergefecht. Verlust einer Standarte. Die Conföderirten weichen wieder. Rückzug. Wise's Besonnenheit. Neue Feinde vor Charleston. Wise verläßt Charleston. Seine geharnischte Proclamation. Er übergibt das Commando an General Henningsen.

Einer der interessantesten Feldzüge war unstreitig der in unserm westlichen Virginien, wobei nur vom Anfang bis zum Ende das eine Hauptübel war, daß die Regierung zu wenig Gewicht auf dieses gebirgige Terrain legte und mithin Feldherren sowol wie Truppen, die dorthin verlegt wurden, diese Stätten gleichsam als eine Art Verbannung nach Sibirien ansehen konnten. Unter den von der Regierung auserkorenen Opfern war das erste der wegen seines freien, offenen und ehrlichen Wesens allgemein geachtete und auch wol gefürchtete Henry Wise. Eines schönen Tages erhielt der alte Kämpe seine Dienstbefehle mit der Weisung, sein Hauptquartier im westlichen Virginien aufzuschlagen, die bereits über den Ohio vorgedrungenen Unionstruppen zurückzutreiben, die Gegend rein zu halten und zu versuchen, demonstrirend gegen Wheeling vorzurücken und die dort tagende, der Union treu gebliebene virginische Legislatur zu vertreiben. Eine Aufgabe, die sicher groß genug war, um den Stärksten unter ihrer Wucht zu erdrücken. Doch den alten Helden konnten diese mit Bosheit ausgedachten Befehle nicht erschüttern. Mit Ruhe und Gelassenheit frug er den Kriegsminister, welche Truppen ihm zur Verfügung gestellt würden, worauf dieser ihm erwiderte, die Regierung müsse im Augenblicke ein größeres Augenmerk auf den Potomac richten, sie müsse deshalb alle anlangenden Verstärkungen für diese Armee verwenden; der General solle sehen, wie er Truppen aus den verschiedenen Bezirken von Virginien sammeln könne, man werde Sorge tragen, ihn mit Munition und Proviant zu unterstützen. Jeder andere General hätte dem Kriegsminister unter den Umständen seine Ordre vor die Füße geworfen, nicht so der alte Wise. Er empfahl sich mit kalter Höflichkeit und beschloß sofort, die Ausführung seiner Aufgabe zu beginnen. Schon in Richmond eilten seine Freunde in Scharen herbei, um ihm Beweise ihrer Achtung zu geben. Offiziere und Soldaten drängten sich förmlich, um unter der Fahne des Generals Wise zu dienen. Sein Hauptquartier glich einem Wallenstein'schen Lager, in dem sich nicht sowol durch seine ritterliche und majestätische Figur, als besonders durch sein elegantes Benehmen, seinen reichen Geist vor allen der englische General Friedrich Henningsen auszeichnete, dessen Name wol durch ganz Europa bekannt ist. Obwol er noch keine Dienste genommen hatte, widmete er dennoch seine ganze Thätigkeit sowie seine ausgezeichneten militärischen Talente dem Unternehmen des Generals Wise. Dieser traf, trotz seiner schwachen Gesundheit, die verschiedenen Einleitungen mit Umsicht und Eifer, und arbeitete Tag und Nacht, um die ihm gestellte Aufgabe würdig zu lösen. Ein Aufruf, den er an die Bevölkerung Virginiens richtete, hatte den größten Erfolg. Ueberall strömten Freiwillige herbei, die sich unter das Commando des allgemein geachteten Mannes zu stellen wünschten, sodaß er bald ein ansehnliches Corps zusammenhatte. Es dauerte auch deshalb nur kurze Zeit, bis er sein Hauptquartier von Richmond nach Louisburg verlegen konnte. Für den alten General mußte es eine wohlthuende Empfindung sein, nach der schmählichen Behandlung von seiten der conföderirten Regierung eine solche Anerkennung durch die Einwohner von Virginien selbst zu erhalten, deren Gouverneur er einstens gewesen war. Es war wirklich manchmal interessant zu sehen, wie sich selbst die widerspenstigsten Kerle von ihm zähmen ließen. Nachdem er in Louisburg seinen Generalstab geordnet, zog er das Canowha-Thal entlang; überall dieselbe Begeisterung, dieselbe anerkennende Aufnahme. Es folgten seinen Fahnen jedoch nur eine kleine Anzahl dieser Gebirgsvölker, denn die meisten waren loyale Unterthanen der Unionsstaaten, und auch General Wise sah bald ein, daß ihr Hurrahrufen nur dem frühern Gouverneur gälte, nicht aber dem General der conföderirten Armee, mit der sie nichts zu thun haben mochten; er wurde sogar manchmal barsch und finster, wenn die Leute gar keine Miene machten, ihm zu folgen.

Es war übrigens kein Wunder, wenn diese Gebirgsbewohner kein zu großes Interesse für die neue Sache hatten, da ihr Congreßmann, Georg Summers, welcher in der Regierung zu Washington saß, das Volk für seine rechtmäßige Regierung begeisterte und es wenigstens zu einer strengen Neutralität zwischen der alten Union und der neuen Conföderation anhielt. Ungeachtet vieler Hindernisse, welche sich dem General Wise in den Weg stellten, verfolgte er unverdrossen die Straße des Canowha-Thales bis nach Charlestown, einem kleinen Städtchen, wo er sein Hauptquartier aufschlug. Damals gab es für die freiwilligen Milizcompagnien noch eine goldene Zeit. Die Leute konnten kommen und gehen, wie sie wollten. Die Compagnie blieb, solange der Truppenkörper irgendwo bivouakirte und sich in den reichen Farmershäusern gütlich that. Die Compagnie ging, wenn der Feind Miene machte, sie anzugreifen. Manche Abtheilung hatte große Listen vorgelegt, welche etwa 5000 Mann auswiesen, und am andern Tage, wenn es zum Treffen kommen sollte, waren 1000—1500 Mann dieser friedlichen Truppen wieder auf dem Wege nach einem andern ruhigern Kriegsschauplatze, erzählten dann unterwegs den hier wie in aller Welt neugierigen Bauern von Gefechten, Schlachten und Märschen, welche sie mitgemacht, und der arme Bauer gab ihnen voll Bewunderung das beste Essen und Trinken, was er nur aufbringen konnte.

Zu dem Corps des Generals Wise nun hatten ebenfalls viele dieser friedlichen Compagnien ihren Weg gefunden, weil sie hofften, ihr Brot da ruhig und in Frieden verzehren zu können. In kurzem hatte er nach den Listen seines Bureau eine streitfähige Mannschaft von 2500 Mann Infanterie, 700 Mann Cavalerie und 3 Bataillonen Artillerie; hierzu stießen kurz nachher noch mehrere Compagnien unter Oberst Tomkins, ehemals in der Unionsarmee commandirend, sodaß Wise ein Corps von etwa 4000 Mann hatte. Doch der größte Theil dieser Mannschaft war unbewaffnet und hatte auch gar keine Lust, bewaffnet zu werden. Die Cavalerie hatte zwar Pferde, aber die Mannschaft war ebenfalls unbewaffnet. Um ihre Zeit wenigstens etwas zu benutzen, ritten die Krieger ihre Pferde spazieren und ließen sie auf Rechnung der neuen Regierung füttern.

Alle Bemühungen Wise's, etwas Disciplin in diese Scharen zu bringen, scheiterten an dem beharrlichen Phlegma der Virginier. Der Truppentheil, auf den man sich verlassen konnte, war sehr klein, da er nur aus einer Compagnie bestand, welche sein Sohn als Kapitän commandirte, außerdem noch 3—4 Compagnien Cavalerie und der Artillerie, welche gut war, jedoch noch keine Kanonen hatte. Am besten wäre es gewesen, die unbewaffneten Haufen gleich wieder heim zu senden, indem sie die ordentlichen Soldaten durch ihre Trägheit ärgerten und dadurch häufig Reibereien veranlaßten. Wise gab jedoch die Hoffnung nicht auf, aus diesen erbärmlichen Individuen Soldaten zu machen. Kaum waren für den militärischen District die verschiedenen Bureaux sowie Militärautoritäten eingesetzt, die sich bei der Bevölkerung, welche durch und durch unionistisch gesinnt war, in Respect zu setzen verstanden, so wurde eine kleine Expedition in die nahen Counties Colham und Gillmer abgesandt, um dort einige gar zu eifrige Unionsmänner gefangen zu nehmen. Während dieser Zeit landeten jedoch die Feinde in beträchtlicher Stärke zu Parkersburg und Point Pleasant am Ohio und machten es sich in den umliegenden Counties recht bequem. Ihre Ueberlegenheit über uns war eine natürliche Folge ihrer Stellung an den volkreichen Staaten von Ohio und Indiana; dann waren sie durch die Communication der Flüsse und Eisenbahnen im Stande, große Truppenmassen nach einem beliebigen Punkte leicht zu dirigiren, und überdies fanden sie unter der Bevölkerung eine durchaus freundliche Gesinnung. Kurz nach seiner Landung begann der feindliche Anführer seine Truppen den Canowhafluß hinaufzuziehen, um uns das reiche Thal streitig zu machen. Jetzt erst war Wise in seinem Element, da er mit dem feindlichen Heere in Berührung kommen sollte. Sofort beorderte er den Oberst Patton, mit einigen Compagnien Infanterie, etwas Cavalerie und einigen eben erhaltenen Geschützen dem Feinde entgegenzugehen und ihn über den Fluß zu werfen. Oberst Patton war ein tüchtiger Mann und einem solchen Unternehmen vollkommen gewachsen. Nachdem er seine kleine Schar durch eine kräftige Ansprache ermuntert hatte, begann er seine Operationen den Canowhafluß entlang. Bei Seary-Creek überraschte er den Feind völlig unvorbereitet, griff ihn mit Energie an und warf ihn auf Parkersburg zurück. Die Obersten Norton, Villias, Woodruf und Neff sammt einer Anzahl Soldaten wurden in diesem kleinen Scharmützel zu Gefangenen gemacht. Der Anfang gestaltete sich auf diese Weise ganz leidlich und machte den alten, brummigen General Wise etwas freundlicher, denn er hatte jetzt Gelegenheit, sein erstes Siegesbulletin nach der Hauptstadt zu senden. Obgleich Wise dem Oberst Patton sofort den Oberst Tomkins mit zwei Regimentern zur Unterstützung sandte, konnten sie doch das Feld nicht länger behaupten, da der Unionsgeneral Cox Miene machte, mit seiner ganzen Streitmacht herbeizumarschiren und die erhaltene Scharte auszuwetzen. Oberst Patton und Tomkins sammelten ihre Truppen und zogen sich nach Charlestown zurück. Patton wurde während des Gefechtes schwer verwundet, ebenso der feindliche Oberst Norton, und man war gezwungen, beide in ein und demselben Hause zurückzulassen. Bei Ankunft der Unionstruppen hatten sich die Führer dahin geeinigt, daß Patton nach seiner Genesung gegen Norton ausgewechselt werden sollte.

Nach dem Treffen von Seary-Creek gewannen die feindlichen Anführer die Ueberzeugung, daß General Wise der rechte Mann für dieses gebirgige Terrain sei. Sie sammelten daher große Truppenmassen zu Parkersburg und rückten, wenn auch langsam, aber desto sicherer zu Wasser und zu Lande gegen Wise. Dieser hatte trotz der Unzuverlässigkeit und mangelhaften Ausrüstung seiner Truppen sowie trotz des Mangels an Artillerie die Ueberzeugung, daß er mit Erfolg das Vorbringen der Feinde abwehren könne, und faßte, aufgemuntert durch die Erfolge des Obersten Patton, den muthigen Entschluß, ein Treffen zu liefern. Eben war er im Begriff, seine Truppen in Bewegung zu setzen, da brachte ein Kurier die niederschmetternde Nachricht von der Gefangennahme Pegram's und dem Tode Garnett's sowie von den außerordentlichen Erfolgen M'Clellan's zu Rich-Mountain. Diese trostlosen Nachrichten versetzten sowol Offiziere wie Soldaten in eine niedergeschlagene, trübe Stimmung und mahnten den General selbst zu ganz besonderer Vorsicht, da die feindlichen Führer, durch die großartigen Erfolge ihres Kameraden aufgemuntert, gewiß ihr Bestes versuchen würden, um mit den Truppen M'Clellan's auf gleicher Linie zu stehen. Infolge dessen hatte Wise wenig Aussicht, einen Punkt zu finden, wohin er sich zurückziehen könne, um weitere Unterstützung abzuwarten, falls er mit großer Ueberlegenheit angegriffen würde. Er ließ deshalb sofort an der Mündung des Gauleyflusses in den Neuen Fluß solche Vorkehrungen treffen, daß im Fall eines Rückzugs hier dem feindlichen Vordringen Halt geboten werden könne. Diese Anstalten waren mit viel Umsicht getroffen und ließen den General die weitern Ereignisse mit Ruhe erwarten. Der Feind unter General Cox ließ sich durch die Thätigkeit Wise's verblüffen und nach einigen kleinen Vorpostengefechten, wobei ihm Kapitän Casky's Cavaleriecompagnie manche empfindliche Schlappe beibrachte, verlor er das Vertrauen auf einen guten Erfolg und retirirte, von unserer Cavalerie heftig gedrängt, den Canowhafluß abwärts. Unterdessen beobachteten die Bewohner von Charlestown und Umgegend mit dem größten Interesse und der größten Ungeduld die Bewegungen der beiden Armeen, da fast die ganze Gegend für die alte Regierung war, und die vielfachen Freundschaftsbeweise, welche die Unionstruppen empfingen, hätten deren Führer um so mehr anspornen müssen, unter allen Umständen und mit Aufbietung aller Kräfte dieses

Terrain dem Feinde zu entreißen. Wiederum war es noch auffallender, mit welch schrecklicher Gleichgültigkeit unsere conföderirte Regierung den Ereignissen im westlichen Virginien zusah. Der gefährlichen Lage, worin sich Wise befand, widmete sie nicht die geringste Theilnahme oder Aufmerksamkeit; jede andere Regierung hätte ihr Hauptaugenmerk auf diesen Theil ihres Landes gewandt, da die westlichen Striche Virginiens gerade zu den reichsten und ergiebigsten gehören, die Bewohner sehr wohlhabend sind und der Boden namentlich an Fruchtbarkeit keinem nachsteht. Ueberdies waren Salz- und Kohlenwerke dort, welche die ganze Conföderation versorgen konnten. So war dieser Theil des Landes gleichsam eine Lebensfrage für den Staat Virginien und dennoch legte das Gouvernement keinen Werth auf diesen entfernten Kreis.

Wise bot mit unendlichem Eifer alles auf, um seine Armee feldtüchtig und manövrirfähig zu machen. Mit Hülfe eines württembergischen Offiziers, Kapitän Buchholtz, und eines sächsischen, Schurich, setzte er seine Artillerie in eine solche Verfassung, daß sie dem Feinde Achtung gebot. Seine Cavalerie war für das gebirgige Terrain fast zu zahlreich. Die ausführlichsten Berichte sandte er an die Regierung zu Richmond und ersuchte sie, ihn mit Waffen, Schießbedarf und Kleidungsstücken regelmäßig zu versehen, denn der General sowol wie seine Truppen litten an alledem den empfindlichsten Mangel. Jene Herren in Richmond lachten jedoch und rieben sich vergnügt die Hände, je unangenehmer und verwickelter die Lage wurde, in die der alte General in den fernen Bergen gerieth. Ich glaube fast, es wäre ihnen nichts lieber gewesen, als zu hören, General Wise sei gefallen oder gefangen, denn dann hätte man doch ein der Regierung feindliches Element weniger gehabt. Allein der alte Wise war nicht der Mann, Jefferson Davis und seinen Helfershelfern diesen Gefallen zu erzeigen, im Gegentheil, er wußte alle

Fatalitäten und Unannehmlichkeiten, die ihm die eigene Regierung in den Weg legte, mit kalter Berechnung und viel Glück zu vereiteln.

Mitten in diesen Wirren traf uns ganz unvorhergesehen die Nachricht, daß der Feind bei Marieta den Ohio überschritten und Ripley, eine kleine Stadt, bereits besetzt habe. Ohne auch nur die nothwendigsten Vorbereitungen für einen Marsch von 60 Meilen zu treffen, brachte der General seine Truppen in Bewegung, um dem Feinde eine Lection zu geben. Fröhlich zogen unsere Colonnen, trotz der gräßlichen Sonnenhitze, vorwärts und der alte General ritt seelenvergnügt in der Mitte seiner Kinder. Lebhaft erinnerte er mich an den alten Radetzky in Italien. Die Truppen wurden fast ausgelassen, wenn sie die ernsten, ledernen Züge des Generals sich erheitern sahen, und muthwillig wurde dem alten Herrn die Feldflasche gereicht. Allein bald änderte sich das Bild; wir mochten kaum 30 Meilen vorgerückt sein, als unsere Cavalerieavantgarde mehrere Meldungen schickte, welche auch durch aufgefangene Bauern bestätigt wurden, daß nämlich nicht nur ein Streifcorps bei Ripley stände, sondern ein regelmäßiges Corps von etwa 8000 Mann. Wise, der wenig Vorliebe für das Hörensagen hatte, befahl Casky, der die Avantgarde commandirte, vorzurücken, und erst wenn ihm größere feindliche Massen entgegenträten, zurückzugehen. Je tiefer unsere Truppen ins Land einrückten, desto feindlicher wurde die Stimmung der dortigen Bewohner. Mit finsterm Auge standen sie in den Thüren ihrer Häuser und sahen mit geheimem Groll diesen lustigen Scharen nach. Jedwede Bitte um Brot, ja selbst um ein Glas Milch oder Wasser wurde abgeschlagen. Was hatte diese kleine, durch den langen Marsch erschöpfte Schar, wenn sie bei Ripley eine Niederlage erlitt, von den aufgeregten Bauern zu erwarten! War es nicht außer allem Zweifel, daß sie über die Fliehenden herfallen und sie vollends aufreiben würden! Unsere Leute bewegten sich langsam vorwärts, als die Nachricht eintraf, daß ein feindliches Cavaleriepiket sich zeige. Sofort wurde Jagd gemacht, allein die Burschen hatten gute Pferde und kniffen aus. Eben sauste Casky mit seinen Leuten durch ein kleines Dörfchen, als eine weitere feindliche Cavaleriecompagnie zur Unterstützung heranrückte. Die Fliehenden machten jetzt Halt und erwarteten unsern Angriff, welcher auch bald folgte. Es war ein hübsches Reitergefecht, welches auf beiden Seiten mit abwechselndem Glück geführt wurde. Jetzt aber rückten zwei weitere Cavalerieregimenter unter dem Commando des Obersten E. vor, wodurch sich der Feind rasch zur Flucht wandte. Angriff und Vertheidigung wurden von unsern Truppen während des tollsten Reitens mit Sicherheit ausgeführt, und dieselben waren während dieser Manöver so wüthend ins Verfolgen gerathen, daß sie gar nicht merkten, wie sie sich immer mehr vom Hauptcorps entfernten. Eben gab Oberst E. das Zeichen zum Rückzug, als einige gutgezielte Kugeln uns von der Nothwendigkeit dieser Maßregel überzeugten. Mit dem Verluste einiger wackern Gefährten machten unsere Leute Kehrt und zogen sich aus dem verderblichen Feuer zurück. Unterdessen zog der General ruhig vorwärts, hoch erfreut über unser kleines Reitergefecht, denn er liebte seine Reiter leidenschaftlich. Die Nacht wurde an einem kleinen Flusse verbracht, mit der Waffe in der Hand rasteten die Truppen, während die Lagerfeuer ruhig brannten und die Sterne prächtig durch die laue Sommernacht funkelten. Gegen 1 Uhr wechselte unsere Sicherheitswache mit einigen vorschleichenden Patrouillen einige Schüsse. Die ganze Mannschaft fuhr aus ihrer Ruhe, die Führer eilten an ihre Plätze und die Truppen machten sich kampfbereit. Als sich jedoch keine Feinde zeigten, wurden verstärkte Patrouillen abgesandt, die umliegende Gegend zu untersuchen. Von allen Seiten liefen jedoch hierüber beruhigende Nachrichten ein; nichtsdestoweniger und obgleich die Mannschaft nur kurze Zeit gerastet hatte, beschloß Wise dennoch die einmal marschfertigen Truppen vorwärts zu bewegen, um noch im Laufe des Vormittags Ripley zu erreichen. Das Vorrücken ging langsam, aber ohne Störung von statten, bis gegen 9 Uhr morgens die Nähe einer feindlichen Abtheilung gemeldet wurde und Oberst Thler Befehl erhielt, dieselbe zurückzuwerfen. Bei Annäherung unserer Truppen gingen jedoch die feindlichen in der größten Ordnung zurück und mit außergewöhnlicher Lebhaftigkeit und Aufregung verfolgte jetzt Wise die vor ihm zurückweichenden Feinde. Immer trieben sie dasselbe Spiel mit uns: sie formirten sich in Schlachtordnung, und wenn wir Miene machten, sie anzugreifen, gaben sie ihre Stellung auf und zogen sich zurück. Durch dieses immer heftiger werdende Verfolgen erschöpften wir unsere Truppen gänzlich und näherten uns unvermerkt den gesammten feindlichen Streitkräften, welche sich in einem kleinen Thale in Schlachtordnung aufgestellt hatten und uns ruhig erwarteten. Gegen Mittag erst entdeckten wir zu unserm großen Erstaunen die feindliche Armee. Wise beorderte jetzt Oberst Thler zum Angriff auf das Centrum, während seine Cavalerie eine Schwenkung machte, um eine Flankenbewegung auszuführen. Allein der feindliche Befehlshaber ließ den gutausgeführten Angriff mit großer Ruhe abweisen, während er schnell ein Ohiocavalerieregiment vorsandte, um unserer Attake zu begegnen. Es sah prächtig aus, wenn sich diese rasselnden Reitermassen unter donnerndem Hurrah aufeinanderstürzten, die schweren Säbel klapperten und klirrten, welche manchen kühnen Reiter in ein kühles Grab beförderten. Im Nu waren die beiderseitigen Cavalerieabtheilungen im bunten Einzelgefecht begriffen; doch nicht sobald gewahrten die Ohiotruppen die Ermattung, welche sich sowol bei uns wie bei unsern Pferden infolge des langen

Marsches einstellte, als deren Trompeten die Reiter zu verstärktem Angriff aufriefen. Noch einmal hämmerten, wie in einer Schmiedewerkstätte, die Säbel, da machten einige unserer Leute Kehrt und flohen, in kurzem folgten ihrem Beispiel alle, von dem aufgeregten siegenden Feinde verfolgt, welcher noch manche wackere Haut von seinem Sattel holte. Von einem zu unserer Deckung herbeigeeilten Bataillon geschützt, hatten wir größere Verluste nicht zu beklagen. Reiter und Pferde waren in Blut und Schweiß gebadet. Fluchend und donnernd kam der alte Wise herangesprengt und verwünschte uns unter schrecklichen Flüchen; allein es war unbillig, von unserer durch den Marsch ermatteten Cavalerie mehr zu verlangen. Er befahl den Truppen, nach kurzer Erholung sich wieder zum Angriff fertig zu halten. Unterdessen war auch unsere Artillerie herbeigekommen und eröffnete ein lebhaftes Feuer, welches von den feindlichen Batterien ebenso lebhaft erwidert wurde. Unsere Truppen hatten bereits mehrere Stürme ausgeführt, welche der feindliche Anführer mit Entschiedenheit und Ruhe zurückschlug. Wise that alles, um den feindlichen General aus seiner festen Stellung herauszulocken; doch dieser hatte dazu gar keine Lust, da er unser erschöpftes Corps so ziemlich in seinen Händen hatte. Er ließ sich zu keinem unklugen Schritt verleiten, sondern wartete ruhig die Zeit ab, wo er uns insgesammt gefangen nehmen konnte. Kaum hatten sich unsere Reiter etwas erholt, so schickte uns Wise noch drei Compagnien frische Reiter als Verstärkung zu, mit dem Befehle, die feindliche Reiterei zu werfen und eine Batterie, welche uns großen Schaden zufügte, zu nehmen. Der Befehl war kurz, die Aufgabe eines Kriegers werth, allein ob uns die feindliche Cavalerie dies alles erlaubte; war eine andere Frage. Der Führer unserer Cavalerie ließ die Standartenträger ins erste Glied einreihen, um den Leuten einen größern Sporn zu geben, die Ehre des

Regiments zu wahren. Kurz darauf erfolgte der Befehl zum Angriff; allein der feindliche Anführer, der von seinem etwas höher gelegenen Hauptquartier aus unsere Dispositionen und Absichten vollkommen erkennen und übersehen konnte, ließ das Ohiocavalerieregiment durch einige Cavaleriecompagnien verstärken. Rüstig zog unsere Cavalerie vorüber, den tödlichen Revolver in der Linken, den schweren Reiterpallasch in der Rechten um den Kopf schwingend. Selbst die Pferde hoben den Kopf höher, als hätten sie eine Ahnung davon, daß sie diesmal ihre Schuldigkeit thun müßten. Jetzt hatten sich die beiden feindlichen Reiterabtheilungen genähert, da ertönten zu gleicher Zeit die Commandos und Trompetensignale und wüthend stürzten die beiden Gegner aufeinander los, daß die Gegend von dem Stampfen der Hufe und dem Klirren der Waffen erdröhnte. Die ganze Scene war in dichte Staubwolken gehüllt, nur ein verworrenes Schreien, Stampfen der Pferde, heftiges Arbeiten der Klingen und dann und wann der grelle Knall der Revolver war zu vernehmen. Beide Theile hielten sich wacker und brav. Dann und wann stürzte ein tödlich verwundetes Pferd aus dem Kampfgewühl hervor; nicht mehr Zügel und Sporn fühlend, flog es in die Weite. Schon mehrere mal mußte man die Truppen aus dem Gefecht ziehen, um nur etwas Ordnung hineinzubringen. Bei einer dieser Gelegenheiten kamen unsere beiden Standartenträger zusammen. Die feindlichen Truppen, welche die Vorsicht der österreichischen Cavalerie gebrauchten, die Standarte bei der Attake sammt der Wache zurückzusenden, hatten von dieser Seite keinen Verlust zu befürchten und richteten um so mehr ihre Anstrengungen darauf, unsere Standarten zu erobern, in deren Nähe sich jetzt ein merkwürdiges Gefecht entspann. Der Standartenträger des ersten Dragonerregiments war ein athletisch gebauter Kerl. Wie ein Rudel Wölfe stürzten sich die feindlichen Reiter auf denselben, um ihm sein Heiligthum zu entreißen, doch wie der Blitz fuhr seine Kürassierklinge umher und bettete manchen Reiter auf die kalte Erde. Je länger das Gefecht um die Standarte anhielt, desto erbitterter wurde es. Da drängte sich plötzlich ein riesiger Chioreiter durch die Massen, mit einem Satze seines Pferdes war er in der Nähe unseres braven Standartenträgers. Dies und ihm einen Hieb versetzen, der jeden andern todt hingestreckt hätte, war das Werk eines Augenblicks; eine momentane Betäubung überfiel den schwer Getroffenen; allein bevor er sich erholt hatte, war unsere Standarte in den Händen des Angreifers, worauf von seiten unserer Gegner ein unendliches Jubelgeschrei ertönte. Es gab ihnen doppelten Muth, als sie das feindliche Banner in ihrer Mitte sahen. Nach einem mörderischen Gefecht zwangen sie uns noch einmal, ihnen das Hufeisen unserer Pferde zu zeigen; nach einer kurzen Verfolgung ließen sie uns ziehen. Zerrüttet, total erschöpft, mit Verlust eines Feldzeichens bezogen wir unsere früher innegehabte Stellung. Ueber den Verlust der Standarte konnten wir uns trösten, denn es war ein schlechter Fetzen, der keine zwei Dollars kostete; wir hatten mithin Gelegenheit, eine neue zu kaufen. Unsere Truppen kannten noch zu wenig jenen Stolz und jene Ehre, die sich an das Banner knüpfen, und für sie war daher der Verlust von keiner Bedeutung, man hörte die armen Burschen mehr über den Verlust eines Hufeisens ihrer Pferde oder einer Pistole, oder eines Hutes klagen, als über den Verlust des Feldzeichens. Fast jeder hatte den naiven Gedanken, daß man später einen viel schönern Lappen kaufen könne.

Unterdessen war Wise' an allen Punkten zurückgeschlagen worden und hatte infolge dessen seine gesammten Truppen so erschöpft und verbraucht, daß er mit Bangen an seinen Rückzug dachte. Mit Sorgfalt ließ er die Verwundeten zusammenbringen. Die schwer Verwundeten wurden in die zunächstliegenden Farmen gebracht, und für die leicht Verwundeten wurden Maßregeln getroffen, sie ohne Zeitverlust nach Charleston zu schaffen. Gleichzeitig wurden dem dortigen Commandanten Oberst Tomkins, Befehle zugesandt, alle entbehrlichen Truppen auf der Straße nach Ripley vorrücken zu lassen, sowie dem Commandanten des wichtigen Postens Gauley=Bridge, Oberst Richardson, der Befehl ertheilt, seine ganze Aufmerksamkeit darauf zu richten, daß nicht etwa General Rosenkranz eine Diversion den Gauley=River hinunter mache, denn dadurch konnte General Wise in die unglückliche Lage gerathen, mit seinen gesammten Truppen sich der Gnade oder Ungnade des Feindes ergeben zu müssen.

Alle diese, mit kalter, ruhiger Ueberlegung ertheilten Befehle ließen das außerordentliche strategische Talent Wise's erkennen. Einen siegestrunkenen Feind vor sich, einen andern in seiner rechten Flanke erwartend, hinter sich eine Regierung, welche die Gefangennahme des gefürchteten Gegners mit Freuden aufgenommen hätte, das war eine Lage, welche zum glücklichen Durchschlüpfen einen tüchtigen Kopf erforderte. Kaum stellte sich daher die Nacht ein, als er das Gefecht auf der ganzen Linie abbrechen ließ, die Lagerfeuer wurden angezündet und seine am meisten erschöpften Truppen traten den Rückzug zuerst an. Gegen Mitternacht war der Abmarsch der Truppen so weit erfolgt, daß auch das Hauptquartier seinen Rückzug antrat, jedoch mit dem Befehl, die Lagerfeuer zu unterhalten. Gegen 3 Uhr morgens sollte dann die Cavalerie abrücken und die Arrieregarde des zurückweichenden Corps übernehmen. Die Einleitungen waren gut getroffen und bei Tagesanbruch konnten die Unsern so ziemlich mit Sicherheit ihren Marsch ausführen. Kaum hatte jedoch der Feind Kunde von unserm Rückzuge erhalten, als sich auch seine ganze Cavalerie zu unserer Verfolgung rüstete. Wir mochten kaum acht oder neun Meilen zurückgelegt haben, unsere Leute waren eben mit der Zerstörung einer Brücke beschäftigt, welche über eine kleine Bucht mit steilen, felsigen Ufern führte, als auch schon die feindliche Cavalerie mit Hurrah herankam. Allein das Werk der Zerstörung war vollbracht, wir wechselten einige Schüsse und folgten in raschem Tempo dem sich in großer Eile zurückziehenden Hauptcorps. Gegen Abend wurde bei einem kleinen Dörfchen, Howardsville, Halt gemacht, um den beinahe verschmachtenden Leuten etwas Ruhe zu gönnen. Doch diese Rast war nur von kurzer Dauer, denn statt der erwarteten Verstärkungen des Obersten Tomkins traf einer seiner Adjutanten mit der Nachricht ein, daß eine feindliche Truppenmasse bei Guyandotte den Ohio überschritten und sich gegen Charleston bewege, Tomkins habe deshalb sämmtliche disponible Truppen dem Feinde entgegengeführt. Das war für unser geschlagenes Corps eine sehr schlimme Nachricht. Ohne Unterbrechung wurde daher der Marsch beschleunigt und gegen Abend erreichten die ersten Vortruppen Charleston. Nach und nach langten unsere Truppen fast halbtodt in Charleston an, hinter dessen Mauern sie sich geborgen glaubten. Wise selbst war so erschöpft, daß er zwei Tage lang das Zimmer hüten mußte. Die Feinde gaben sich indessen keine allzu große Mühe, uns zu belästigen, sie schoben ihre Vorposten bis auf drei Meilen gegen die unserigen vor und schienen uns beobachten zu wollen. Die andere feindliche Colonne jedoch unter General Cox rückte den Ohio herauf und machte Miene, uns in der Flanke zu fassen. Wise, von der Unmöglichkeit überzeugt, Charleston zu halten, beschloß, dem Feind zu weichen und das Städtchen aufzugeben. Rüstzeug und Vorräthe wurden rückwärts geschafft, die Brücken und Gouvernementsgebäude sowie die Baracken den Flammen übergeben. Außerdem ließ er den Bewohnern von Charleston eine seiner geharnischten Proclamationen zurück, worin er ihnen schwor, er würde nach seiner Rückkehr keinen Stein auf dem andern lassen, wenn sie mit den feindlichen Truppen in ein zu freundschaftliches Verhältniß träten. Als jedoch die Armee abzog, schauten die Bewohner der Stadt ihr mit vergnügten Blicken nach und machten gleich Anstalt, die Truppen der Union mit Jubel zu empfangen. Gleich nachdem Wise bei Gauleybridge angelangt war, sandte er seinen Sohn, den Kapitän Wise, an die Regierung zu Richmond mit Beschwerdedepeschen, daß man ihm die versprochene Unterstützung an Truppen nicht gesendet und überdies seine Armee an allem Mangel leiden ließe, während Truppen, die nichts thäten, alles Gewünschte in Hülle und Fülle erhielten. Ferner bevollmächtigte er seinen Sohn, mit General Friedrich Henningsen in Unterhandlung zu treten, um ihn zu vermögen, die militärischen Angelegenheiten der Wiselegion zu übernehmen. Henningsen war der geeignete Mann, in diese verwickelte Sache Ordnung und Vertrauen auf sie zu bringen. Mit dem Range eines Brigadegenerals bekleidet, sowie zum Zweithöchsten im Commando der Unternehmungen im westlichen Virginien ernannt, begab er sich sofort mit seinem aus dem Nicaragua'schen Kriege bekannten Stabe, bestehend aus:

Bolton, Kapitän der Ingenieure und erstem Personaladjutanten,
Shermershorn, Major der Artillerie,
Anderson, Obersten der Infanterie,
Douglas, Lieutenant der Cavalerie,
nach seinem Bestimmungsort.

Seine Ernennung zum Commandirenden der westvirginischen Truppen erregte ungeheure Sensation unter den alten Kriegern. Von allen Seiten strömten sie herbei, um unter dem Führer zu dienen, der sich in halb Europa den Namen des ersten Landsknechts erworben hatte. Es war fast rührend, als seine alten Krieger und Waffengefährten aus den spanischen und südamerikanischen Kriegen herbeieilten, um unter seinen Augen noch einmal die Waffen zu erproben. Bald hatte er eine bedeutende Menge um sich geschart und rettete die Macht und das Ansehen der Conföderation, welche von der eigenen Regierung des einen ihr unangenehmen Mannes wegen so schmählich aufs Spiel gesetzt worden waren. General Wise trat ihm das Commando gern ab. Der wackere alte Kämpe sah ein, daß er sich gegen die von allen Seiten andrängenden Feinde nicht mehr zu halten im Stande sei, er erkannte nur zu gut, daß die Regierung die Sache des Vaterlandes mit der seinigen vermengte, und ohne Ehrgeiz und Bitterkeit gab er den Commandostab seinem bewährten Freunde. Er trug das Bewußtsein in sich, dem Vaterlande reblich als echter Patriot gedient zu haben.

13.

Eine Operation am Gauley.

General Henningsen übernimmt das Commando der Wiselegion. Floyd als General. Sein Wirken und Schaffen in Whiteville. Er rückt aus. Geschenk für den Präsidenten. Floyd avancirt. Sein meisterhafter Ausmarsch. Desertionen. Floyd und Wise. Wie umsichtig der Held den Uebergang über einen Fluß bewerkstelligt. Sehr peinliche Lage des Generals. Ein Sieg des Generals Floyd. Revanche der Unionstruppen. Floyd wird angegriffen. Seine Niederlage. Eilige Flucht. Seine Berichte an das Kriegsministerium. Wie man seine Schuld auf andere Schultern schiebt. Floyd's Tapferkeit wird belobt. Die conföderirte Regierung weiß ihre Leute zu schätzen.

General Henningsen ist einer von den Männern, welche wenig sprechen, aber rasch und bestimmt handeln und sich die Liebe und das Vertrauen der Soldaten im höchsten Grade zu erwerben wissen. Gleich nach seiner Ankunft im Hauptquartier des Generals Wise hatten die Herren eine kurze Unterredung, und nachdem sie sich bald geeinigt hatten, begann Henningsen ohne Zeitverlust die Reorganisation des Heers, welches namentlich durch die fürchterlichen Märsche der letzten Zeit arg gelitten hatte. Schon nach wenigen Tagen konnte man merken, daß ein tüchtiger, gedienter Soldat den Oberbefehl hatte. Alle unnützen Elemente wurden entfernt, die Regierung aufgefordert, Verstärkungen, Munition, Waffen und Gelder zu senden, um den Truppen zum ersten mal Löhnung zu geben.

Auch erhielt der conföderirte Brigadegeneral Floyd, der frühere Kriegsminister der Unionsstaaten, welcher seinen Werbebezirk in Whiteville an der Virginia- und Tennessee-eisenbahn aufgeschlagen hatte, Befehl, seine Anordnungen zu beeilen und sich zur Unterstützung der Wiselegion bereit zu halten. General Floyd liebte jedoch die Ruhe, empfing auf seinem in der Nähe gelegenen Landgute seine Freunde, welche sich an der wohlbesetzten Tafel und den feinen Weinen gütlich thaten. Diese Feste bestritt der General wahrscheinlich mit dem Gelde, welches er aus reiner Vergeßlichkeit und gewiß ganz arglos aus Washington mitgenommen hatte und welches er jetzt doch unmöglich zurücksenden konnte. Ueberhaupt waren Floyd und Wise erbitterte Feinde. Floyd lächelte über die Schlappen, die General Wise trafen, und wenn man ihn bestürmte, sich mit seinen Anordnungen zu beeilen, erwiderte er, sobald seine Truppen gesammelt seien, werde er sich in Bewegung setzen, zugleich mache er sich dann verbindlich, den General Rosenkranz binnen 14 Tagen über den Ohio zu jagen.

Man sieht, Floyd hatte alle Eigenschaften, sich einen unsterblichen Namen zu machen; einstweilen blieb er jedoch ruhig auf seinem Landsitze und erst nachdem er mehrere mal bringend aufgefordert worden war, beschloß er aufzubrechen und General Wise unter seine schützenden Fittiche zu nehmen. Zuerst organisirte er seinen Generalstab; Chef desselben wurde der Herausgeber und Eigenthümer des „Lynchburger Republican" (das Blatt stand in Floyd's Sold und hatte die Bestimmung, fortwährend den großen General anzupreisen). Erster Adjutant war der Redacteur des obigen Blattes; Chef der Ingenieure ein ehemaliger Maschinist; Chef der Cavalerie ein ehemaliger Farmer, Hamann, welchem er feierlich versprochen hatte, die Cavalerie wieder gerade so zurückzubringen, wie er sie mit in den Krieg nahm, d. h. ohne allen und jeden

Verlust. Der General hatte also jedenfalls vor, seine Soldaten so viel als möglich zu schonen und sie auch von den Schlachten, die manchmal gefährlich werden können, zurückzuhalten. Also diese außerordentlichen Arrangements waren endlich getroffen, und General Floyd beschloß, seine Siegeslaufbahn zu beginnen. Seine Bagage und Artillerie wurde an das Eisenbahndepot gebracht, um so weit als thunlich mit der Eisenbahn befördert zu werden. Doch wurde hier die Erfahrung gemacht, daß es keine Vorrichtungen gäbe, um Wagen und Pferde zu verladen. Drei Monate lang hatte der große General sein Quartier in Whiteville gehabt und wußte nicht einmal, was er mit der Eisenbahn versenden konnte und was nicht. Jetzt ertheilte er Befehl, Bagage und Artillerie nach dem 40 Meilen weiter nördlich gelegenen Depot Neubern zu transportiren, um dort die Verladung vornehmen zu lassen. Nach einem dreitägigen Marsche machten die damit beauftragten Offiziere auch hier die traurige Erfahrung, daß es hier ebenfalls keine Vorrichtungen zu dergleichen Transporten gäbe. Die Wagenzüge und Batterien mußten also wieder ihren Weg zurückmachen, um von Whiteville über die Gebirge nach ihrem Sammelplatz White-Sulpher-Spring zu rücken. In dieser Zeit beschenkte Floyd den Präsidenten Davis mit einem Gespann prächtiger Pferde, welche nach den Berichten der Journale 2000 Dollars gekostet hatten. Alle Welt wußte jedoch, daß der arme Floyd früher nichts als Schulden gehabt hatte, und wunderte sich, wo denn jetzt auf einmal die 2000 Dollars baares Geld herkämen. Die böse Welt vermuthete, sie rührten ebenfalls von dem Gelde her, welches er von Washington mitgenommen und wiederzugeben vergessen hatte. Präsident Davis empfing die Gäule mit vergnügtem Lächeln und ernannte Floyd zum vollen General der conföderirten Armee, während der ehrliche Wise blos ein halber bei den Volontärs war.

Wie ein Bandwurm fing die Brigade Floyd an, sich vorwärts zu bewegen, während sein Chef des Generalstabes sowie sein Personaladjutant den meisterhaften Marsch in dem „Lynchburg Republican" ausposaunten. Das seit sechs Wochen aufgehäufte Mehl an Wolf's-Creek fanden sie verdorben, die Brücken über die Gewässer zerstört, die Wege in einem solchen Zustande, daß es selbst für den Fußgänger schwierig war, vorwärts zu kommen, geschweige denn für Bagage und Artillerie. Noch nicht 40 Meilen vorgerückt, stürzte einer seiner gezogenen Zwölfpfünder über einen Abhang und tödtete Reiter und Bespannung. Man sieht, die Operationen begannen mit schlechten Vorzeichen; auch rissen seine Truppen an jeder Ecke, an jedem Hause aus, und als er endlich nach einem sehr beschwerlichen Marsche den ihm angewiesenen Platz erreichte, zählte seine Brigade, welche beim Abrücken 3400 Mann stark war, nur noch 1200 Mann. Also, ehe er noch das Schlachtfeld erreichte, hatte er schon durch sein Feldherrntalent seine Brigade ruinirt.

Unterdessen hatte die Legion Wise unter der tüchtigen Administration des erfahrenen Generals Henningsen eine gänzliche Umgestaltung erfahren und mit den wenigen Mitteln, welche ihm die Gehässigkeit der Regierung von Richmond zu Theil werden ließ, hatte er wirklich Großes geleistet. Offiziere und Soldaten hatten Vertrauen zu ihm, welches er vollkommen rechtfertigte. Schade, daß dieser Mann nicht auf der andern Seite diente; er hätte in der Unionsarmee eine große Rolle gespielt. So aber haßte ihn das conföderirte Gouvernement, erstens weil er ein Fremder war, dann auch, weil man seine militärischen Talente kannte und fürchtete, dieser Flibustiergeneral möchte einst, unter Umständen, der ganzen corrupten Regierung gefährlich werden, und um dieses zu vermeiden, suchte man ihn von einem großen Commando fern zu halten. — Nach langem Warten endlich erschien die

Tête der Brigade Floyd und mit ihr der General selbst.
Merkwürdig war das Wiedersehen der Generale Wise und
Floyd. Wie Hund und Katze maßen sie sich. General Floyd,
als der höhere im Range, erwartete mit höhnischem Lächeln
die Ansprache des Generals Wise sowie seine Rapporte in
Betreff der Brigade und Fragen nach Verhaltungsbefehlen. Es
war wirklich niederschlagend, diesen alten Mann, welcher zwar
kein glückliches, aber doch immer ein ehrenhaftes Treffen bestanden hatte, hier als Untergebenen eines Menschen zu sehen,
den er nicht allein haßte, sondern noch vielmehr verachtete,
und von dem er überzeugt war, daß er alle möglichen Chicanen ergreifen werde, ihn seine Ueberlegenheit überall fühlen
zu lassen. Mit stolzer Haltung und finsterm Blick erschien
General Wise, die ihm dargebotene Hand verschmähend, und
stellte sich ihm mit kurzen kräftigen Worten zur Disposition.
Auf das Verlangen des Generals Floyd, ihm den Bestand
seiner Truppen mitzutheilen, antwortete Wise, daß er dem
Chef seines Generalstabes den Befehl geben werde, die Listen
darüber vorzulegen, und damit trennten sich die beiden Heerführer noch unversöhnlicher wie zuvor.

General Floyd erhielt noch denselben Tag Verstärkungen
von einem Mississippi-, Louisiana- und Virginiaregiment, sowie neun Stück Geschütz der regulären Armee, wodurch seine
Brigade wieder zu einer stattlichen Stärke heranwuchs. Des
andern Tags erschien ein Armeebefehl für General Floyd und
Wise, die unter ihrem Commando stehenden Truppen zu sammeln und damit nach Sewell-Mountain vorzurücken. Floyd
rückte sofort auf der westlichen Seite dahin und die Wiselegion folgte ihm in einigen Tagen. Er vertrieb rasch die
aufgestellten feindlichen Vorposten und näherte sich sofort dem
Orte seiner Bestimmung. General Rosenkranz zog seine vor-
geschobenen Posten von Locustlane weg und nahm seine
Stellung bei Hawksnest, um von hier aus die weitern

Operationen unserer Generale abzuwarten. Floyd erreichte mithin unbelästigt Dogwoodgap, wo die Straße von Summersville die von Lewisburg nach Charleston durchschneidet. Hier ließ er eine kleine Batterie errichten, um eine Flankenbewegung des Generals Cox, welcher zu Carnifax=Ferry mit ein paar Tausend Mann stand, zu verhindern. Die Hauptstärke unserer Truppen nahm dann ihre Richtung nach Picketsmill, einige Meilen von den feindlichen Vorposten. Kaum hier angelangt, wurden wir durch zwei Ordonnanzen benachrichtigt, daß die feindlichen Generale Mathews und Tyler Miene machten, unsere Nachhut anzugreifen. Sofort ließ Floyd sein Lager abbrechen und trat gegen Mitternacht seinen Marsch an, um seine Nachhut sowie seine Bagage zu retten, welche jedenfalls sehr gefährdet war. Wise und Henningsen erhielten Befehl, Picketsmill unter allen Umständen zu halten und ein etwaiges Flankenmanöver vor Hawks=nest zu verhindern. Floyd marschirte mit seiner Brigade rasch nach Carnifax=Ferry, wo er auch im Laufe des Vormittags anlangte. Kaum an Ort und Stelle, brachte er in Erfahrung, daß die Unionstruppen eine Rückwärtsbewegung ausgeführt hätten, um einen Angriff unserer Truppen auf Hawksnest zu vereiteln. Floyd beschloß sofort, die vom Feinde versenkten Fahrboote zu heben, seine Truppen ans jenseitige Ufer zu setzen und die vom Feinde aufgegebene günstige Position einzunehmen. Als der Chef der Ingenieure Floyd die Vollendung der Herculesarbeit anzeigte (wozu er volle 24 Stunden gebrauchte, während General Price in kaum halb so viel Zeit mit einer Armee von 13,000 Mann den Osaga passirte), wurden auch ohne Säumen die Truppen an das jenseitige Ufer befördert. Glücklich erreichte die Infanterie das jenseitige Ufer, doch beim Transport der Cavalerie schlug das größte Boot um und sechs Mann und zwei Pferde ertranken. Der arme General befand sich in einer äußerst schlimmen Lage.

Seine ganze Infanterie stand auf dem jenseitigen Ufer, während seine Cavalerie und Artillerie noch auf dem diesseitigen sich befanden. Die Verlegenheit, welche infolge dessen unter der Infanterie entstand, wurde von Minute zu Minute bedenklicher, denn sollte der Feind auch nur das Geringste von der Situation Floyd's erfahren, so würde er keinen Augenblick gezögert haben, die ganze Armee ohne Kampf gefangen zu nehmen. Der General schrie nun seinem Chef der Ingenieure auf der andern Seite zu, Boote bauen zu lassen, doch der arme Junge würde eher den Mond vom Himmel geholt als ein Boot gebaut haben; er that deshalb das Beste, was er thun konnte, er ritt spornstreichs zu Wise und Henningsen, um sie von der trostlosen Lage ihres Waffengefährten in Kenntniß zu setzen, was im Lager allgemeine Heiterkeit erregte. — Henningsen sandte seinen Ingenieurchef, Kapitän Bolton, welcher Flösse baute, die wohl geeignet waren, den vom langen Regen geschwollenen Fluß zu überschreiten. Unterdessen arbeitete Floyd recht eifrig daran, seine Position zu verbessern, sowie sich durch Streifpatrouillen von den Bewegungen des Feindes in Kenntniß zu setzen. Am nächsten Morgen, nach dem Uebersetzen der Infanterie, liefen Nachrichten ein, daß der Feind sich in großen Massen von Gauleybridge herunterbewege und Croßlane bereits besetzt habe. Die Unionstruppen hatten also von dem Unglück Floyd's mit den Ferrybooten schon gehört und beeilten sich, seine Infanterie abzufangen. General Tyler war seiner Sache, Floyd sammt seiner Infanterie gefangen zu nehmen, so sicher, daß er seine Aufgabe nicht ernst genug behandelte. Statt erst die richtigen Nachrichten von Floyd's Stellung und Stärke einzuziehen, war er unvorsichtig genug, die Vorposten seiner Feldwache blos 200 Schritt von seinem Lager aufzustellen. Als daher Floyd benachrichtigt wurde, daß die Stärke der Unionstruppen nur 1200 Mann betrüge, beschloß er selbst diese anzugreifen. Der Schlag traf gut; er warf die feindlichen Vorposten und Feldwachen durch einen raschen Angriff auf die Truppen und drang mit ihnen zugleich ein. Doch war dieser Handstreich von keiner besondern Bedeutung, denn die feindlichen Truppen wurden mit nur kleinem Verluste zurückgeworfen, allein der Chef seines Generalstabs beglückte die Leser seines Journals mit einem Siegesbulletin, als ob Floyd ein zweites Jena geliefert hätte. Floyd wußte natürlich um die kleinen Taschenspielerkünste seines Chefs, allein er liebte es leidenschaftlich, sich wenigstens einmal als großen General gedruckt zu sehen.

Diese kleine Affaire machte ihn sowie seine Truppen übermüthig, man sprach von nichts weniger, als die Forcen zwischen die des Generals Rosenkranz und Cox zu schieben, jenen gegen Hudsonville zu werfen, diesen von seiner Retirade auf Charleston abzuschneiden und gefangen zu nehmen; kurz, man sieht, der große General ging mit Napoleonischen Plänen und Ideen um. Es war ihm ein ganz Leichtes, den General Rosenkranz im Handumdrehen in die Berge zu werfen. — Seine Quartiermeister erhielten Befehl, für zehn Tage Lebensmittel herbeizuschaffen, was auch geschah, und nachdem seine Truppen etwas gerastet, beschloß er, seine Operationen ins Werk zu setzen. Kaum hatte jedoch Rosenkranz von dem Ueberschreiten des Gauley durch Floyd's Truppen sowie von der Schlappe, welche Oberst Tyler erhalten, gehört, als er schnell wie der Blitz vor der Front der Floyd'schen Brigade erschien, die eben zu operiren anfing. Wüthend, wie ein angeschossener Eber, stürzte sich Rosenkranz auf Floyd's Truppen, denn trotz der Ermüdung seiner Leute, welche einen Marsch von 25 Meilen zurückgelegt hatten, gönnten sie sich keine Erholung, sondern gingen sofort zum Angriff über. Nur mit Mühe und Noth konnte sich Floyd in seiner Position halten. Schon brach die Nacht an, als Rosenkranz seine Truppen nochmals zum Sturm führte und Floyd nach einer kurzen Gegenwehr aus allen Stellungen herauswarf. Ohne sich auch nur einen Augenblick nach seinen Truppen umzusehen, war Floyd sammt seinem Stabe der erste, der das jenseitige rettende Ufer des Gauleyflusses betrat. Bald eilten auch die Soldaten in unordentlicher, wilder Hast herbei, um die schützenden Wellen zwischen sich und ihre Verfolger zu bringen. Nur der großen Ermüdung der Rosenkranz'schen Truppen war es zuzuschreiben, daß noch ein so großer Theil das jenseitige Ufer erreichte. Kaum hatte sich Floyd von seiner Angst und seinem Schrecken erholt, so wußte er sich dem Publikum gegenüber wieder in ein glänzendes Licht zu stellen. Folgender Rapport wurde an das conföderirte Kriegsministerium abgesandt:

„Ich bin fest überzeugt, daß ich General Rosenkranz auf Sussansville zurückgeworfen, die Armee Cox geschlagen und selbst nach einem Marsche das Canowhathal hinunter mich der Stadt Charleston bemächtigt hätte, wenn jene Verstärkungen eingetroffen wären, die General Wise auf meinen Befehl mir zu schicken verpflichtet war. Ich bin überzeugt, daß ich mit einer Armee von 6000 statt 1500 Mann den Feind vernichtet und den Rest gefangen genommen hätte.

J. B. Floyd,
C. S. A."

Nun aber war es Thatsache, daß, sobald General Floyd den General Wise um Verstärkungen angegangen, derselbe ohne Säumen den General Henningsen mit dem Arrangement beauftragte, welcher auch sofort 2000 Mann in Eilmarsch abgehen ließ. Ja, Henningsen gab noch Befehl, daß zwei weitere Regimenter in einer halben Stunde nachrücken sollten, sodaß er sich von allen nur möglicherweise disponibeln Truppen entblößt hatte; ja, er hatte deren sogar mehr zur Unterstützung Floyd's abgegeben, als er mit Recht konnte, allein ihm gebot seine Pflicht. Leider langten seine Truppen an, als der leichtfüßige General Floyd schon mit seiner geschlagenen Mannschaft das andere Ufer erreicht hatte und die Balkenbrücke abgebrochen war. Es ist also nicht anders, als daß Floyd jenen Offizier, welcher eine Depesche an Wise zu überbringen hatte, gleich selbst über den Gauley begleitete. Wäre er geblieben, Rosenkranz hätte ihn ohne Zweifel in einem Käfig nach Washington geschickt.

Den größten Theil seiner 4000 Mann starken Brigade rettete Floyd. Trotz der einfachen gebiegenen Darstellung über den Sachverhalt dieser Affaire, welche Wise und Henningsen an das Kriegsdepartement einsandten, wurde dem General Floyd Glauben geschenkt und er wegen seiner großen Bravour gelobt. Man sieht, die conföderirte Regierung wußte ihre Leute zu schätzen!

14.

Camp Defiance. Cheat-Mountain. Cotton-Hill.

General Wise geht auf Fayette-County. Vergeblicher Angriff. Floyd geht nach Big-Sewell-Mountain. Henningsen und Wise verschanzen sich in Camp Defiance. General Lee rückt nach Huttonsville. Floyd, Wise und Henningsen operiren gegeneinander. Erbitterung der beiden Brigaden. General Lee als Friedensstifter. Er concentrirt eine Armee von 28,000 Mann. Jackson's Schlappe bei Cheat-Mountain. Aenderungen im Commando. Floyd wird Obercommandant. Wise und Henningsen zur Verantwortung gezogen. Floyd zertrümmert die Wiselegion und geht nach Cotton-Hill. Vorpostengefecht. In der Nacht. Deutsche Soldaten und deutsche Lieder. Rosenkranz verjagt Floyd. Oberst Croghan fällt. Floyd wird nach Tennessee versetzt. Die Wiselegion in Richmond.

Als General Floyd zu Carnak-Ferry stand, marschirte General Wise den Big-Creek hinunter nach Fayette-County, wo die feindlichen Truppen in ziemlich großer Stärke standen. Er hoffte die Stellung des Gegners zu flankiren und schickte Oberst Anderson mit seinem Regiment über einen schmalen Gebirgszug, welcher jedoch als vollständig ungangbar sofort wieder verlassen werden mußte. Unterdessen hatte sich am Big-Creek zwischen unsern und den feindlichen Batterien ein heftiger Geschützkampf entsponnen, unsere Tirailleure unterhielten mit den Feinden ein lebhaftes Feuer, das jedoch ohne Resultate war, sodaß Wise am Ende sich genöthigt sah, seine alte Stellung wieder einzunehmen. Unterdessen setzte Floyd seinen Rückzug gegen Big-Sewell-Mountain fort, wo er einige Tage rastete, um seine ganz erschöpften Truppen etwas aufathmen zu lassen. Dann hielt er einen Kriegsrath, welcher den einstimmigen Beschluß faßte, noch ein wenig weiter zu laufen. So retirirte die Armee noch weitere 20 Meilen. Wise und Henningsen erklärten Floyd, daß er getrost nach Meadow-Bridge retiriren könne, sie dagegen beschlossen hätten, ihre jetzige Stellung zu befestigen und zu behaupten. General Henningsen befahl dem Kapitän Bolton, ein verschanztes Lager zu errichten, welches den Namen Camp Defiance erhielt. Wise billigte den Plan, sich hier zu halten und mit dem im nordwestlichen Theile von Virginia stehenden General Lee in Verbindung zu bleiben und einen gegenseitig besprochenen Plan in Ausführung zu bringen.

General Lee hatte nämlich die Aufgabe, mit dem Reste von Garnett's Corps, das größtentheils durch M'Clellan vernichtet war, sowie mit bedeutenden Verstärkungen die nordwestlichen Counties, welche vom Feinde stark besetzt waren, von demselben zu reinigen und sie der Regierung wieder zu unterwerfen, welcher Umstand von beträchtlichem Einflusse war. Schwierig war das Problem, allein Lee schreckte nicht zurück, er begann mit seinen zusammengezogenen Truppen von Huntersville nach Huttonsville zu marschiren, daselbst wollte er den an Thygarts-River stehenden Unionsgeneral Reynold mit seinen 6000 Mann abfangen. Er beorderte sofort den zu Greenbrer-River stationirten General Jackson, mit seiner Brigade nach dem durch General M'Clellan berühmten Paß Cheat-Mountain zu bringen und den Feind zu umgehen. General Jackson vollführte seine Aufgabe mit gewohnter Tüchtigkeit und erreichte bald sein Ziel, obgleich die Wege durch den anhaltenden Regen im schlimmsten Zustande waren und ihm daraus große Beschwerden erwuchsen. Hier fand er jedoch den Feind durch Blockhäuser und Verschanzungen vollkommen geschützt und vorbereitet. Als das zwischen Jackson und Lee verabredete Signal nicht gegeben wurde, zog sich ersterer, ohne auch nur einen Schuß mit dem Feinde gewechselt zu haben, in seine vorige Stellung mit großer Mühe zurück. Da erfuhr er, daß Lee mit seinen Truppen im Canowhathal vorrücke, um die Generale Wise und Floyd von ihren respectiven Commandos zu entheben und die Feinde aus den westlichen Grenzen zu vertreiben. Sofort nahm er mit seinen gesammten Truppen die Richtung nach Meadow-Bridge, wo Floyd sein Hauptquartier aufgeschlagen hatte, während Wise und Henningsen ihre Stellung bei Sewell-Mountain hielten. Floyd, welcher sich entsetzlich ärgerte, daß er so weit mit seiner Brigade gelaufen war, beorderte Wise, kraft seiner Stellung als Brigadegeneral, Sewell-Mountain aufzugeben und sich auf Meadow-Bluff zurückzuziehen, indem die Stellung dort sicherer wäre. Der alte Wise kannte jedoch Floyd zu gut, um nicht vorauszusehen, Floyd würde, sobald er diesen Befehl ausführe, den Abmarsch von Wise's Truppen benutzen, um auf einem andern Wege in die aufgegebene Position einzurücken. Dadurch würde er seine Ehre gerettet und Wise dem Gelächter der Oeffentlichkeit wegen seiner Flucht preisgegeben haben. Deshalb blieb Wise in seiner festen Stellung und beachtete Floyd und seinen Befehl gar nicht weiter. Floyd sandte jetzt an das Kriegsministerium Beschwerden und Klagen über die Generale Wise und Henningsen und es trat zwischen beiden Brigaden ein solcher Haß und eine solche Erbitterung ein, daß der Feind, wenn er Wind davon gehabt hätte, mit leichter Mühe beide hätte vernichten können. In dieser Zeit erschien Lee mit einem Theile seiner Truppen und übernahm den Oberbefehl. Er schlug sein Hauptlager in Floyd's Nähe auf, und nachdem er mit ihm eine lange Rücksprache genommen, eilte er in Wise's und Henningsen's Lager, um sich von dem Zustande der Brigade zu überzeugen und um alle Mishelligkeiten, welche sich zwischen Wise, Floyd und ihren Brigaden eingeschlichen, zu beseitigen. General Lee ist ein offener, ehrlicher Soldat, frei von aller jener Anmaßung, mit der die jüngere Generalität sich so gern zu brüsten pflegt. Mit Offenheit gaben ihm Wise und Henningsen die nähern Details ihrer Plane genau an, worauf er sich sofort in Begleitung der beiden Generale von der Stellung der Brigade sowie deren Befestigungen in Kenntniß setzte. Nach einer genauen umfassenden Inspection drückte er beiden Generalen seine vollkommene Anerkennung über den tüchtigen, kampffähigen Zustand der Brigade aus und kehrte wieder nach Meadow-Bluff zurück. Sofort befahl er dann dem General Floyd bis nach Big-Sewell-Mountain vorzurücken und seine Stellung ohne Zeitverlust zu befestigen. Floyd ging mit seiner durch große Verstärkung angewachsenen Armee ans Werk und in kurzem hatte er seine Vertheidigungslinie auf eine Länge von vier Meilen ausgedehnt. Während der Zeit stand General Rosenkranz unthätig diesseits Sewell-Mountain und ließ die Arbeiten von Wise und Floyd blos durch vorgeschickte Detachements beobachten, ohne sie nur durch einen Schuß zu beunruhigen. Unterdessen rückten Lee's Truppen heran und brachten die Armee im westlichen Virginien auf eine Stärke von 28,000 Mann, mit einem sehr guten Artilleriepark. Kaum hatte Lee die sämmtlichen Truppen concentrirt und die Vorbereitungen zu einem allgemeinen Angriff getroffen, als unsere ausgesandten Patrouillen und Streifcommandos die Nachricht brachten, daß Rosenkranz in der Nacht seine Truppen gesammelt und in seine Stellung von Gauley-Bridge zurückgekehrt sei. Die erwartete Schlacht zerfiel somit in nichts, da Lee es wohlweislich unterließ, dem Feinde zu folgen. Rosenkranz dagegen hatte kaum Gewißheit von der Anwesenheit Lee's sowie seiner Truppen am Big-Sewell-Mountain, als er mit aller Schnelligkeit sein bisheriges Verhalten aufgab und von Gauley=Bridge über Sussansville gegen den Greenbrierfluß zuging, wo unter General Jackson ein Beobachtungscorps aufgestellt war. Dieser hatte nicht die geringste Ahnung von dem Unheil, welches sich über seinem Haupte sammelte; er wußte, daß sich beide Armeen am Sewell befanden, und gab sich einer angenehmen Ruhe hin. Meldungen über feindliche Truppenbewegungen auf der Straße nach Sussansville schenkte er nicht die geringste Beachtung, ja er verlachte die unnütze Furcht seiner Offiziere. Eben hatte General Jackson eine kleine Gesellschaft von Offizieren in seiner Wohnung versammelt und fühlte sich recht behaglich, denn es wüthete draußen einer jener herbstlichen Stürme, welche Freund und Feind zur Unthätigkeit verdammen, als ein Adjutant mit der Nachricht hereinstürzte, daß sich ein großes Truppencorps von Cheat=Mountain herunterwälze. Man lachte über das, was man für unmöglich hielt, und General Jackson beorderte Oberst Rust, mit einem Bataillon dieses wahrscheinlich unvorsichtigerweise zu weit vorgedrungene Streifcorps zu vertreiben. Im selben Augenblick hörte man ein heftiges Gewehrfeuer, dem bald der dumpfe Donner der Kanonen folgte. Alles stürzte ohne Kopfbedeckung hinaus, um an seinen Bestimmungsort zu eilen. Doch schon drangen aus einem Passe die Feinde hervor und unterhielten ein lebhaftes Gewehrfeuer, welches die größte Unordnung und Verwirrung unter Jackson's durchaus unvorbereiteten Truppen anrichtete. Vergebens boten die Offiziere alles Mögliche auf, ihre Truppen zu sammeln und sie zum Stehen zu bringen; allein unter die eben aus ihrer Ruhe aufgeschreckten Soldaten etwas Ordnung und Kaltblütigkeit zu bringen, war unmöglich, und General Rosenkranz ließ ein so verderbliches Feuer auf die sich sammelnden Colonnen richten, daß sie stets wie eine aufgescheuchte Vogelschar auseinanderflogen. Bald war Jackson gezwungen, seine Stellung aufzugeben und sich in die Gebirge zurückzuziehen, wo er endlich nach großem Verlust am Font-Creek Halt machte. Der Feind, vollkommen mit seinem Erfolg zufrieden, zerstörte alle errichteten Bauten, Baracken, Befestigungen und trat dann, mit großer Beute beladen, seinen Weg nach Gauley-Bridge wieder an. General Lee hat nie Jackson über jenen Unfall zur Rechenschaft gezogen, weil er wol selbst einige Schuld hatte, denn nachdem Rosenkranz von seiner Front abgezogen war, mußte er voraussetzen, daß dieser General seine sichere Stellung nur verließ, um einen bessern Erfolg auf einer andern Seite zu erzielen. Er mußte also Jackson sofort von den Bewegungen des Rosenkranz'schen Heeres in Kenntniß setzen und ihn zur größten Vorsicht ermahnen. Lee, sonst ein so tüchtiger Führer, gebrauchte an diesem Tage nicht die nöthige Sorgfalt und mußte bitter dafür büßen. Ein Glück noch war es, daß in diesen Gebirgen jetzt schon der Winter eintrat und die Soldaten beider Parteien zur Unthätigkeit verdammte.

Der Kriegsminister, ärgerlich darüber, daß General Lee Rosenkranz vor Sewells-Mountain hatte entschlüpfen lassen, entsetzte ihn seines Commandos und sandte ihn nach Georgia und Südcarolina. General Loring wurde zur Verstärkung Stonewall Jackson's nach Winchester beordert, und General Jackson, welcher die Niederlage bei Cheat-Mountain erlitt, wurde nach Louisiana versetzt. Wise und Henningsen wurden nach Richmond beordert, um sich gegen die vorliegenden Beschuldigungen zu vertheidigen, und während ihrer Abwesenheit wurde Floyd Obercommandant beider Brigaden.

Auf diese Weise war die westlich-virginische Armee bald umgeändert. Floyd benutzte seine Stellung als Obercommandant so klug und so zu seinem Vortheil, daß es eine Freude war. Sofort beim Antritt seiner neuen Stellung mengte er Artillerie und Cavalerie so durcheinander, daß es für Wise eine ungeheure Arbeit erfordert hätte, sie wieder zu sondern.

Als sich jedoch der Winter in seiner ganzen Strenge entwickelte, ersuchte er den Kriegsminister, ihn sammt seiner Brigade nach Cotton-Hill im Canowhathale zu versetzen, weil er dort mehr Gelegenheit habe, mit Rosenkranz anzubinden. Der Kriegsminister gestattete diesen Marsch und eines Tages zog Floyd ab, nur noch Trümmer von der Wiselegion zurücklassend, denn seine Artillerie, Pferde, Rüstzeug, kurz, alles was er für gut und brauchbar hielt, nahm er an sich und zog mit seinen Truppen und seiner Beute nach Cotton-Hill an der Westseite des Canowha. Cotton-Hill liegt in Fayette-County am Canowhafluß, gerade gegenüber der Mündung des Gauleyflusses. Von den Höhen Cotton-Hills sah man die Lager der feindlichen Truppen ausgebreitet daliegen, welche sich in einer Länge von mehreren Meilen dahinzogen, während Rosenkranz sein Hauptquartier in Hawksnest in der schönen Plantage des in unserm Heere dienenden Obersten Tomkins hatte. Von der Spitze des Hauses wehte gleichsam zum Hohne des Besitzers die Unionsflagge.

Nach einem äußerst beschwerlichen Marsche erreichte Floyd Cotton-Hill und sein erster Schritt war, sich aller auf dem Canowhaflusse liegenden Fähren zu bemächtigen. Kurz nach seinem Eintreffen entwickelte sich auch schon ein scharfes Vorpostenfeuer. Es war dies ohne Zweifel eins der unangenehmsten Gefechte, die Kugeln pfiffen im Thale manchmal so massenhaft umher, daß man während des Tages gar keine Posten wechseln konnte. Hinter jeder Felsenecke, hinter jedem Baumstamm lauerten die feindlichen Jäger und wo ein Blatt rauschte, dahin zielten sie. Der kleine Krieg in diesem Thale nahm mit einer schrecklichen Erbitterung zu, denn unsere Leute mochten dem Feinde nichts schuldig bleiben; ja selbst der Strom, wie er wild dahinrauschte und dann und wann eine Soldatenleiche mit sich führte, schien an dem Kampfe theilnehmen zu wollen. Wenn der Abend dem Kampfe Einhalt that, bann hörte man weiter nichts als das Rauschen des Stromes und dann und wann ein einförmiges Soldatenlied durch die stille Nacht tönen. Oftmals konnte man dann die deutschen Soldaten erkennen, wie sie, das Gewehr beim Fuß, den vaterländischen Weisen lauschten, die von feindlicher Seite herüberklangen. Oftmals rief dann einer dieser verlorenen Posten dem andern zu: „Woher denn, Landsmann?" „Ich bin ein Baier — und Du?" „Ich bin ein Sachse." „Schon lange im Land?" — „Halt, wer da?" schallte es jetzt von allen Seiten, die Kugeln pfiffen und suchten ihre Opfer; wer weiß, ob nicht jene beiden Deutschen, die sich vor wenigen Augenblicken noch friedlich vom Vaterlande unterhielten, jetzt schon todt in der fernen, fremden Heimat lagen? Ja, ja, so ist das Los des Soldaten: Heute roth, morgen todt!

Unterdessen langte auch ein Theil der Cavalerie der Wise= legion an, während jener noch immer in Richmond um Er= laubniß anhielt, mit seiner Legion Roanoke=Island zu be= setzen, weil man dort den Feind bald erwartete. Längere Zeit schon lagen die conföderirten Truppen dem General Rosenkranz gegenüber und der ganze Krieg beschränkte sich auf das kleine Vorpostengefecht. Da entschloß sich endlich Rosen= kranz, dem unthätigen Daliegen ein Ende zu machen, passirte an einem schönen Wintermorgen in mehrern Colonnen den Canowhafluß und fing sofort an, unsere Stellung an mehreren Punkten anzugreifen. Floyd hätte nie gedacht, daß Rosen= kranz so unhöflich sein und sich bei solch einem schlechten Wetter die Mühe machen würde, ihn in seiner ohnehin un= angenehmen Stellung zu belästigen. Vorbereitungen gegen einen Angriff waren fast gar keine getroffen, indem man nicht im entferntesten daran dachte, daß wir einen Winterfeldzug haben würden. Rosenkranz hatte mithin leichtes Spiel, be= sonders da Floyd, sobald er von dem Anrücken der Feinde gehört hatte, krank wurde und den Oberbefehl dem Chef seines

Stabes übergab, welcher gleich seine Zuflucht zum eiligsten Davonlaufen nahm. Es schien eine Krankheit des Generals Floyd und seines Chefs zu sein, zu fliehen, sobald der Feind angemeldet wurde. Die Flucht wurde aber diesmal so rasch ausgeführt, daß eine Menge Staatseigenthum dem Feind als Beute in die Hände fiel. Es war indessen noch ein Glück, daß unsere Truppen so eilig als möglich ausrissen, denn die Vortruppen des feindlichen Heeres hatten sich bereits mehrmals mit ihnen engagirt, sodaß sie alle Mühe und Anstrengung nöthig hatten, den drängenden Feind abzuhalten. Mühevoll preßten sich unsere Truppen durch die schroffen, felsigen Pfade, um den Gebirgskamm zu erreichen. Zum größten Glück commandirte ein tüchtiger Soldat, Oberst Croghan, die Nachhut, die alle Angriffe energisch abwies; immer war der Oberst bei der Hand, um Angriff und Vertheidigung zu leiten, und wenn irgendjemand die Rettung von Floyd's Brigade zu danken ist, so ist es einzig Oberst Croghan. Leider sollte mein armer Kamerad nicht lange die Freude genießen, der Held des Tages gewesen zu sein. Eine Partie Wagen mit Transport hatten sich verspätet und konnten wegen Ermattung der Pferde nicht recht vorwärts. Schon drangen die ersten feindlichen Colonnen aus dem Walde hervor und feuerten einige Schüsse auf unsere Leute, welche infolge dessen ihre Flucht noch mehr beschleunigten. Da nahm Croghan 25 Mann seiner Lanciers und stürmte auf der Straße vorwärts dem Feinde entgegen, um die verspäteten Wagen zu retten; kaum war er bei denselben angelangt, so streckten ihn zwei Schüsse nieder. In ihm verlor mancher einen biedern, treuen Kameraden, der Staat einen tapfern Krieger.

Rosenkranz jagte unterdessen die Brigade Floyd's mit einer Erbitterung sondergleichen 25 Meilen weit, und erst als die Wege anfingen bodenlos zu werden und zerbrochene

Wagen, Kanonen und Gegenstände aller Art sein Vordringen hemmten, gebot er seinen Leuten Halt und überließ Floyd und seine Leute ihrem Schicksal. Floyd suchte an den düstern, felsigen Ufern des Wolfs-Creek einen Halt und versuchte seine zersplitterten Truppen wieder unter ihre Fahnen zu sammeln. Jedoch nur Trümmer brachte er zusammen. In wenig Tagen erschien ein Armeebefehl, welcher den General Floyd sammt seiner Brigade nach Tennessee bestimmte und die Wiselegion zur Completirung nach Richmond berief.

Die frühern Truppen des Generals Wise trennten sich froh und wohlgemuth von den Truppen Floyd's und nach wenigen Tagen sah Richmond ein ergreifendes Schauspiel. Die spärlichen Reste der einst so schönen Legion rückten mit fliegenden Fahnen, unter Trommelschall in das Capitol ein; Tausende von Menschen strömten aus allen Theilen der Stadt und Umgegend herbei, die Soldaten des westlichen Kriegsschauplatzes zu begrüßen. Alle Fenster waren mit Zuschauern gefüllt und manche schöne Hand wehte mit weißem Tuche den Einziehenden ein Willkommen entgegen, während die aufgeregte Volksmasse in den Straßen schrie und tobte. Doch auch manches Auge wurde trübe, denn es vermißte in den Reihen der munter Dahinziehenden einen theuern Freund, manche schwarzgekleidete Dame, das Haar vor Kummer gebleicht, mancher ehrwürdige alte Mann drängte sich zitternd durch die Reihen der Soldaten, die sie mit schmerzlichem Ausdruck überflogen, um denjenigen zu finden, welcher den letzten Gruß der auf dem Felde der Ehre Gebliebenen für sie empfangen hatte. — Der Schmerz der trostlosen Verwandten war herzzerreißend. Auf einmal nahte sich langsam ein Wagen, in dem zwei in dunkle Frauengewänder gehüllte Damen Platz genommen hatten. Es waren die Mutter und die Braut des gefallenen Obersten Croghan, sie brachten seinem

Regimente eine schöne Fahne zur Erinnerung an den braven Führer, den es verloren hatte. Am Abend gaben die Bürger der Stadt der Legion ein großes Souper und viele donnernde Toaste wurden den Generalen Wise und Henningsen und dem Vaterlande gebracht.

15.

M'Clellan, Obercommandant der Potomacarmee.

Die Unionsregierung sucht einen tüchtigen General. Scott schlägt M'Clellan vor. Dieser übernimmt den Oberbefehl über die Potomacarmee. Sein Auftreten. Zustand der Armee. M'Clellan ergreift die geeigneten Mittel, um die Soldaten zu bilden und das Heer zu reorganisiren. Er wird Liebling der Soldaten. Rastloses Bemühen des Generals. Befestigungen. Die Armee wird selbttüchtig gemacht. Exercitien. Kriegerisches Leben und kriegerischer Geist im Lager. M'Clellan's Energie und Talent.

Nach den schweren Schlägen, welche die Unionsregierung vor Bull-Run und Manassas erlitten, und nachdem sie eingesehen hatte, nur der Unthätigkeit ihrer Feinde, die nicht verstanden, größere Vortheile aus dem Errungenen zu ziehen, habe sie es zu danken, daß nicht schwerere sie trafen, blickte sie in ihrem weiten Reiche umher, um den General zu finden, welcher alle militärischen Talente und Kenntnisse besäße, um das Land vor dem sichern Untergange zu retten. Gerade in dieser Zeit hatte der junge und bisher unbekannte General Georg M'Clellan mit einem zusammengerafften Truppenkörper, auf einem nicht eben günstigen Terrain, einen solchen Sieg errungen, daß ganz Amerika voll Furcht und Hoffnung die Augen auf diesen jungen und verwegenen Soldaten richtete. Begeisterung und Vaterlandsliebe ließen ihn alle Hindernisse glücklich überwinden; derselbe Geist, der ihn beseelte, war bald Gemeingut des Truppenkörpers, den er anführte, geworden, sodaß seine Soldaten nie frugen, was von ihnen verlangt würde, sondern mit Liebe und Aufopferung dem Führer blindlings auf der Bahn folgten, die zu Ruhm und Sieg führte. Als er, mit geringen Mitteln ausgerüstet, trotz aller Terrainschwierigkeiten, Garnett's Armee vernichtet oder gefangen genommen, das ganze Gepäck erobert hatte, da konnte er mit dem stolzen Selbstbewußtsein der erfüllten Pflicht an seine Regierung schreiben: "In diesem Theile des Landes ist die Secession getödtet." Es waren wenige, lakonische Worte, aber von größter Bedeutung. Als, wie bemerkt, die Regierung mit Sorge und Unruhe umherblickte, um den geeigneten General zur Bildung einer Armee zu finden, die den Sitz der Regierung zu vertheidigen und die Waffen der Union siegreich zu erheben vermöchte, da trat der General Winfield Scott, der seines hohen Alters wegen diesen Posten nicht bekleiden konnte, offen und ehrlich vor den Präsidenten und schlug Georg M'Clellan vor, da dieser nach seiner Meinung alle Eigenschaften besäße, die zu diesem Posten nöthig wären. Augenblicklich ließ die Regierung den ihr so empfohlenen M'Clellan nach Washington kommen. Gleich nach seiner Ankunft wurde ihm der Oberbefehl über eine Armee angetragen, die geschlagen und versprengt war und das Vertrauen zu ihren Führern vollständig verloren hatte. Sie war bereits vor und um Washington versammelt und erwartete einen Führer, der in das bunte Chaos die gehörige Ordnung brächte. Es war keine kleine Aufgabe, eine Truppenmasse wieder neu zu beleben und zu organisiren, die durch die letzten Ereignisse alle Thatkraft eingebüßt hatte, und M'Clellan selbst konnte in dieser Beziehung seine Zweifel nicht verhehlen. Der alte General Scott wußte jedoch seine Bedenken zu beseitigen und versprach ihm mit Rath und That beizustehen, sodaß er endlich erklärte, den schwierigen Posten übernehmen zu wollen.

Ein allgemeiner Jubel verbreitete sich durch das gesammte Unionsheer, als ein Armeebefehl den Soldaten anzeigte, daß General M'Clellan, der Held von Rich=Mountain, das Obercommando übernommen habe. Alles freute sich, unter den Fahnen eines Führers zu dienen, welcher bereits so glänzende Proben seines Talents abgelegt hatte.

Als er sich mit seiner Suite zu seiner neuen Armee begab, um den Zustand der Truppen genau kennen zu lernen, war er den Soldaten kein Fremder mehr, er kam als bekannter Kamerad aus den westlichen Gebirgen Virginiens, um hier die Söhne des großen Landes zu Kampf und Sieg zu führen. Ohne sich jedoch durch die stürmischen Freudenbezeigungen der Soldaten hinreißen zu lassen, blieb er kalt und ruhig, immer nur die Eine große Aufgabe verfolgend, den kriegerischen Geist, die gelockerten Bande der Disciplin, das Vertrauen der Offiziere und Soldaten wiederherzustellen. Er unterließ nichts, um die kleinsten Einzelheiten dieser Armee hinreichend kennen zu lernen. Er ließ sich weder durch den Glanz, den ihm seine Regierung verlieh, noch durch die Lobsprüche, welche ihm von allen Seiten zu Theil wurden, verleiten, seine ausgedehnte Macht zu misbrauchen, sondern wie ein weiser und erfahrener Familienvater suchte er seine Aufgabe zu lösen und die ihm anvertraute Armee zu reorganisiren. Wie leicht konnte er seine Stellung benutzen, um alles auf einmal aufs Spiel zu setzen, seiner Eitelkeit und seinem Ehrgeize zu fröhnen; entweder konnte er dann als Held in dem Buche der Geschichte glänzen oder als Verderbenbringer eines ganzen Volkes verdammt werden!

Nichts von alledem! Seine Anordnungen bewiesen von vornherein, daß er seine Aufgabe in etwas ganz anderm erkannt habe. Gleich beim Antritt seiner neuen Würde erwies er dem Sicherheitsdienste eine ganz besondere Aufmerksamkeit; er wußte nur zu gut, daß der Soldat für den Dienst allmählich herangebildet werden muß, daß es unmöglich ist, aus dem friedlichen, ruhigen Bürger sofort einen feldtüchtigen Soldaten zu machen. Der Soldat durfte jedoch nicht glauben, daß er allein es sei, welcher trotz Regen, Sturm und Kälte seine Pflichten erfüllen müsse; manchmal wurde der äußerste Vorposten in der Nacht beim schrecklichsten Wetter, wenn er mit Furcht und Bangen seine Pflichten erfüllte und vielleicht trübe Betrachtungen über das Soldatenleben anstellte, von seinem Feldherrn um Mitternacht überrascht, den weder das schreckliche Wetter, noch die Sorge für die eigene Sicherheit zurückhielt, den Soldaten auf seinem fernsten Posten aufzusuchen, ihn auf seine Pflichten aufmerksam zu machen, sich nach seinen Waffen, seinen Kleidern, seiner Verpflegung zu erkundigen, und wenn er diesen verließ, noch einen zweiten oder dritten aufzusuchen, ja, ganze Nächte dergleichen Inspicirungen zu widmen.

Diese Aufmerksamkeit des Führers, seine persönliche Sorge um das Heer war von enormem Erfolge, das Auge des Soldaten funkelte, wenn er von diesem Führer sprach; Kälte, Hunger und Durst wurden vergessen, und vollends, wenn die Posten von ihrem Dienste ins Lager zurückkehrten und den Kameraden die Runde des Generals, sein soldatisches Benehmen schilderten, da brach lauter Jubel aus und Begeisterung bemächtigte sich der vor kurzem noch so muthlosen Soldaten. — Eine andere Hauptaufgabe, bevor er das Glück der Waffen erproben wollte, war, seine Truppen manövrirfähig zu machen, zwischen Offizieren und Soldaten freundschaftlichen Verkehr herzustellen, damit ein gemeinsames Band diese große Familie umschlinge. Die Offiziere, von der Tüchtigkeit ihres Führers überzeugt, thaten ihr Bestes, um ihm in seinem Unternehmen beizustehen. So entwickelte sich tagtäglich größere Thätigkeit im Potomacheere. Tag für Tag stiegen zum Schutze Washingtons neue Befestigungen aus der Erde, während ein anderer Theil der Truppen sich in der Handhabung der Waffen übte. Bajonnetfechten, Angriff und Vertheidigung gegen Infanterie und Cavalerie gehörten zu den täglichen Uebungen. Erst jetzt lernte der Soldat recht kennen, was er repräsentire. Die frühern Feldherren frugen nicht, ob der Soldat seine Waffe zu führen verstand, sie glaubten vollkommen ihre Pflicht erfüllt zu haben, wenn sie ihm dieselbe nur gaben. Erst nachdem der Soldat den Werth seiner Waffe kannte, konnte er dieselben schätzen. Vom Morgen bis zum Abend zogen Truppen mit klingendem Spiel durch das Lager zum Exerciren, während die bereits eingeübten in kleinen Commandos Streifzüge in die Umgegend unternahmen, Cavaleriemassen sich zum Fourragiren anschickten oder mit reicher Beute beladen ins Lager zurückkehrten. — Mit Energie wußte M'Clellan durchgreifende Reformen einzuführen, deren Werth auch bald allgemein anerkannt wurde; er brauchte nur durch das Lager zu reiten, und seine bloße Erscheinung rief in allen Zelten freudige Begeisterung hervor.

Wer es versteht, aus solchen rohen Elementen eine so feldtüchtige Armee zu schaffen, der verdient die Achtung und Anerkennung selbst beim Feinde, und am allerwenigsten werden diejenigen ihm dieselbe versagen, die aus Erfahrung wissen, welches Talent, welche Energie dazu gehören, um eine solche fast wunderbare Veränderung zu bewirken; ich wenigstens möchte mir den Vorwurf, in dieser Anerkennung der letzte gewesen zu sein, nicht machen lassen.

Die Liebe und Verehrung der Armee für ihren Führer zeigte sich besonders, als ihm später das Obercommando zu

Frederick in Maryland wieder übertragen wurde. Mit stürmischem Jubel wurde er von den Soldaten empfangen und das Resultat dieser Begeisterung war, daß er gleich Cäsar an die Regierung berichten konnte:

Veni, vidi, vici!

16.

Ereignisse in Missouri.

Vorfälle in Missouri. Deutsche Truppen. St.-Louis. General Jackson's Uebergang zu den Conföderirten. Wie Generale gemacht werden. Man sammelt Truppen in Bonville und Lexington. Oberst Marmadule's ehrenvoller Rückzug. Zerstreuung der Rebellen. General Lyon. Ueberrumpelung von Cole-Camp. Die Rebellen verstärken sich. General Price retirirt. Bewegung der Unionstruppen. Trostlose Lage der Conföderirten. Sigel versperrt den Weg. Forcirte Märsche. Die Heere nähern sich.

Während sich die Ereignisse in Virginien so traurig für für uns gestalteten, blieben die andern Grenzstaaten nicht müßig, eine ähnliche Rolle zu spielen. Den Anfang dazu machte der Staat Missouri. Die Einleitung zu den sich dort entwickelnden Ereignissen gab eine Truppenabtheilung, welche mit Bewilligung der Regierung außerhalb St.-Louis ein Lager bezogen hatte, um sich zu einem militärischen Körper zu bilden. Nicht lange jedoch ließ der Führer der Unionsarmee diese sich unter seinen Augen entwickelnde Revolution gewähren. Auf die deutsche Bevölkerung von St.-Louis und deren treue Gesinnung der Republik vertrauend, zog er einige Bataillone deutsche Truppen zusammen, marschirte nach dem Lager der Aufständischen und zwang sie nach einer ruhigen, energischen Aufforderung sich zu ergeben. Dies brachte unter den Anhängern der conföderirten Regierung eine große Aufregung hervor. Die deutschen Truppen wurden mit Steinwürfen und Pistolenschüssen empfangen, welchen schlechten Willkommen sie mit einer gehörigen Salve erwiderten, wodurch einige von den Aufrührern getödtet wurden. Die Aufregung nahm immermehr zu, und St.=Louis, diese schöne reiche Stadt, welche durch deutschen Fleiß und deutsche Kunst so groß und reich geworden war, stand auf dem Punkte, der Kampfplatz zweier erbitterten Gegner zu werden; nur der Mäßigung und Umsicht des damaligen Anführers der Unionsarmee, Lyon, war es zu verdanken, daß St.=Louis nicht die traurige Erfahrung zu machen hatte wie Richmond. Die Stadt wurde eingeschlossen, die Rädelsführer den Gerichten übergeben.

Einige Wochen nach dem Falle des Fort Sumter zog Gouverneur Jackson von Missouri seinen Schafspelz aus und zeigte sich in seiner Wolfsgestalt. Statt nämlich seinen Pflichten gegen seine rechtmäßige Regierung als Ehrenmann nachzukommen, beschloß er, mit der Staatsregierung nach Bonville zu flüchten und dort seine weitern Pläne zu verfolgen. Einer seiner ersten Acte war der, seinen Freund Sterling Price mit dem Titel „Majorgeneral" zu bekleiden, sowie mehrere Brigadegenerale in den Herren Parson, Clark I., Clark II., Slak, Stein, Hariß, Raines und Thompson zu ernennen, ferner durch eine Proclamation 50,000 Mann unter die Waffen zu rufen. Dem Majorgeneral Price sowie mehreren andern Generalen wurde Befehl ertheilt, ihre Truppen so rasch als möglich zu sammeln und sie dann schnell nach Bonville und Lexington zu dirigiren.

Gegen Ende Juni beschloß General Lyon dieser Farce ein Ende zu machen, zog einige tausend brave deutsche Truppen zusammen und segelte bis fünf Meilen von Bonville, wo er seine Leute ausschiffte und jene hungernden Rebellen zu vernichten beschloß, welche sich hier in einer Stärke von 12,000 Mann unter Oberſt Marmaduke feſtgeſetzt hatten. Marmaduke, welcher entweder ein guter Patriot der Regierung von Waſhington war oder kein zu großes Vertrauen auf die Bravour ſeiner Helden hatte, erklärte ihnen, daß er es für nothwendig halte, in Anbetracht der Ueberlegenheit des Gegners ſeine Stellung aufzugeben und eine mehr rückwärts gelegene zu nehmen. Seine Leute verweigerten ihm jedoch den Gehorſam und erklärten, daß ſie einige Schüſſe wechſeln wollten. Marmaduke verließ den Platz und übergab das Commando dem Oberſten Brand.

Nach einem kleinen hitzigen Gefecht, wo beide Parteien an hundert Todte und Verwundete verloren, zerſtreuten ſich die Rebellen in großer Unordnung.

General Jackſon und Price hatten ihr Hauptquartier zu Bonville und kaum hörten ſie von der Retirade ihrer Truppen, als ſie ohne Zögern ſich nach Lexington einſchifften.

Die durch den General Lyon zerſplitterte Armee zog weiter weſtlich; an ihrer Spitze befanden ſich die noch nicht activen Generale Clark und Parſon, ſammt einem großen Theile der in den verſchiedenen Staatsdepartements neu Angeſtellten. Man wollte verſuchen, Cole-Camp, einen 27 Meilen entfernten Punkt, zu erreichen; jedoch General Lyon, von der Feigheit der Regierung überzeugt, ordnete ſofort nach ſeiner Ausſchiffung 800 Mann ab, um dieſen Platz zu beſetzen. Kaum waren unſere Truppen bis auf 10 Meilen in die Nähe des Platzes gekommen, als ſie mit Schrecken von der Nähe des Feindes hörten. In ihrer verzweifelten Lage wurde ihnen durch einen Spion die Nachricht gebracht, daß Oberſt O'Kane in geringer Entfernung mit 700 Mann ſtände und zu ihrer Unterſtützung heranrücke. Sofort wurde denn beſchloſſen, einen vereinigten Angriff auf die unter Oberſt Cook ſtehenden Truppen auszuführen. Der Streich gelang vollkommen. Die von General Lyon nach Cole-Camp dirigirten Truppen, sogenannte Militia, glaubten, mit dem vollbrachten Marsche ihre Schuldigkeit gethan zu haben, und nachdem sie sich erfrischt und gelabt, bezogen sie ihr Lager, ohne auch nur die geringsten Vorsichtsmaßregeln zu treffen. Sie hatten aber die Ordre erhalten, dem Feinde den Weg zu verlegen und waren also von seiner Nähe vollkommen unterrichtet. Sie hatten sich jedoch mit solcher Sicherheit gelagert, daß sie nicht einmal Vorposten ausstellten, sondern sich ruhig mit ihrem guten Gewissen in Gottes Hand befahlen und einschliefen.

Während der Nacht hatten sich unsere beiden getrennten Corps vereinigt und gingen nun sofort zur Ueberrumpelung der sorglosen Feinde. Die Lagerwache wurde niedergemacht und durch die fallenden Schüsse die schlafenden Truppen geweckt. Mit lautem Hurrah fielen unsere Leute über die wehrlosen Gegner her und hatten mithin leichte Arbeit. Alles, was fliehen konnte, floh, und einer der ersten war der erbärmliche Commandant Oberst Cook, welchem allein das ganze Unheil zuzuschreiben war.

Daß natürlich dieses an sich unbedeutende Gefecht in unsern Journalen als eine Schlacht von der größten Wichtigkeit ausposaunt wurde, versteht sich von selbst. Kaum hatten unsere Truppen diesen Sieg errungen, so war auch schon wieder General Jackson da, um beim Schlusse wenigstens mitzuwirken. Nun wurde gleich beschlossen, den in der Nähe liegenden Obersten Tatten zu überfallen. Dieser jedoch, von der Ueberlegenheit unserer Truppen benachrichtigt, machte sofort eine Rückwärtsbewegung, um sich mit General Lyon zu vereinigen. Als auf diese Weise den conföderirten Truppen dieser Streich mislang, beschlossen die beiden Corpscommandanten, ihren Marsch weiter südlich auszuführen, um sich dort mit andern Truppen in Verbindung zu setzen, was ihnen auch gelang. Sobald eine Masse von 4000 Mann zusammen war, übernahm General Price persönlich das Obercommando und verlegte seine Operationsbasis nach dem Arkansasgebirge, wo Oberst Prince von der Unionsarmee mit 3000—3500 Mann stand und Miene machte, General Price von seiner Rückzugslinie abzuschneiden. Schnell entschloß sich General Price zum Rückzuge und führte ihn auch glücklich trotz vieler Hindernisse aus, sobaß er sich am 3. Juli mit andern Truppen in Cedar=County verbinden konnte. Hier vereinigten sich die Truppenmassen, um in ordentliche Brigaden eingetheilt zu werden. So erhielten die Generale Clark, Parson, Slak, Raines jeder eine Brigade von 1000 Mann, über welche General Jackson den Oberbefehl führte. Bevor die Truppen sich in Bewegung setzten, erhielt Jackson die Nachricht, daß die Unionstruppen unter dem General Lyon in nordwestlicher Richtung heranrückten und in Verbindung mit den beiden Generalen Lane und Sturgis zu kommen suchten, um dann durch eine Vereinigung in seinem Rücken mit einer großen Truppenmasse ihn zu überwältigen.

Gouverneur Jackson, seine gefährliche Lage einsehend, machte alle möglichen Anstrengungen, um dem ihm verderbenbringenden feindlichen Manöver auszuweichen. Sofort setzte er seine kleine Armee in Bewegung und führte einen jener Märsche aus, welche oft eine ganze Armee retten. Bis Abends 9 Uhr hatte er einen Marsch von 23 englischen Meilen nach vielen Beschwerden glücklich ausgeführt und konnte seiner ermüdeten Mannschaft einige Ruhe und Erholung gönnen. Den nächsten Morgen erhielt er die wichtige Nachricht, daß ein Corps von 3000 Mann unter General Sigel mittels Eisenbahn nach Rolla abging, und daß dieses Corps bereits in Carthage, einer kleinen Stadt vor seiner Front, angelangt sei, um ihm in wenigen Stunden eine Schlacht anzubieten, welche der vom langen Marsche entkräfteten Mannschaft, die noch dazu mit schlechten Waffen versehen war, sicher den

Todesstoß geben mußte. — In diesen wenig tröstlichen Verhältnissen befand sich demnach General Jackson und seine Missouriarmee: eine ziemlich starke feindliche Truppenmasse im Rücken, während General Sigel sich ihm vor die Front legte. Gouverneur Jackson entschloß sich, Sigel anzugreifen, setzte seine Armee in Bewegung und nach einem forcirten Marsche von 16 Meilen stand er in der Frühe des 5. Juli den Vorposten des Sigel'schen Corps gegenüber, dessen Truppen an dem Abhange eines Hügels in Schlachtordnung aufgestellt waren.

17.

Schlacht von Carthage.

Die Conföderirten greifen an. Cavalerieangriff. Schlechte Geschütze. Neuer Angriff. Sigel zieht sich zurück. Tirailleurkampf. Eine provisorische Brücke. Die Unionstruppen gehen bis Carthage zurück. Guerrillabanden. General Price. Die Söhne der Heide. Ruhe der Nacht. Schlachtplan. Ben M'Culloch, der Guerrillaführer. Scene im Kriegsrath. Es geht dem Feinde entgegen. Nächtlicher Marsch. Schlechter Zustand der Truppen. Marschbefehl. Aufschub.

Sobald die Missouriarmee aus der offenen Prairie debouchirte, formirte sich auch sofort eine Schlachtlinie; die Infanterie bildete einen geschlossenen Körper, der unter den Befehlen der Generale Clark, Parson und Slak stand. Die Cavalerie übernahm General Raines, während den Oberbefehl General Jackson führte. Die Infanterie bezog ihre Stellungen in einer Entfernung von 600 Schritt von dem Feinde, die Cavalerie stellte sich dagegen auf dem rechten und linken Flügel auf, um die feindlichen Truppen am rechten und linken Flügel zu fassen, während die Infanterie die Aufgabe hatte, sie in der Front anzugreifen. Einige alte Kanonen, welche unsere Truppen hatten, waren von geringer Bedeutung. Als nun die Cavalerie der Conföderirten sich entwickelte, bearbeitete Sigel's schöne Batterie sie mit Vollkugeln und Kartätschen. Jackson's Kanonen antworteten so gut als möglich, jedoch ohne Erfolg.

Die Labung bestand in Ermangelung von etwas Besserm aus Eisenstücken, Steinen u. dgl. Vergeblich versuchte unsere Cavalerie die feindlichen Batterien zu attakiren. Sigel ließ diese so geschickt manövriren, daß einige gutangebrachte Schüsse die Angreifenden stets in Unordnung zurücktrieben. Wol ein paar Stunden hatte diese Unterhaltung gedauert, als Jackson einsah, daß er mit seiner Cavalerie nichts ausrichte, und entschloß sich daher, mit seiner Infanterie die feindliche Stellung anzugreifen, während die Cavalerie in kurzen Entfernungen folgen sollte. Mit ausnehmender Bravour griffen die Missouritruppen an. Sie drangen mit Hurrah vor und Sigel, nachdem er die ersten Angriffe mühsam abgewiesen hatte, brach das Gefecht ab, führte seine Truppen über den Bear-Creek, einen ziemlich breiten, tiefen Fluß, zerstörte die Brücken und führte eine Rückwärtsbewegung aus, weil er unsere Truppen an Zahl den seinigen weit überlegen fand. Er führte sein Corps jedoch nur eine Meile weit den Fluß entlang und machte dann aufs neue Halt. Nun begann eins jener merkwürdigen Tirailleurgefechte, von denen wir in amerikanischen Kriegen so häufig zu berichten haben. Es entspann sich bei dem mangelhaften Exercitium der Truppen, bei der schlechten Uebung, in größern Massen vereinigt zu fechten, und bei der lockern Disciplin sehr bald ein Einzelkampf. Jeder suchte sich dabei seinen Mann aus, griff an, schoß, hieb, stach, alles nach Belieben, und viele Beweise von großer Kaltblütigkeit und vorzüglich sicherm Schießen wurden auf beiden Seiten geliefert. Eine kleine Weile wurde dieser Einzelkampf fortgesetzt, ohne weitern Erfolg zu haben, bis unsere Leute, des Feuerns müde, gefällte Bäume ins Wasser warfen, dieselben verbanden und so einen künstlichen Uebergang auf dieser provisorischen Brücke ausführten. In kurzer Zeit hatte eine große Anzahl der Unserigen das andere Ufer erreicht, die Cavalerie schwamm durch und Sigel, zu weit von seinen Verstärkungen entfernt, beschloß, seinen Rückzug nach Carthage, ungefähr acht Meilen, auszuführen. Mit großer Umsicht und Kaltblütigkeit begann er seinen Marsch, alle Angriffe der Conföderirten mit Ruhe abweisend.

Bei Carthage machte er Halt, um seinen erschöpften Truppen etwas Erholung zu gönnen. Nach verschiedenen nutzlosen Angriffen sah Gouverneur Jackson ein, daß er trotz seiner Ueberlegenheit nichts ausrichten konnte, und gab Befehl, den Kampf abzubrechen, um seine Verwundeten, welche in großer Masse die Straße entlang lagen, zu sammeln und für ihre Pflege Sorge zu tragen. General Sigel setzte seinen Marsch gegen Rolla fort. Gouverneur Jackson konnte mit seinen Erfolgen vollkommen zufrieden sein, indem sie die in zahlreicher Menge vorhandenen Rebellen in große Aufregung versetzten. Hunderte von Missouritrappern verließen Weib und Kind, ihre einförmigen Prairien, nahmen ihre Büchse und eilten, sich einer der in zahlreicher Menge vorhandenen Guerrillabanden anzuschließen. Den nächsten Tag kamen große Truppenmassen in Sicht, welche sich als diejenigen des Generals Price sowie des berüchtigten Guerrillaführers Ben M'Culloch auswiesen. Es waren einige Tausend jener Subjecte, welche durch Entbehrungen und Drangsale für diese Art von Krieg wie geschaffen waren.

General Sigel, jedenfalls von der Annäherung dieser zahlreichen Guerrillahaufen unterrichtet, versuchte sein kleines Corps zu retten. Der Jubel unter den Missouritruppen, als sie ihren General Price, welcher eine ernstliche Krankheit überstanden hatte, wiedersahen, war rührend. Als aber die Truppen von Arkansas sich mit denen von Missouri vermischten und die abgehärteten Burschen der westlichen Prairien und ihrer Urwälder, wo sie jahrelang mit allen Schrecknissen, dem wilden Indianer, dem hungerigen Wolf, dem dummen Bär um ihr kümmerliches Dasein rangen, hier in dieser

weiten Ebene lagerten, diese wilden Söhne der zwei westlich-
sten Staaten der Union, und manchen Gefährten aus frühern
Jahren, den sie längst eine Beute der Wölfe wähnten, oder
dessen reiches Haar sie als stolzes Siegeszeichen an einem
Indianergürtel prangen glaubten, wiedersahen, da nahmen
die freudigen Ausrufe kein Ende und der feurige Whisky und
Brandy machten die fröhliche Stimmung noch lebhafter. Es
war hier das erste mal, daß sich der berüchtigte Guerrillaführer Ben M'Culloch zeigte, welcher mit dem Range eines
Brigadegenerals der conföderirten Armee bekleidet war, und
schön war es anzusehen, wie diese braunen Kinder der Heide,
nicht achtend seiner glänzenden Uniform, seines Titels, sich
um ihn drängten, ihm ihre wulstigen Hände reichten und
die seinige fast zermalmten. Der Jubel des frohen Wieder-
sehens verhallte allmählich, der Abend war hereingebrochen
und eine feierliche Stille senkte sich auf die Ruheplätze der
beiden Armeen. Die lauten Rufe verstummten nach und
nach, die Ruhe kehrte langsam zurück, indem der Schlaf seine
Rechte geltend machte. Nur die Vorposten schlichen gleich
Schlangen nach Indianerweise nach den Prairien und Gehölzen
hinaus, um den Schlaf ihrer Brüder zu sichern und zu
schützen.

Der milde Traumgott flog über die Lagerstätten dahin
und schüttete aus seinem Füllhorn manches schöne Bild. Da
lagen sie friedlich, die starken, unbezwungenen Söhne Amerikas, die Büchse im Arm, still wie die Kinder, und träumten
von den fernen Lieben, worunter sich manchmal heitere Bil-
der von Sieg und Beute mischten, und lächelten im Traum.
Morgen liegt vielleicht auch mancher so da im hohen Ried-
gras unter den farbenreichen Prairienblumen, still und stumm,
das warme Herz von der feindlichen Kugel zerrissen, die seh-
nigen Glieder gebrochen, hingemäht wie die reife Frucht,
und träumt vielleicht den Traum der Ewigkeit, denn:

> Rasch tritt der Tod den Menschen an,
> Es ist ihm keine Frist gegeben;
> Er stürzt ihn mitten auf der Bahn,
> Er reißt ihn fort vom vollen Leben.

Den nächsten Morgen wurden die Truppen eingetheilt und der Marsch nach Conwoskin-Prairie in M'Donald-County, einer indischen Station, in der Nähe angetreten, denn man hatte in Erfahrung gebracht, daß die feindlichen Truppen unter den Generalen Sigel, Lyon, Sturgis und Sweney zu Springfield eine Vereinigung zu erzielen suchten. Bevor man daher gegen die gesammte Macht etwas unternehmen konnte, wurde zu Conskin-Prairie auf einige Tage Halt gemacht, um etwas Ordnung und eine bessere Eintheilung in die Truppen zu bringen. Durch die fast stündlich eintreffenden Zuzüge war unsere Armee schon auf 12,800 Mann angewachsen. Nachdem endlich die verschiedenen Arrangements getroffen waren, versammelten sich die Heerführer, um einen ordentlichen Operationsplan zu berathen. M'Culloch, Brigadegeneral der conföderirten Armee, führte als Commandant der regulären Truppen den Vorsitz. Nach einer längern Debatte wurde der Plan gefaßt, den Feind bei Springfield aufzusuchen und ihm eine Schlacht anzubieten. Sofort beeilte man sich dann ohne weiteres, das Beschlossene auch auszuführen. General Ben M'Culloch übernahm die Avantgarde und man richtete seinen Marsch gegen Bary-County, von wo aus man dann gemeinschaftlich die Operationen gegen Springfield beginnen wollte.

Bevor die conföderirten Truppen jedoch noch Crane-Creek erreicht hatten, kehrten einige ausgesandte Kundschafter mit der Nachricht zurück, daß die Unionsarmee Springfield verlassen. Die feindlichen Vorposten zeigten sich schon bis auf 7 Meilen vor unsern Truppen. Jetzt wurde den Unsern Halt geboten und man ließ für einige Tage einen kleinen Vorpostenkrieg walten.

Als man sich nun einige Zeit gegenseitig beobachtet und die feindlichen Generale deshalb so lange gezögert hatten, ihre Dispositionen auszuführen, sowie ihre Artillerie herbeizuziehen, verließ Ben M'Culloch aller Muth und in einer Sitzung des Kriegsrathes wurde beschlossen, die jetzige Stellung aufzugeben und den Rückzug anzutreten. Die Ursachen, welche General Ben M'Culloch zu diesem Schritt bestimmten, waren folgende: Die an Zahl weit überlegene Macht der Feinde, ihre ausgezeichnete Bewaffnung, sowie die Ueberlegenheit ihrer Artillerie, wogegen seine Truppen zu schlecht bewaffnet und zu wenig organisirt wären. Es waren dies jedoch ganz unbegründete Ausreden. Erstens waren die Unionstruppen uns nicht an Zahl überlegen, dann hatten unsere sowol wie die feindlichen Soldaten zu gleicher Zeit ihre Kriegslaufbahn begonnen, niemand hatte Zeit gehabt, sich militärisch auszubilden; im Gegentheil, war irgendwo ein Vortheil, so war er ohne Zweifel auf unserer Seite zu suchen. Abgesehen von der bessern Ausrüstung der Unionstruppen, bestanden dieselben größtentheils aus Deutschen, welche beim Ausbruche dieses Krieges ihr angenehmes bürgerliches Leben verließen, zur Büchse und zum Säbel griffen, um für ihr adoptirtes Vaterland zu kämpfen. Sie verließen ihr ruhiges, sicheres Leben und vertauschten es mit dem tausend Mühseligkeiten in sich schließenden des Krieges. Ganz anders war es auf der Seite der Conföderirten, dort war die Armee aus Elementen zusammengesetzt, welche an den Krieg und die damit verbundenen Strapazen und Entbehrungen gewöhnt waren, und zwar von Jugend auf, denn der größte Theil unsers westlichen Heeres bestand aus solchen Abenteurern, welche Krieg mit den wilden Thieren des Urwaldes, dem flüchtigen Indianer, dem verschmitzten Mexicaner von ihrer Kindheit auf führten. Diese Männer waren an alle Entbehrungen gewöhnt. Ob Regen, Hitze oder Kälte, Hunger oder

Durst sie quälte, nie hörte man diese von der civilisirten Welt sozusagen abgeschnittenen Menschen murren oder klagen; schweigsam, wie ein flüchtiges Reh, geht der Urwäldler dahin, den Kopf gesenkt, aber trotzdem Aug' und Ohr offen, Tag und Nacht bereit, für sein Leben zu kämpfen; hat er nur ein Stück Taback zum Kauen, so erträgt er die größten Strapazen leicht. Mit solchen Truppen kann ein tüchtiger General Außerordentliches leisten, jedoch M'Culloch hatte sich es heute in den Kopf gesetzt, zu laufen, und sein Kopf war hart genug, diesen Vorsatz auszuführen. Vergebens machte General Price Anstrengungen, seine Ansichten zu bekämpfen. Er proponirte ein augenblickliches Vorrücken, um die Begeisterung, die sich der Truppen bemächtigt hatte, weise zu benutzen und dem Feinde eine Schlappe zu geben, aber seine Worte gingen in den Wind. Als nun alles an dem eigensinnigen Willen Ben M'Culloch's scheiterte, bat General Price, ihm bessere Gewehre zu geben, weil er mit seinen Truppen den Angriff ausführen wollte. Aber auch dieses Ersuchen wies Ben M'Culloch ab, und ärgerlich verließ Price das Zelt.

Als noch denselben Abend sich die verschiedenen Truppenkörper zu dem Rückzug rüsteten, traf ein Adjutant Polk's, des höchstcommandirenden Generals der conföderirten Armee, im Lager mit dem bestimmten Befehl für M'Culloch ein, ohne Säumen den Feind bei Springfield anzugreifen. Kaum war er im Besitze der Depesche, als er die Führer zu sich entbot und ihnen die empfangenen Befehle des Obergenerals vorlegte, wobei er sich bereit erklärte, gegen Springfield zu marschiren, wenn ihm das Obercommando übertragen würde.

Mit kräftigen Worten entgegnete ihm General Price, daß es ihm gleich sei, in welcher Eigenschaft er fechte, wenn er nur Gelegenheit habe, für die Vertheidigung und Freiheit seines

Landes wirksam zu sein, daß er bereit sei, nicht allein seinen Posten, sondern auch sein Leben hinzugeben. Mit bewunderungswürdiger Ruhe übergab er sodann den Feldherrnstab an M'Culloch. Die ruhigen, ernsten Worte verfehlten nicht eine mächtige Wirkung auf sämmtliche Offiziere zu machen. Selbst Ben M'Culloch senkte das Auge, als sein Generalstab ihm sein ehrgeiziges Benehmen vorwarf. Er trat an General Price heran, um ihm die Hand zu reichen, aber kalt und gemessen trat dieser zurück und erwiderte: „Thun Sie, Herr Obercommandant, Ihre Schuldigkeit, wie ich bereit bin, die meinige zu erfüllen, so werden wir alle diese Stunde zu vergessen suchen."

Kaum war General Culloch ins Obercommando getreten, so erließ er eine Ordre, daß alle Unbewaffneten im Lager zurückbleiben sollten, während die mit Musketen oder Büchsen Bewaffneten dieselben in Stand setzen, 50 Patronen fassen und gegen Mitternacht mit ihren Vorkehrungen fertig sein müßten.

General M'Culloch theilte die Armee in drei verschiedene Abtheilungen, die erste übernahm er selbst, die zweite führte General Pierce, die dritte General Price. Gegen Mitternacht verließ die Armee in der Stille das Lager, Bagage, Proviant, alles zurücklassend, und nahm ihren Marsch in der Richtung nach Springfield. Die Truppen befanden sich in einer fröhlichen Stimmung und jeder war eines guten Erfolges gewiß. Man hatte die feindlichen Vorposten ungefähr 9 Meilen vom Lager entfernt zu finden gehofft; als unsere Truppen jedoch nach einem sehr anstrengenden Marsche die bezeichnete Stelle erreicht, fand es sich, daß der Feind seine Stellung schon im Laufe des vorhergehenden Tages aufgegeben und den Rückzug angetreten hatte. Unsere Truppen folgten ohne Verzug der Fährte des Feindes. Da sie keine Feldflaschen hatten, litten sie außerordentlich vom

Durst, aber trotzdem ging es vorwärts. Die entkräftete Armee lagerte sich am Abend am Big=Spring, 2 Meilen von den Ufern des Wilson=Creek, ungefähr 10 Meilen von Springfield.

Seit 24 Stunden hatten unsere Truppen, welche Proviant und alles zurückgelassen, nichts gegessen und sie griffen jetzt, völlig ausgehungert, zu dem grünen Korn, welches reichlich in den Feldern stand, um es zu essen. Für die Nacht hatten sie weder Zelte noch Decken und dabei befand sich ihre Kleidung in einem mehr wie trostlosen Zustande, ja vier Fünftel der Mannschaft hatten keine Schuhe und dennoch den beschwerlichen Marsch mitgemacht. In solcher Lage befanden sich nicht allein die gewöhnlichen Soldaten, nein, die Offiziere bis zum Generalstab hatten keine viel bessern Costüme, außer General Ben M'Culloch, der in einer prächtigen Uniform mit goldenen Litzen und Sternen zur allgemeinen Bewunderung unserer armen Soldaten herumstolzirte.

Den nächsten Morgen marschirte die Armee vorwärts nach Wilson=Creek und bezog dort von neuem ein Lager, da sich hier eine Menge Kornfelder befanden, welche Frucht zwei Tage lang die einzige Nahrung unserer Leute war. Gegen 8 Uhr abends erschien eine Ordre, welche unsere Truppen für 9 Uhr abends sich fertig machen hieß, um den Marsch gegen Springfield anzutreten. Nach einer nochmaligen Unterredung mit seinen Generalen beschloß der Obercommandant den Feind bei Tagesanbruch auf vier Seiten anzugreifen. Schon hatten die Soldaten ihren Hunger gestillt, die Munition war gefaßt, als plötzlich ein fürchterlicher Regen hereinbrach, wodurch die Marschordre für den folgenden Tag verschoben wurde.

18.

Schlacht von Oak-Hill und Wilson-Creek.

Die Uniontruppen unter den Generalen Sigel und Lyon greifen an. Die Schlacht entwickelt sich. Angriff der Conföderirten. Die alte Garde. Sigel geht zurück. Kampf im Centrum der tapfern Deutschen. Lyon muß weichen. Die Conföderirten siegen. Tod Lyon's. Seine Leiche. Rückzug der Conföderirten. Verluste an Todten und Verwundeten.

Bevor die schönen Plane M'Culloch's in Erfüllung gingen und unsere Truppen sich in Bereitschaft setzten, griff uns auch schon General Lyon an, und kaum waren die Truppen nothdürftig aufgestellt, als sich auch General Sigel auf unsern rechten Flügel und Rücken stürzte, während sich die Batterien an dem Gange der Schlacht sofort betheiligten. General M'Culloch that sein Mögliches, seine Truppen in Schlachtordnung aufzustellen sowie die hitzigen Angriffe von Sigel und Lyon abzuwehren. Die Missouritruppen, unter dem Commando der Generale Slak, Parsons und Raines, hatten die Frontlinie bezogen und von General Price den Befehl erhalten, sich so schnell als möglich über den Feind herzumachen. Nachdem diese Truppen einige hundert Schritt vorwärts gedrungen waren, stießen sie auf die Hauptmasse der Feinde, welche vom General Lyon in Person commandirt wurde. Sofort fingen beide feindlichen Fronten an, ein heftiges Kanonen- und Gewehrfeuer gegeneinander zu unterhalten, eine Unionsbatterie unter Kapitän Tatten und eine Batterie der Conföderirten führten ein wahres Duell aus, daß es eine Lust war, dem Feuern beizuwohnen. Da gab General Price den Regimentern Louisiana-Volontärs sowie einem Regimente reitender Jäger den Befehl, sich zu Fuß aufzustellen und die Batterie vor der Front wegzunehmen. Nach wenigen Minuten waren diese Regimenter zum Stürmen fertig und prächtig marschirten diese wilden Söhne der westlichen Prairien an der Front der feindlichen Armee entlang, wo sie sich mit wahrem Heldenmuth auf die in einem großen Kornfelde postirte linke feindliche Flanke stürzten. Trotz eines wohlgeleiteten Feuers behaupteten diese beiden Regimenter ihre Stellung und warfen die feindlichen Truppen auf ihre Hauptmasse zurück. Nicht sobald bemerkte General Lyon dieses Zurückweichen seiner Truppen, als er eins der in seiner Reserve aufgestellten deutschen Regimenter persönlich ins Gefecht führte. Es war ein imposanter Anblick, als diese deutschen Soldaten sich auf die bisher rasch vorgedrungenen Feinde stürzten und ihrem weitern Vorbringen durch ihre unerschütterliche Standhaftigkeit ein Ziel setzten. Während die Truppen unter General Price sich im Centrum wacker hielten und in ein hitziges Gefecht verwickelt waren, bemerkte Sigel, daß sich auf seinem linken Flügel mehrere Regimenter der Conföderirten gesammelt hatten und Miene machten, diese seine schwache Seite anzugreifen. Eine unserer Batterien hatte bereits Stellung genommen, um die Truppen durch ihr Feuer zu schützen, als Sigel schnell einige Kanonen auffahren ließ und die zum Stürmen anrückenden Regimenter mit einem mörderischen Kartätschenfeuer niederschmetterte. General M'Culloch, die schreckliche Verwirrung bemerkend, welche das feindliche Feuer unter seinen Truppen anrichtete, gab Befehl, daß das reitende Jägerregiment M'Intosh zur sofortigen Unterstützung dieses Punktes herangezogen werden sollte. Dieses Regiment war für die conföderirte Armee ein solches, wie sie Napoleon der Große stets bereit zu halten pflegte, um sie im Augenblick der höchsten Gefahr zu verwenden. Es war dieses unsere alte Garde; schon war unter den conföderirten Truppen eine solche Unordnung eingerissen, daß es die höchste Zeit war, als die reitenden Jäger zur Unterstützung eintrafen; diese warfen sich denn auch sogleich, ohne sich viel Zeit zum Formiren zu nehmen, mit Erbitterung auf jene Batterie, welche eine solche Verheerung unter unsern Leuten anrichtete. Trotz der tapfern Vertheidigung ist General Sigel gezwungen, unsern ihm bedeutend an Zahl überlegenen Truppen zu weichen, und als jetzt die Cavalerieregimenter von Texas und Missouri Miene machen, ihm den Rückzug bei einem längern Verweilen zu gefährden, gibt er seine Stellung auf.

Nachdem die conföderirten Truppen solche bedeutende Erfolge auf ihrem rechten Flügel gehabt, war es nothwendig geworden, daß sie ihr Augenmerk auf das feindliche Centrum richteten, wo General Lyon den größten Theil seines Corps hatte und mit aller Kraft auf unsere Truppen drückte. General M'Culloch gab daher Befehl zum Absitzen der Reiterregimenter der Obersten Embry und Churchill, und gab ihnen noch das Infanterieregiment Gratiot bei, während M'Raes' Regiment als Reserve für sie aufgestellt wurde, und bestimmte diese Truppen zu einem Hauptfrontangriff auf die feindliche Stellung; ein fürchterliches Feuer entspann sich nun, und dann brauste unsere Sturmbrigade voran, an ihren Flanken durch kleine Colonnen geschützt. Wundervoll vertheidigen Sigel und Lyon ihre Stellung und unsere Leute können trotz ihrer Begeisterung die Ruhe nicht erschüttern, mit der die Deutschen sich in ihrer Position behaupten. Hier konnte man wieder sehen, welch ein ausgezeichneter Soldat der Deutsche ist, sobald er aus Ueberzeugung für eine von ihm für gut und recht gehaltene Sache kämpft. Beide Theile fochten hier mit einer Erbitterung und Ausdauer, welche bewunderungswürdig war, es wurde weder Pardon genommen noch gegeben, und schon wüthete die Schlacht seit mehreren Stunden, ohne daß weder auf der einen noch auf der andern Seite große Vortheile errungen waren. Da sammelte M'Culloch einige Regimenter und versuchte eine Charge auf Kapitän Tatten's Batterie auszuführen, welche so schreckliche Verheerungen unter seinen Truppen angerichtet hatte. Rasch griffen seine Leute die feindliche Batterie an, doch ebenso schnell hatte General Lyon eine Flankenbewegung ausgeführt und schmetterte die Stürmenden nieder. Ganze Haufen wurden durch den feindlichen Kugelregen niedergemäht. Schon fangen M'Culloch's Leute an, in ihren Angriffen nachzulassen und Miene zum Weichen zu machen; da, in diesem kritischen Augenblick, wo die Glücksgöttin von dem conföderirten Banner zu weichen und der Tag schon verloren schien, eilten drei Regimenter von General Pierce's Brigade als Unterstützung M'Culloch's herbei; sofort gab der General Reid's Batterie sowie den Louisiana=Volontärs den Befehl vorzurücken, worauf sich die Schlacht im Centrum mit verzweifelten Anstrengungen erneuerte. Pierce's Truppen griffen mit dem größten Ungestüm den Feind an, sobaß dieser, durch die frischen Truppenmassen etwas stutzig gemacht, zu weichen begann. Diese kleine Rückwärtsbewegung der Unionstruppen brachte einen unendlichen Jubel unter den Conföderirten hervor, und mit einem wirklich gräßlichen Hurrahgeschrei warfen sich die Missouri=, Arkansas=, Texas= und Louisianatruppen auf den weichenden Feind und verdrängten ihn total aus seiner Stellung. Trotz der Wuth, mit welcher die Conföderirten ihre Angriffe ausführten, zeigten die deutschen Truppen eine so besonnene, ruhige Haltung, daß sie von jedem Un=

parteiischen bewundert wurden. Als General Sigel und Lyon sich von der Unmöglichkeit überzeugten, ohne Unterstützung die Angriffe der an Zahl weit überlegenen Feinde abzuwehren, gaben sie den Befehl zum allgemeinen Rückzug, den die Conföderirten nicht verhindern konnten, indem ihre Truppen nach den großen Verlusten, welche sie erlitten, selbst zu sehr erschöpft waren. General Lyon fiel während des mörderischen Kampfes, und das Obercommando ging in die Hände des umsichtigen Generals Sigel über. So endete die Schlacht von Oak-Hill, wie wir sie nannten, und die von Wilson-Creek, wie General Sigel sie in seinem officiellen Rapport bezeichnete.

Die Schlacht währte volle sieben Stunden, und mit welcher Erbitterung gestritten wurde, beweist unser Verlust von 2000 Mann an Todten und Verwundeten. Wir erbeuteten ein paar demontirte Kanonen sowie einige hundert Musketen. Der Feind verlor an dem Obergeneral Lyon einen tapfern Vertheidiger des Staates von Missouri und einen seiner bravsten Patrioten. Er fiel in dem Augenblicke, wo er seine Truppen durch Wort und That begeisterte. Zwei Schüsse durch das Herz gaben ihm einen schnellen Tod. Nach der Schlacht kam sein Arzt unter einer Parlamentärflagge, um seine Leiche zu holen, und General Price war artig genug, ihm seinen eigenen Wagen zur Verfügung zu stellen. Von Springfield konnte jedoch die Leiche der Hitze halber nicht gleich weiter transportirt werden, und General Price beorderte die Obersten Elgin und Mercer, um für ein anständiges Begräbniß Sorge zu tragen. Madame Phelp daselbst gab einen metallenen Sarg zu diesem Zwecke gern her. Wenige Tage darauf wurde der Leichnam an seine Freunde nach St.-Louis gesandt.

Nach der Schlacht von Oak-Hill fanden unsere Generale ihre Corps durch die erlittenen Verluste so gelichtet und fast aufgerieben, daß sie gezwungen waren, sehr vorsichtig zu Werke zu gehen, indem General Sigel ganz der Mann war, ihnen keine Zeit zur Erholung zu lassen. General M'Culloch beschloß, mit seinen Truppen sich nach Arkansas zu wenden, während General Price für Fortsetzung der Operationen stimmte.

19.

Ein General ohne Armee.

Thomas Harris. Seine Ernennung zum General. Er wirbt Truppen. Der Eid der Treue. Ein feindliches Detachement. Ein Hauptquartier. General Harris und General Price. Fort Scott. Ein Streifzug nach Warnsburg. Ueberraschung. Caricaturen. Nach Lexington.

Im nördlichen Theile von Missouri tauchte um diese Zeit ein Mann auf, welcher alle Anlagen hatte, sich einen berühmten Namen zu erringen. Dies war Thomas Harris, welcher auf der Reise nach dem Bonville-Rendezvous war, um sich als Gemeiner in der conföderirten Armee anwerben zu lassen. In Paris, einem kleinen Oertchen in Monroe-County, erkannte ihn ein Kurier des Gouverneurs Jackson und überreichte ihm seine Bestallung als Brigabegeneral der Missouristaatengarde mit dem Befehl, die Organisation der Truppen im nördlichen Staat so eilig als möglich zu betreiben und die Vertheidigung der Theile des Staates zu übernehmen, welcher nördlich am Missourifluße liegt. Zur Zeit, als Harris seine Anstellung und die Ordre erhielt, hatte er keine Gelegenheit mehr, dem Gouverneur Jackson seinen persönlichen Dank abzustatten, denn dieser war durch die feindlichen Truppen vertrieben und wanderte in den westlichen Prairien heimatlos umher. Der arme Harris stand nun mit seiner Ernennung zum General sowie mit dem Befehle, die nördliche Missourilinie zu vertheidigen, da, hatte jedoch weder Soldaten, noch Waffen, noch Zelte, noch Geld. Er konnte gleich Karl VII. in Schiller's „Jungfrau von Orleans" ausrufen: „Kann ich Armeen aus der Erde stampfen?" Harris war aber ein gewiegter Bursche und wollte sein Mögliches versuchen, seinem Titel Ehre zu machen; er schob ruhig Patent und Ordre in die Tasche und begab sich nach seiner Heimat. Dort angelangt, hielt er eine politische Versammlung, schilderte die Lage Missouris in den gräßlichsten Farben und, um den Effect recht großartig zu machen, ließ er sich von einem anwesenden Geistlichen den Eid für die neue Conföderation abnehmen. Es dauerte nicht lange und 53 der Anwesenden folgten seinem Beispiel und waren entschlossen, sich unter sein Commando zu stellen. General Harris erlaubte sodann seiner künftigen Armee nach Hause zu gehen, sich mit Waffen zu versehen und dann wieder in seinem Hauptquartier einzufinden. Bevor ihn jedoch seine neuangeworbene Armee erreichte, verbreitete sich das Gerücht in dem kleinen Oertchen, daß ein Truppendetachement sich nähere. Harris besann sich nicht lange, sondern zog mit seinem aus drei Mann bestehenden Armeecorps und mehreren Stabsoffizieren nach einem ihm günstig gelegenen Orte; hier begann er seine weitern Pläne zur Organisirung einer Guerrillabande auszuarbeiten. Ueberall in der Welt, wo Beute zu machen ist, finden sich auch die Raben; so auch hier. In kurzem hatte er eine Bande organisirt, mit der es ihm möglich war, in den sich entwickelnden kriegerischen Ereignissen eine Rolle zu spielen. In kurzer Zeit hatte er 3000 Mann unter seinem Commando, und mit diesem Corps zwang er General Lyon beim Beginn seiner Operationen ein Beobachtungscorps gegen ihn zurückzulassen. Als später General Price seiner Dienste in der conföderirten Armee entbunden wurde, nahm er mit seinen Truppen seinen Weg gegen den Missourifluß. Kaum war General Harris von Price's Marsch und

Zweck in Kenntniß gesetzt, als er schnell sein Lager abbrach und eine Strecke von 68 Meilen in 30 Stunden marschirte. Price war erfreut, eine so wackere Schar wie die des Generals Harris zu erhalten, und er sammt seinen Truppen empfing die neuen Kriegskameraden mit lautem Jubel. Ohne sich viel Zeit zur Ruhe zu lassen, beschlossen die beiden Generale, sofort einen Marsch gegen Fort Scott zu unternehmen. Nach einem mühevollen Marsche kamen sie in Sicht dieses Forts, doch nur um zu hören, daß die Generale Lane und Jenison sich mit ihren Truppen weiter westlich gewandt hätten. Sie beschlossen nun, ihren Marsch gegen Lexington zu richten, indem ihnen bekannt war, daß dort eine feindliche Schar unter Oberst Mulignan lagere.

Zu dieser Zeit wurde Fremont von der Regierung in Washington mit dem Oberbefehl über die Unionsarmee in Missouri betraut. General Fremont war ein durchaus tauglicher Mann für diesen Krieg; gleich beim Antritt seiner Stelle erließ er eine Proclamation, worin er jeden Verräther der rechtmäßigen Regierung zu Washington mit Confiscation seines Eigenthums sowie der Freilassung seiner sämmtlichen Sklaven bedrohte. Diese Proclamation erregte, wie zu erwarten war, ein großes Wuthgeschrei unter den Südländern, und manche verließen die Armee, um ihr Eigenthum zu retten, während dagegen ein großer Theil derjenigen, welche ihr Eigenthum ohnehin bedeutend verschuldet hatten, unter dem Deckmantel der Vaterlandsliebe es preisgaben. Die conföderirte Regierung hatte nichts Eiligeres zu thun, als jene Patrioten mit den sogenannten Schatzscheinen zu entschädigen. Beide Parteien gewannen dabei; die Regierung zeigte sich liebevoll und väterlich und während die Entschädigten über die Schlechtigkeit der Regierung in Washington schrien, hoben sie die liberale Unterstützung des conföderirten Gouvernements in den Himmel und lockten dadurch noch manchen auf ihre Seite.

Anfang September 1861, als eben General Price und Harris mit ihren Truppen ein Lager beziehen wollten, wurde ihnen durch Spione die Nachricht hinterbracht, daß ein kleines Commando Unionstruppen von Lexington nach einem unbedeutenden Städtchen Warnsburg abging, um die dortigen Regierungs- und Bankgelder sicher nach Lexington zu transportiren. Wie ein Blitz fuhr diese Nachricht durch das ganze Lager. Trotz des schlechten Wetters und des großen Marsches waren die Truppen rasch bereit, bei diesem kleinen Streifzug mitzuwirken; es war als ob die ganze Brigade elektrisirt worden wäre. Der Gedanke, einige hunderttausend Dollars zu erobern, brachte die ganze Armee ohne Commando auf die Füße und auf den Marsch. Man brach mit einer Hast und Eile auf, als fürchtete man, die Beute möchte entgehen. Ja, einige Compagnien leerten ihre Säcke von allem unnützen Kram aus, um nur ja recht viel Geld einpacken zu können. Nie war die Armee so rasch als an diesem Tage. Die Befehlshaber hatten trotz ihrer Pferde Mühe, gleichen Schritt mit der eilenden Mannschaft zu halten. Da konnte man wiederum recht sehen, welch ein zauberischer Magnet das Gold ist! Selbst Kranke marschirten mit, denn es wäre ja eine Gewissenssache gewesen, nicht Theil an diesem reichen Beutezug genommen zu haben. Obgleich die Truppen von den letzten Märschen noch ermüdet waren, konnte man heute nichts davon merken, ja, als mehrere Offiziere rasten wollten, verweigerte ihnen dieses die Mannschaft und marschirte vorwärts. Ohne Aufenthalt ging es so die Nacht durch bis zum nächsten Morgen, wo alles Warnsburg schrie und jeder lief, um zuerst dort zu sein. Doch, o Jammer, der Commandant der feindlichen Truppen hatte seine Aufgabe so rasch erfüllt, daß er schon am Abend vorher den Platz mit dem Gelde verlassen und die Brücken hinter sich zerstört hatte. Eine entsetzliche Wuth befiel nun die armen Leute, daß ihnen die Beute entgangen war, welche Wuth sich noch bedeutend steigerte, als sie die greulichen Caricaturen sahen, welche die guten Deutschen, aus denen das Commando des Feindes bestand, an verschiedene Häuser gemalt hatten. Besonders auf dem Bankgebäude befand sich, mit Kohle gezeichnet, ein kunstreiches Bild. Es stellte eine Kasse dar, welche ein Conföderirter aufhebt und — darin findet. Alle diese kleinen Hänseleien machten sehr böses Blut unter unsern Leuten, sie schrien um Rache, und die armen Einwohner hatten darunter am meisten zu leiden; denn alles, was sich nur Eßbares in diesem kleinen Städtchen auftreiben ließ, wurde verzehrt, da die Soldaten durch den angestrengten Marsch förmlich ausgehungert waren. Die Generale beschlossen, hier ihre gesammten Streitkräfte zu versammeln; nach zweitägigem Rasten wurde die Armee wieder in Bewegung gesetzt und man trat den Marsch nach Lexington an, denn man wußte, daß die Gelder dorthin gebracht worden waren. Mit großer Freude wurde der Marsch angetreten und schon den nächsten Morgen meldeten die Vortruppen die feindlichen Vorposten an.

20.

Die Schlacht bei Lexington.

Vorpostengefecht. General Price zieht sich zurück. Die Armee vermehrt sich. Die Angriffe auf Lexington. Tapfere Vertheidigung. Ein Ausfall der Belagerten. Die Trinkwasserstation. Oberst Mulignan, Commandant von Fort Lexington. Neue Angriffe. Verschanzungen von Hanfballen. Capitulation. Ehrenvolle Behandlung der Gefangenen. Reiche Beute. Jubel im conföderirten Lager. General Price's Siegesbulletins. Die Unionstruppen rücken an. Price geht zurück. Wie ein General dem andern hilft. Price muß seine Armee vermindern. Ruhmvoller Uebergang über den Osagefluß. Ankunft in Richmond. Hundert Kanonenschüsse. General Fremont. Rückzug der Unserigen. Price in der Klemme. Die Regierung von Washington hilft den Conföderirten. General Price geht nach Springfield. Fremont wird abberufen.

Mit Anbruch des Tages entwickelte sich ein scharfes Vorpostengefecht zwischen den Missouritruppen und denen der Union. Nach kurzem Engagement bemerkte General Price, daß er der feindlichen Stärke nicht gewachsen sei, und gab Befehl zum Abbrechen des Gefechtes sowie zum Zurückweichen der gesammten Armee. Er beschloß, Verstärkungen, welche ihm zugesagt waren, abzuwarten und dann von neuem einen Angriff auszuführen. Wie ein Lauffeuer hatte sich die Nachricht durch mehrere Counties verbreitet, daß General Price eine kleine Razzia ausführen wolle, um etwas Geld zu erhalten, und Hunderte strömten herbei, um bei diesem Geschäftchen behülflich zu sein. Die Armee vermehrte sich mit jeder Stunde und es war wirklich oft rührend, den bangen Ton zu hören, womit die Anzügler frugen, ob man schon Beute gemacht? Wurde dieses verneint, so kehrte eine unendliche Fröhlichkeit zurück, denn dann war man ja noch zu rechter Zeit gekommen. In kurzem war die Armee der Generale Price und Harris um ein paar Tausend Mann verstärkt und es wurde von neuem ein allgemeines Vorgehen beschlossen. Man vertrieb die feindlichen Vorposten und näherte sich der Stadt Lexington, wo die Unionstruppen aufgestellt und in ihrer Position durch tüchtige Werke gedeckt waren, sodaß sie sich halten konnten, wenn sie nicht von zu überlegenen Kräften angegriffen wurden. Besonders waren sie im Besitze eines Gebäudes, welches früher als Schulhaus gedient hatte und das mit großer Umsicht befestigt worden war. General Price ließ sofort ein paar Batterien errichten und eröffnete ein Feuer gegen diese Befestigung, welches jedoch von den Unionstruppen so heftig erwidert wurde, daß er in größter Eile seine beiden Batterien aus dem verheerenden Feuer ziehen ließ. Price und Harris verloren aufs neue die Courage, riefen noch einmal ihre Truppen aus dem Gefecht und zogen sich auf den in der Nähe liegenden Fairground zurück, um dort noch mehr Verstärkungen sowie Munitionsvorräthe abzuwarten. Nach wenigen Tagen fühlten sie sich stark genug, einen neuen Angriff auf Lexington zu beginnen, um endlich in den Besitz der Stadt zu gelangen. General Raines erhielt Befehl, Lexington von Ost und Nordost anzugreifen, während General Parson seinen Angriff südlicher nehmen sollte, und sämmtliche Batterien mit der Aufgabe, ein lebhaftes Feuer auf die Vorwerke des Feindes zu unternehmen, in die Mitte gezogen wurden. Tirailleurs wurden von beiden Divisionen in dichten Schwärmen abgegeben, um durch ein lebhaftes Feuern die Feinde zu ermüden, sowie auch um sie von dem Platze abzuschneiden, von welchem sie ihr Trinkwasser erhielten. Die Tirailleurs erfüllten ihre Aufgabe gut und waren in kurzer Zeit im Besitze der feindlichen Wasserstation. Gleich beim Eintreffen vor Lexington begab sich die vierte Division, welche in der Abwesenheit des Generals Slak von dem Oberst Rives commandirt wurde, nach einem Punkte, westlich von den feindlichen Fortificationen gelegen, während eine Abtheilung der Brigaden M'Brides und Harris zur Unterstützung in dessen Nähe dirigirt wurde. Augenblicklich begann er seine Operationen und versuchte ein Dampfschiff, welches im Flusse lag, zu nehmen und dem Feinde den Rückzug abzuschneiden. Die Unionstruppen richteten jedoch von einem großen Wohnhause, welches als Hospital benutzt wurde und von dem die weiße Flagge wehte, ein so lebhaftes Feuer auf ihn, daß er von diesem Versuche ablassen mußte. Gleich nachher rückte jedoch eine Abtheilung von Oberst Jackson's Leuten herbei und nach einer tüchtigen Gegenwehr wurden das Dampfschiff sowie ein paar kleine Schiffe genommen, welche Lebensmittel, Kleidungsstücke und all solche Dinge enthielten, die unsern Truppen mehr wie erwünscht waren. Es erregte daher diese Beute einen großen Jubel unter den Conföderirten und spornte die Soldaten noch mehr zur Thätigkeit an. In derselben Zeit nahmen die Truppen der Generale M'Brides und Harris Besitz von den Hügeln, welche nördlich von dem als Hospital benutzten Hause lagen. Oberst Mulignan, der Commandant des Forts sah nicht sobald die Erfolge, welche die Conföderirten hier erzielten, als er einen Ausfall machte und dieselben aus ihren errungenen Stellungen zurückwarf. Es war gewiß schade, daß Mulignan nicht eine größere Truppenmasse zur Verfügung hatte, denn er besaß alle Talente eines tüchtigen Anführers. Er war rasch, unternehmend, wußte stets mit großem Geschick dem Feinde einen Streich zu versetzen, wann und wo es am wenigsten vermuthet wurde, und hatte die Liebe und das Vertrauen seiner Soldaten. Leider konnten die von den Unionstruppen eroberten Punkte wegen Mangel an Mannschaft nicht länger behauptet werden und noch im Laufe des Tages wurden sie von den Conföderirten abermals genommen, und zwar von denselben Truppen, welche Mulignan vorher vertrieben hatte. Sofort wurden jetzt die Höhen von unsern Truppen mit großer Eile in Vertheidigungsstand gesetzt, sodaß die Stellung fest genug war, auch gegen stärkere Angriffe sich hier zu behaupten. Den nächsten Morgen errichtete General Price Batteriebauten von Hanfballen, welche er zu diesem Zwecke aus der Stadt bringen ließ. Es ist dies ein praktisches, ausgezeichnetes Material für Befestigungen. Unsere nun mehr ernstlichen Anstalten zur Beschießung des Forts mußten auf die Besatzung einen trostlosen Eindruck machen. Von jeder Hülfe abgeschnitten, knapp mit Proviant versehen, gegenüber einem mehr als dreifach überlegenen Feinde, mußte selbst dem Tapfersten der Muth sinken. Mit großer Bravour hielt Mulignan unsere Angriffe ab, ja als wir ihm zu nahe kamen, eilte er aus seinen Verschanzungen heraus und zwang uns zum Weichen. Erst nach einem zweiundfunfzigstündigen ununterbrochenen Kampfe, als alle Mittel erschöpft waren, als die geringe Mannschaft, von dem angestrengten Dienst ermattet, einem Stunde um Stunde sich vermehrenden Feinde unterliegen mußte, ohne Rettung und Hülfe, wurde nach Abhaltung eines Kriegsrathes die weiße Flagge aufgezogen. Sofort ertheilte General Price den Befehl zum Einstellen des Feuers und sandte zwei Offiziere ab, um mit dem Feinde der Uebergabe wegen zu unterhandeln. Nach kurzer Besprechung wurde der Vertrag stipulirt, daß die Truppen der Union unter dem Commando des Kapitäns Mulignan ihre Waffen niederlegen und sich als Kriegsgefangene den Truppen von Missouri unter dem Commando des Generals Price übergeben sollten. Diese Uebergabe hatte für Oberst Mulignan, seine

Offiziere und Mannschaft nichts Schimpfliches. Nachdem sie alle Mittel einem dreifachen Feinde gegenüber erschöpft hatten, blieb ihnen keine andere Wahl als die Capitulation. Die Beute war natürlich sehr groß und erregte unter den Leuten des Generals Price eine Freude, welche an Wahnsinn grenzte. Außer Waffen aller Art, Kleidungsstücken, Lebensmitteln auch noch eine Million Dollars in baarem Gelde. Diese Million Dollars machte unsere Soldaten beinahe verrückt, denn dies war ja der Hauptgrund gewesen, um welches willen sie alle Mühen ertragen, für manche sogar die einzige Ursache, weshalb sie die Waffen gegen die alte Regierung ergriffen hatten. Der arme General Price verlor erst recht beinahe den Verstand über den ungeheuern Sieg, den er mit seiner Armee errungen. Siegesberichte wurden zu Dutzenden in seinem Zelte geschrieben, doch keiner hatte den von dem alten Price gewünschten Schwung. „Die Welt muß staunen", schrie er immer wieder seinen schreibenden Adjutanten zu, „die Welt muß staunen", murmelte er still zu sich selbst. Endlich war eins jener abstracten Siegesbulletins fertig, welches, wie General Price dachte, Wirkung in der Welt machen müßte; es war einer jener marktschreierischen Berichte, der, je lauter er in die Welt hinausposaunt wird, desto weniger Glauben findet. Doch genug hiervon.

Als die Siegesberichte fertig waren und nach Richmond, dem Sitze der conföderirten Regierung, etwa 1000 Meilen von Lexington entfernt, abgesandt waren, schnallte General Price seinen Säbel um, weil er der Capitulation persönlich beiwohnen wollte. Als die Offiziere der Unionsarmee an der Spitze ihrer Truppen vor einem überlegenen Feind die Waffen strecken mußten, sah man das Auge manches tüchtigen Soldaten naß werden. Als die traurige Scene vorüber war, erließ General Price das strenge Verbot, die Mannschaft des capitulirten Forts weder durch Wort noch durch That zu beleidigen. „Der Feind, welcher sich mit solcher Tapferkeit vertheidigt", sagte der alte Herr, „verdient die Achtung jedes braven Soldaten." Als Oberst Mulignan dem General Price seinen Säbel übergab, frug dieser, wo die Scheide sei? Mulignan erwiderte, daß er sie weggeworfen habe. Price empfing den Säbel mit feierlichem Ernst, hielt ihn einige Augenblicke in der Hand und gab ihn dann mit den Worten zurück: „Ich mag ungern einen so tapfern Soldaten wie Sie, Oberst, ohne Waffen sehen; empfangen Sie deshalb Ihren Säbel aus meinen Händen zurück." Price wollte Mulignan auf Ehrenwort entlassen, was dieser jedoch verweigerte, weil die Regierung in Washington den Staat Missouri nicht als souveränen Staat betrachte. Price ging in seiner Aufmerksamkeit so weit, daß er Mulignan und seiner Gemahlin Gastfreundschaft in seinem Hauptquartier anbot, ihm eine Equipage überließ und jeden möglichen Comfort verschaffte. So ehrt ein tüchtiger Soldat einen tapfern Gegner. Kaum hatten die conföderirten Truppen Besitz von Lexington genommen, als sich am andern Tag eine ziemlich zahlreiche unionistische Schar am gegenüberliegenden Ufer zeigte, welche von St.-Joseph unter dem Commando des Reiterobersten Sturgis zur Unterstützung Mulignan's herbeigeeilt war. Ein paar Tage früher und diese Verstärkung hätte vielleicht bedeutenden Erfolg gehabt. Oberst Sturgis, von der Einnahme Lexingtons unterrichtet, zog sich nach einem kurzen Vorpostengefecht rasch wieder nach St.-Joseph zurück, um sich dort dem Heertheile des Generals Lane anzuschließen. Während die conföderirten Staaten die Uebergabe von Lexington feierten, erlitten ihre Generale in dem südwestlichen Theile von Missouri solche Niederlagen, daß die Generale Billow, Horde und M'Culloch gezwungen waren, in aller Eile zu flüchten. General Price wurde durch diese Nachrichten gezwungen, seine errungenen Vortheile aufzugeben und den Rückzug anzutreten.

Ohne auch nur eine Minute zu zögern, begann er diesen, und da er großen Mangel an Munition hatte, so sandte er einen seiner Offiziere nach Arkansas, um zu bewirken, daß ihm die höchst nothwendigen Munitionstransporte ohne Säumen zugesandt würden. General M'Culloch versprach, ihm die Bedeckung zu den Transporten zu geben. Doch kaum hatte er von den Erfolgen des Generals Price gehört, als er die Bedeckung verweigerte, die Munitionstransporte Halt machen ließ und erklärte, es wäre zu gefährlich, die Munition abzusenden, da General Fremont seine Richtung den Missourifluß heraufnähme. Von allen Seiten verfolgt, ohne Munition, von Ben M'Culloch immer mehr gehaßt, faßte General Price den Entschluß, seine Armee zu verringern und mit dem kleinern Theile einen schnellen Rückzug auszuführen. Seine Armee war vor Lexington bis zu einer Stärke von 24,000 Mann angewachsen, für welche dieser Entschluß des ihnen liebgewordenen Generals höchst traurig war. Sie versuchten alles Mögliche, ihn von seinem Vorhaben abzubringen, und mit Thränen im Auge mußte er ihre Bitten, sie nur in seiner Nähe fechten zu lassen, wenn sie auch das Nothwendigste entbehren müßten, abweisen. Er bezeichnete die Regimenter, welche ihm folgen sollten, und nachdem dies geschehen, hielt er eine wahrhaft rührende Abschiedsrede an seine Truppen. Manche alte geröstete Backwoodhaut strich sich mit der verkehrten Hand eine ungewohnte Thräne aus dem Auge, dann rief man sich das letzte Lebewohl zu und beide getheilte Truppenkörper bewegten sich in entgegengesetzter Richtung.

Kaum war General Price von dem größten Theil seiner Armee getrennt, als er auch seine ganze Thätigkeit und Umsicht seinem kleinen Corps zuwandte. Es war keine Frage, es erforderte Talent und Kaltblütigkeit, diesen Rückzug auszuführen. Auf Unterstützung von General M'Culloch durfte er nicht mehr rechnen und so mußte er sich auf sein eigenes Glück und Feldherrntalent verlassen. In der Nähe von Georgtown zog General Fremont seine Truppenmasse zusammen, während General Sturgis sich vom Norden und General Lane vom Westen herbewegten, um hier General Price zu einer Schlacht zu zwingen und zu vernichten. Der Plan war schön, aber Price, vollkommen mit seiner Lage bekannt, versuchte die Bestrebungen der Feinde zu vereiteln. Er sandte sofort seine gesammte Cavalerie vorwärts und befahl ihr auf der Straße von Georgtown Demonstrationen zu machen und Fremont's Aufmerksamkeit dahin zu lenken, während er mit seiner Infanterie und Artillerie sich gegen Sturgis und Lane kehrte. Keiner dieser Generale wußte, daß Price sein großes Heer aufgelöst hatte und nur noch einen Theil commandirte, und somit waren sie in ihren Bewegungen zu vorsichtig und wollten nichts unternehmen, bevor nicht sämmtliche drei Corps näher vorgerückt wären. Die Unthätigkeit seiner Feinde benutzend, eilte Price mit Windesschnelle südlich, seine Cavalerie hatte dabei die Aufgabe, ihm zu folgen und seinen Rückzug zu decken. Mit Bravour erreichte er den Osagefluß, welchen er in zwei Colonnen auf flachen Booten überschritt, während die Cavalerie durchschwimmen mußte. Ohne Verlust weder an Zeit noch an Menschen erreichte er das jenseitige Ufer. In der Militärgeschichte wird dieser Uebergang deshalb ewig denkwürdig bleiben, weil es eine Armee von 13,000 Mann war, die, der Brückenboote entbehrend und ohne alle militärische Leitung, ohne Verlust den Fluß überschritt. General Price richtete seinen Marsch unermüdlich gegen Neasho, wo die wenigen Mitglieder der Regierung von Missouri, an deren Spitze der Gouverneur Jackson, ihre Sitzungen hielten. Price wurde von seiner Regierung mit Ehren überhäuft. Er fand auch seinen Waffenbruder, M'Culloch, mit einer Armee von 5000 Mann daselbst; kalt und frostig begrüßten sich die beiden Rivalen.

General Price hatte die größte Ursache, mit M'Culloch's Benehmen unzufrieden zu sein, während dieser den General Price um seine in aller Welt ausposaunten Siegesnachrichten beneidete. Die wenigen Mitglieder des Staates von Missouri hatten diesen Tag den Entschluß gefaßt, zwei Mitglieder zum Congreß der conföderirten Regierung in Richmond zu schicken, und General Price hatte die Ehre, den formellen Austritt Missouris aus der Union mit 100 Kanonenschüssen zu feiern. Also des Pulvers war noch nicht genug verschwendet worden, man mußte auch noch diesen unnützen Politikern zu Ehren 100 Schüsse abfeuern. Dies ärgerte denn auch ganz besonders den General M'Culloch wieder über die maßen, denn der unglückliche General Price mußte ihm doch immer die Früchte vor der Nase wegpflücken. Nachdem diese unschuldigen kriegerischen Festlichkeiten vorüber waren, beschloß Price, seinen Truppen einige Tage Ruhe zu gönnen, damit sie sich von den außerordentlichen Anstrengungen der letzten Tage etwas erholen könnten. Um volle 14 Tage verlängerte er seinen Aufenthalt und dann begann er, seinen Marsch nach Pineville in M'Donald County zu richten, um dort die weitere Reorganisation seiner Truppen vorzunehmen.

Unterdessen sammelten Fremont und Sigel ihre Heerscharen bei Springfield, mit dem festen Vorsatze, diesen Umtrieben in Missouri ein Ende zu machen. General Sigel rückte sofort mit der Avantgarde nach dem Wilson-Creek. Unsere Truppen hatten von General Price den Befehl, bei Annäherung feindlicher Massen sich zurückzuziehen. Doch eben im Begriff, dieses auszuführen, stürzte auch schon Fremont's Leibgarde unter dem Commando des ehemaligen ungarischen Majors Saganty auf unsern Nachtrab. Diese Garde, ausgezeichnet beritten und ausgerüstet, fiel mit wildem Hurrah auf unsern Nachtrab, tödtete uns eine Anzahl Leute und bewirkte, daß wir unsern Rückzug schneller, als beabsichtigt war, ausführen mußten. Zu Pineville traf Price Anstalt, den General Fremont zu erwarten und Missouri nicht zu verlassen, ohne noch einmal das Glück der Waffen erprobt zu haben. Er wußte den Geist seiner Truppen zu beleben und sie für seine Plane zu begeistern. Und in eben diesem Augenblicke, als General Fremont unsere Truppen sammt Generalen vollständig in seinen Händen hatte, was rettete uns? Nicht eine Schlacht, gewonnen mit Anstrengung und Mühe von unserer Seite, nein, die Regierung zu Washington gab sich Mühe, unsere Lage nicht zu kritisch zu machen, indem sie in demselben Augenblicke General Fremont vom Obercommando entfernte, als wir bereits eine Beute desselben geworden waren. Diese im feindlichen Lager vor sich gehenden Ereignisse zerstörten total die Combinationen der Feinde und gaben unsern Generalen Gelegenheit, ihre Lage gänzlich zu ändern. Die Unionsarmee war nun zum Rückzug genöthigt und mußte dadurch dem General Price den reichen District Springfield überlassen, welcher auch nicht zögerte, davon Besitz zu nehmen.

21.

Anwerbungen in Richmond.

Gesetz wegen der Militärpflicht. Ersatzmänner. Werbebureaux und Agenten. Die Spielhäuser werden geschlossen. Speculationen auf Menschenfleisch. Desertionen. Gesetz des Kriegsministers. Die Zuaven. Oberst Cozzen. Woher die Zuaven stammten, ihr Benehmen. Räubereien. Mishandlung der Bürger. Ende des Zuavenregiments.

Die Regierung in Richmond machte nach dem unglücklichen Feldzuge im westlichen Virginien, sowie nach den Niederlagen, welche sie in Louisiana, Missouri und Tennessee erlitten, ganz gewaltige Anstrengungen, sich wieder zu erholen. Die Legislatur passirte ein Gesetz, welches alle im Staate ansässigen Bürger, ob Eingeborene, ob Adoptivbürger zwang, Dienste zu thun. Alle kampffähige männliche Bevölkerung von 18—45 Jahren wurde unter die Waffen gerufen. Die Regierung wollte sich für den Winter so weit stärken und vorbereiten, daß sie den Ereignissen ruhiger und gelassener entgegensehen konnte. Werbebureaux wurden jetzt an allen Ecken errichtet und für die Armee geworben. General Wise's Legion machte besonders gute Geschäfte und erhielt fast täglich neuen Zuwachs. Denn wenn der alte Wise auch seines barschen Wesens, seines gräßlichen Fluchens halber von den Soldaten gefürchtet wurde, so war er auch doch eben so sehr geliebt und geachtet, weil er trotz seines vorgerückten Alters und schwacher Gesundheit alle Anstrengungen und Entbehrungen mit dem Soldaten ertrug, Kost und Lager mit ihm theilte. Jetzt begann auch die Zeit, wo zuerst Ersatzmänner gestellt wurden von jenen, welche zur Entschädigung für nicht vorhandene Courage von der Glücksgöttin desto mehr Geld und Gut erhalten hatten. Es dauerte nicht lange und dieses Ersatzmannstellen wurde eins der glänzendsten Geschäfte. Die Spielhäuser, welche endlich trotz aller Protection auf Befehl der Regierung geschlossen wurden, weil große Massen gestohlener Gelder auf diesen Banken fungirten, stellten jetzt kein geringes Heer von solchem Lumpengesindel, welches jede Gelegenheit ergriff, um dieses neue profitable Geschäft auszubeuten. Es wurde ein förmlicher Menschenhandel getrieben, zwar diesmal nicht mit schwarzem, sondern mit weißem Menschenfleisch, und oftmals die empörendsten Räubereien ausgeführt. Ein großer Theil der südlichen reichen Plantagenbesitzer hatte die Politik des Präsidenten Davis sowie das kriegerische Leben satt und wünschte den Dienst zu verlassen, welcher allen Reiz für sie verloren hatte und dessen Unbequemlichkeiten und Anstrengungen ihnen täglich fühlbarer und härter wurden. Alles suchte fortzukommen und zu diesem Zweck waren täglich Hunderte von Anzeigen in den Journalen, welche Ersatzmänner suchten. Die Preise für solche stiegen von der bescheidenen Summe von 10 Dollars auf 3000 Dollars. Dieses Geschäft suchten die auf Wartegeld gesetzten Spieler auszubeuten. Durch den ganzen Süden reisten Agenten, welche junge Leute als Ersatzmänner suchten und damit einträgliche Geschäfte machten. Der Soldat vom Lande, der ein armer Teufel war, wurde zum Desertiren verleitet, um dann in einem andern Regiment als Ersatzmann eines Reichen wieder zu erscheinen. Sehr häufig brachten die Journale Anzeigen von Desertirten, welche wahrscheinlich die Sache für vortheilhaft hielten und die Regimenter so ziemlich durchspazirten. Ich kannte den Kapitän eines Kaperschiffes, welcher sich ebenfalls in 14 Tagen zweimal als Ersatzmann anwerben ließ und sich dann mit ein paar Tausend Dollars in der Tasche wieder auf die kühle See begab. Diesen schönen Geschichtchen wollte die Regierung bald nachher ein Ende machen, doch war es zu spät, der Krebsschaden hatte zu tief gefressen. Um doch dem Unfug, welcher immermehr um sich griff, zu steuern, erließ der Kriegsminister ein Gesetz, wonach alle diejenigen mit dem Tode bestraft werden sollten, welche sich bei derartigen Geschäften betheiligten.

Truppen jeder möglichen Gattung kamen in diesen wirren Tagen nach Richmond gezogen, um in dem Staate Virginien zu fechten. Es war ein prächtiges Schauspiel, täglich Tausende anlangen zu sehen. Besonders erregten die Nordcarolinatruppen die Aufmerksamkeit der Bürger; doch zeichneten sie sich auch vor den meisten andern durch ihr frisches Aussehen sowie bescheidenes, höfliches Wesen aus. Sie führten zwar nicht die stolzen Namen ihrer südlichen Brüder, wie: Tiger, wilde Katze, Alligator u. s. w., ihre Regimenter wurden nur nach Nummern genannt, allein sie waren brave, tüchtige Leute.

Dann erschienen auch die Zuavenregimenter des Oberst Cozzen von Louisiana, von Aussehen prächtige, gediente Leute, doch in Betreff ihres gesellschaftlichen Zustandes der Abschaum des Landes. Oberst Cozzen, früher von Profession ein Spieler aus Neuorleans, ergriff seine Zuflucht, als sein Handwerk krumm lag, zu der Anwerbung eines Regimentes. Als er aber auch hierin Fiasco machte, errichtete er seine Werbetische mit Bewilligung des Mayor der City of Orleans in den verschiedenen Gefängnissen daselbst. Jedem Verbrecher wurde jetzt anheimgestellt, seine Zeit abzusitzen oder in die Ehrenlegion Oberst Cozzen's zu treten. Zu Hunderten ergriffen die Burschen diese Gelegenheit, dem Gefängnisse zu entfliehen, und in kurzem war das Regiment vollständig. Das Offiziercorps bestand aus privilegirten Spielern der Stadt Neuorleans. So rückte diese Bande aus, um zu stehlen, nicht aber um für das Vaterland zu kämpfen. In ihren rothen Hosen, blauen Jacken, türkischen Fez sahen diese von der südlichen Sonne gebräunten Burschen prächtig und äußerst kriegerisch aus und erregten nicht geringes Aufsehen, wo sie sich nur blicken ließen. Es war ein verwegenes, unternehmendes Corps, zusammengestoppelt aus aller Herren Ländern. Wo sich aber auch so ein rothhosiger Zuave blicken ließ, war sicher die nächste Minute etwas verschwunden. Niemals wurde in und um Richmond so viel geraubt und geplündert, als da diese Vaterlandsvertheidiger in der Nähe lagen. Alles, was nur zu nehmen war, wurde genommen, und wenn ich sage, daß der Farmer in der nächsten Umgebung der Stadt kein grünes Blättchen mehr in seinem Garten oder Treibhause hatte, so wird man schon denken können, daß er sich seiner Würste, Schinken und dergleichen nur noch als einstens dagewesen erinnern konnte.

Niemand wollte sich mehr Hühner oder anderes Geflügel halten, denn dieses verschwand stets dutzendweise und äußerst geschickt in der dunkeln Nacht; sogar die Kühe ließ man nicht mehr wie sonst frei umherlaufen, denn die Zuaven machten sich gar zu viel Mühe, sie sandten sie stets gemolken nach Haus. Doch was sollten die armen Burschen machen? Die Offiziere zahlten ihnen den Sold nicht aus und sie rächten sich dafür am Volke. Man mußte diesen Leuten einen eigenen Lagerraum anweisen, indem keine Offiziere oder Soldaten mit ihnen verkehren wollten. Mord und Todtschlag war an der Tagesordnung, niemand war seines Lebens sicher, welcher sich in der Nähe des Lagers zeigte. Ein armer deutscher Gärtner, ein fleißiger und braver Mann, der in der Nähe des Lagers wohnte, war gezwungen, sein Haus und seinen Garten, von dessen Ertrag er lebte, aufzugeben und in die Stadt zu ziehen, weil sie ihm nicht nur alles stahlen, sondern ihn selbst, als er um Schonung seiner Früchte bat, aufs schrecklichste mishandelten. Die Regierung war endlich gezwungen, dieses Corps so schnell als möglich von Richmond zu entfernen, und sandte es nach der Peninsula, wo es durch feindliche Kugeln und Ausreißen bald ein Ende nahm.

Hospitäler der Gefangenen.

Richmond. Viele Kranke und Verwundete. Schlechter Zustand der Verpflegung. Behandlung armer verwundeter Unionstruppen. Gänzliche Vernachlässigung der Verwundeten. Aufruf an die Deutschen und Irländer. Einige Hülfe. Nach der siebentägigen Schlacht. Ein armer Schweizer. Wie eine Dame aus den höhern Ständen denkt. Kapitän T. Eine schöne That der Menschlichkeit.

Mit großem Interesse ließ ich mir das Los der armen verwundeten Soldaten angelegen sein, da man bei der großen Erbitterung der südlichen Bevölkerung gegen die Yankees auf kein edles Betragen gegen die Gefangenen rechnen konnte; auch wußte ich, daß unsere Regierung, selbst wenn sie es gewollt hätte, wenig thun konnte, da sie 30000 Verwundete und Kranke der eigenen Armee zu versorgen hatte, Richmond selbst glich doch zu dieser Zeit nur einem großen Hospital. Doch zurück zu den Gefangenen. Zu Hunderten lagen diese in einem ganz frisch gebauten Hause ohne Pflege, ohne Wartung. Für eine Krankenzahl von 600 Mann waren nur zwei Aerzte angewiesen; zum Glück fanden sich manchmal unter den Gefangenen selbst junge Aerzte, welche dann zur Hülfe herangezogen wurden, um durch angestrengte Thätigkeit den armen Kriegern doch etwas Linderung zu gewähren.

Als ich zuerst meine Untersuchungen in den Hospitälern

der Gefangenen anstellte, bebte ich denn doch zurück vor all
dem Elend, das ich in diesen Wohnungen des Jammers sah.
Arme Teufel lagen dort schon seit vier Tagen mit ihren Wunden ohne Hülfe, ohne Wartung. In den Wunden hatten
schon seit ein oder zwei Tagen Würmer ihren Sitz aufgeschlagen und marterten den armen Leidenden zum Verzweifeln.
Die Kleider waren durch' das Blut ganz steif geworden oder
klebten an dem Körper fest. Durch den Schmerz, den Blut-
verlust, den Mangel an Pflege oder die Unzulänglichkeit derselben waren manche arme Opfer gänzlich des Gesichts oder
der Sprache beraubt worden, ein kaum hörbares Wimmern
verrieth, daß noch lebende Wesen in diesen elenden Hüllen
wohnten. Vergebens machte ich tausend Pläne, als ich das
Gräßliche sah, um aus diesem Labyrinth des Unglücks einen
Ausweg zu finden, der doch wenigstens einen Theil dieser
Unglücklichen rette und dem täglich sich vergrößernden Jammer
abhelfe. Ich eilte durch die zu beiden Seiten aufgestellten
Lager der Verwundeten hin und her und versprach ihnen
meinen ganzen Einfluß, um ihre Lage zu erleichtern und zu
verbessern. Manches matte Auge wurde belebter bei dem Gedanken, endlich einmal einen Menschen zu finden, welcher
Mitleid und Gefühl für ihren Jammer hatte. Sofort ging
ich zu General Winder, ihm die Lage der Unglücklichen vor-
zustellen. Während unsere Verwundeten, unsere Kranken alle
mögliche Aufmerksamkeit schon von den Bürgern der Stadt
empfingen, ließ man die hülflosen Gefangenen auf die elen=
deste Weise umkommen. Winder konnte meinen bringenden
Vorstellungen nicht widerstehen und versprach mir seine Unter=
stützung. Jetzt erließ ich einen Aufruf an die Deutschen und
Irländer, ihren gefangenen Landsleuten beizustehen, und schon
nach wenigen Stunden wurde mein Aufruf an die Barmher=
zigkeit beider glänzend belohnt. Ich selbst beraubte mich meiner
Kleider und Wäsche und sandte alles jenen unserer Ehre an=

heimgefallenen unglücklichen Kriegern. Manche Flasche Wein, ganze Säcke voll Charpie, von deutschen Frauen gezupft, wanderten nun in jenes Hospital; die irländische Bevölkerung, mit der ihr eigenen excentrischen Gutmüthigkeit, brachte ihr letztes Stückchen Leinen dem Arzte der gefangenen Feinde, um ihren Landsleuten so viel als möglich beizustehen; gerade an diesen Dingen war großer Mangel. Wenn man aber ferner bedenkt, daß alle diejenigen, welche diese kleinen Liebesgaben brachten, Gefahr liefen, deshalb von der geheimen Polizei arretirt zu werden, so erwachsen die kleinsten Gaben zu großen Opfern; wer nur so einen armen verwundeten Feind eines mitleidigen Blickes würdigte, konnte als Verräther am Vaterland betrachtet werden. In wenig Tagen war in dem Hospital wenigstens einige Organisation eingeführt. Die Leute erhielten Pflege und Wartung sowie Wäsche und konnten somit freudiger ihrer Genesung entgegensehen.

Manche stille Thräne rann über blasse Wangen, manchen kräftigen Händedruck, manches fromme Wort erhielt ich, als ich jenen verwundeten feindlichen Kriegern eines Tages Lebewohl sagte, und ich nahm die Ueberzeugung mit, manchen wackern Burschen seinem Vaterlande, seiner Heimat erhalten zu haben. Man kann sich einen Begriff von der Gefühllosigkeit der südlichen Bevölkerung machen, wenn ich nur Ein Beispiel, von dem ich selbst Zeuge war, erzähle. Es war nach der siebentägigen Schlacht zu Richmond, die zu Hunderten schwerverwundeten Freunde und Feinde wurden in die Stadt gebracht, wo sie eine geraume Zeit während der gräßlichsten Hitze auf dem Perron des Eisenbahndepots lagen. Ich eilte mit meinem Freunde, dem Kapitän T., dem Sohne des Admirals der conföderirten Flotte, hinunter an das Depot, um Hülfe zu bringen. Kapitän T. war infolge der Zerstörung des Merrimac außer Diensten und begleitete mich in Civilkleidern. Er ist ein prächtiger Mann, der sich auf den Reisen, die er als Begleiter seines Vaters, die dieser im Auftrag seiner frühern Regierung um die Welt ausführte, Welt- und Menschenkenntniß erworben hatte und in seinem Benehmen infolge dessen ein vollständiger Gentleman war.

Als wir am Bahnhofgebäude anlangten, herrschte dort eine schreckliche Verwirrung. In großen Gruppen lagen hier die Verwundeten beider Parteien, auf den Transport wartend, während mitleidige geschäftige Damen, mit ihren schwarzen Dienern und Dienerinnen die Reihen entlang eilten und den Verwundeten Chocolade, Kaffee, Thee und Bouillon austheilten. Bald bemerkte ich, wie sie an manchen schwer Verwundeten vorbeigingen, ohne auch nur die geringste Notiz von ihnen zu nehmen. Da berührte mich jemand an meinem Sporn; mich umsehend, bemerkte ich eins jener Leichengesichter, die man nie vergißt. Es war ein stattlicher feindlicher Soldat noch in voller Uniform; ich bückte mich zu ihm nieder, um zu hören, was er wolle. „Sie sind deutscher Offizier?" „Ja, mein Kamerad", erwiderte ich; da leuchtete sein Auge freundlich. „Nun, da bitte ich um Gottes willen um eine Tasse Kaffee, ich sterbe!" Rasch sprang ich sowie Kapitän T. auf und eilten einer Dame nach, die zu einer der ersten Familien gehörte und die eben diesen Mann wol absichtslos übergangen hatte. „Madame St.", bat ich, „wollen Sie mir eine Tasse Kaffee für einen Verwundeten geben?" „O, gewiß", sagte sie und eine Schwarze reichte mir das Verlangte. Ich eilte zurück; als ich mich eben bücke, um dem Blessirten die Schale zu reichen, werde ich heftig am Arm gezogen. Staunend wende ich mich um, nach der Ursache zu sehen, als ich Madame St. gewahre, welche mich mit Entrüstung anging, ob ich nicht wüßte, daß dieser Verwundete nur ein elender Yankee sei? „Nein", sagte ich, „das weiß ich nicht; wol aber weiß ich, daß es ein braver Soldat ist, der für seine Ueberzeugung seine Wunden erhielt"; dabei blickte ich ihr ins Gesicht,

daß sie sich beschämt und verblüfft zurückzog, dann reichte ich
dem zu meinen Füßen Liegenden die gewünschte Labung.
Thränen rannen in großen Perlen über die gefurchten braunen
Wangen dieses Kriegers und nachdem er sich gelabt, sagte
er leise: „Ich bin Schweizer, diente zehn Jahre in Kalber=
matten's Regiment in Neapel, hätte aber nie gedacht, mein Leben
in solcher Hölle zu beendigen." Ich tröstete ihn so gut ich
konnte. Jetzt kam Kapitän T., welcher auf dem Markte ein
Körbchen Erdbeeren gekauft hatte. Er kniete an der Seite
nieder, zerdrückte die Frucht zwischen den Fingern und gab sie
jenem Soldaten in den Mund, als ein Herr herbeisprang,
ihn am Arm ergriff und sagte: „Ich arretire Sie!" Es
war einer jener saubern geheimen Polizisten. Kapitän T.
richtete sich mit Majestät auf und frug ihn nach dem Grunde.
„Weil Sie dem Feinde hülfreich sind und sämmtliche hier
anwesende Damen sich darüber aufhalten", erwiderte der
Spion. „Dann sagen Sie jenen Damen, daß ich Mensch=
lichkeit zu üben gelernt habe und nicht den Maßstab kenne,
den sie anlegen. Wenn Sie mich verhaften wollen, so können
Sie Ihr Schergenwerk im Americain Hotel ausführen.
Mein Name: Kapitän T., Sohn des Admirals T." Wie
von einer Natter gestochen, wich der Erbärmliche zurück, ent=
schuldigte sich mit seiner Pflicht und dem Befehl der Damen.
Verächtlich maß Kapitän T. den Kerl und die Damen und
widmete seine Aufmerksamkeit dem verwundeten Feinde. Sollten
diese Blätter je dem Kapitän T. zu Gesicht kommen, so möge
er sehen, wie lebhaft der Autor sich seiner erinnert.

23.

Die Gefängnisse der Unionstruppen in Richmond.

Kein Mitleid mit den Gefangenen. Sie werden ohne Unterschied des Ranges zusammen eingesperrt. Ungesunde Gefängnisse. Hartherzige Bewohner. Oberst Cocoran, der tapfere Irländer. Die Gefangenen bei den Unionstruppen. Ritterliches Benehmen Burnsibe's. Grausamkeiten der conföderirten Regierung.

Als die ersten Gefangenen der Unionstruppen nach der Schlacht von Bethel eintrafen, war noch ein gewisses mitleidiges Gefühl bei dem damit beauftragten Wachcommando vorherrschend, welches jedoch ein schnelles Ende erreichte, als nach der mörderischen Schlacht von Manassas dieselben in großen Massen eingeliefert wurden. Das frühere war nur ein Vorspiel, jetzt folgte das Drama. Zu Hunderten wurden die Gefangenen ohne jeden Unterschied des Ranges, Stabsoffiziere, Offiziere und Soldaten, in die früher als Tabackfabrik gebrauchten Gebäude eingesperrt, 300—400 in Einen Raum. Darunter war auch der wegen seiner Tapferkeit berühmte Irländer Cocoran. Man gab den ohnehin schon ihrer Freiheit Beraubten ein Lokal, welches durch seine mephitischen Ausdünstungen bekannt war; allein die erbitterte Bevölkerung sah in ihnen nichts als die Feinde, die sie ihrer Rechte und ihres Eigenthums berauben wollten, und für solche war dieses schlechte Lokal noch nicht schlecht genug. Dann beliebte auch

unsere Regierung mit barbarischer Strenge aufzutreten und
sie wich von ihren Principien nicht ab. Da diese Räume Tag
und Nacht bei der gräßlichsten Hitze der Aufenthaltsort vieler
hundert Menschen waren, so war man einer Ohnmacht nahe,
wenn man von braußen hereinkam. Wollten die Gefangenen
Athem schöpfen, so mußten sie sich an die Fenster drängen, wo
sie dann von einer neugierigen Menge begafft und manchmal verhöhnt wurden. Das Gefühl der Menschlichkeit sank
in Richmond von Tag zu Tag, die Roheit dagegen griff
immermehr um sich und begann sich auch der gebildetern
Klasse zu bemächtigen. Das Mitleid erstarrte total, selbst bei
dem Weibe, dessen Herz es sonst treibt, zu helfen, wo es
noth thut, ohne erst zu fragen, wer der Hülfe bedarf. Mit
großem Gleichmuth ertrug Oberst Cocoran die verächtliche
Behandlung und die Insulten einer rohen Pöbelmasse beugten
nicht seinen Stolz, und als er aus diesen Bleibächern nach
Columbia in Südcarolina gebracht wurde, um seiner Befreiung
entgegenzusehen, fand er dort wenigstens Menschen, deren
Gefühl nicht gänzlich abgestumpft war. Hier konnte er frische
Luft schöpfen, ohne von hundert Neugierigen begafft zu werden.

Wie handelten die Offiziere und Soldaten der Union gegen
ihre Gefangenen? Als im Februar der größte Theil der
Wise-Legion auf Roanok-Island gefangen wurde, behandelten
General Burnside sowie seine Offiziere und Soldaten sie mit
Achtung und Aufmerksamkeit. Die Offiziere der conföderirten
Armee konnten gegen Ehrenwort sich frei im Lager bewegen,
man tauschte ihr conföderirtes Papiergeld, was dort werthlos
für sie war, gegen Gold um, ja man lud sie zum gemein-
schaftlichen Mahl ein. Welch ein Contrast! Hier der ritterliche Charakter, dort die mit Füßen getretene Menschlichkeit.
Ja, General Burnside ließ nach einigen Tagen die Gefangenen
der Legion frei, nachdem sie ihr Ehrenwort gegeben, nicht vor
ihrer Auswechselung wieder in der Armee zu dienen. Das

war ein Benehmen, des Soldaten und Ehrenmannes würdig! Wären wir noch des Roths der Scham fähig gewesen, wir hätten erröthen müssen; allein es war, als wenn die conföderirte Regierung für jedes höhere Gefühl, jede noble Handlung abgestorben gewesen wäre. Wenn eine der beiden Regierungen recht hatte, die Gefangenen der andern als Feinde zu betrachten, so war es die Unionsregierung, denn wir provocirten jenen unheilvollen Krieg! Wir waren die rebellischen Söhne einer großen erhabenen Mutter. Nicht sie war es, welche diesen schrecklichen Bruderkrieg entzündete, wir waren es, die die Brandfackel in unser einstens so stilles Haus schleuderten. Man behandelte unsere Gefangenen nicht wie wir die ihrigen, als Diebe und Räuber, sondern wie verführte Kinder nahm man sie auf. Allein die conföderirte Regierung, welche uns schon so manches genommen, raubte uns auch die Menschlichkeit, die Würde jener großen Männer der freien Republik.

24.

Ein Weihnachtsabend.

Lagerleben im Winter. Wehmüthige Betrachtungen. Mission des Verfassers nach Richmond. Weihnachtsabend bei Petersburg.

Den 23. December 1861 ritt ich von einer Inspection der Vorposten unserer Abtheilung des conföderirten Heeres zurück. Es war ein kalter, trüber Tag, der Schnee flog in dicken Flocken durch die Luft und verbrämte meinen Mantel mit feuchtem Hermelin. An dem Ufer des Neuriver ritt ich schweigend hin. Desto lauter heulten die dunkeln Wasserwogen unten im Flußbett, die schäumend über die hemmenden Felsblöcke, gleichsam wuthentbrannt, herfielen und einen schauerlichen Widerhall ihres Getöses in der öden Gegend verbreiteten.

Kein fröhlicher Ruf schallte mir aus dem Lager entgegen, kein munteres Soldatenleben mit Halloh und Gesang, nur das dumpfe Gebrause oder Gesumme, das von jeder Vereinigung vieler Menschen her durch die Luft schwirrt. Schweigend standen und lauerten einzelne Gruppen um die spärlichen Feuer, erschöpft und für alles, was um sie her vorging, gleichgültig, auch lagen die meisten in den Hütten; statt des rührigen Treibens war alles starr und freudeleer. Warum? Unsere stolzen Siegeshoffnungen waren für den Augenblick vernichtet, wir mußten vor dem übermächtigen Feinde weichen, wir befanden uns auf dem Rückzuge, und das Zurückgehen eines Heeres, wenn es auch in bester Ordnung geschieht, hat, wie jeder Soldat, der einen Krieg mitgemacht hat, weiß, immer etwas Beengendes und Entmuthigendes. Nun kam der Winter und die trauernde Natur noch dazu. Hier lagerten in Schnee und Kälte die Söhne jener südlichen Landstriche, in denen die Sonne stets leuchtet und wärmt, wo nie Schnee und Eis die üppig grünenden blumigen Fluren deckt. Finster blickten sie hinüber nach dem hohen Gipfel des Hawksnest (Falkennest), auf welchem das feindliche, einst jedoch auch ihnen heilige Banner der großen Republik des freien Amerika wehte und im rauhen Winde seine Sterne entfaltete. Manche schöne Erinnerung an die Heimat und an frühere Tage mochte durch die Herzen der Soldaten ziehen bei dem Anblick einer Flagge, unter deren mächtigem Schutz auch ihr specielles Vaterland groß und reich geworden war und sie selbst in glücklicher Fülle gelebt hatten. Hungernd und zerlumpt lagen die Söhne des stolzen Südens, herausgerissen aus Wohlleben und Ueppigkeit, hier im fernen Westen Virginiens, die Muskete im Arm, auf rauhem Boden, um das glorreiche Sternenbanner, für das ihre Väter selbst Ströme von Blut vergossen, herabzureißen von seiner von allen Völkern angestaunten Höhe — vielleicht um bald darauf vom freien Bürger ein willenloser Unterthan eines fremden Herrschers oder eines einheimischen Despoten zu werden.

Auch mich verfolgten diese düstern Gedanken, aber in der Brust des Soldaten taugt kein schweres Herz und so eilte ich den Fluß entlang dahin, um zu meinem Regiment zu gelangen. Allein das Dunkel und das Rauschen des Wassers war den freundlichen Bildern, welche die Erinnerung verfolgte, nicht hold; nicht die glücklichen Träume meiner Jugend umgaukelten mich, nur die zerstörten und vernichteten tauchten aus dem Schatten der Nacht auf. Wie konnte es anders sein? Seit 13 Jahren war ich fern von der Heimat und jetzt, fortgerissen vom Strudel der Ereignisse, stand ich fast wider meinen Willen in den Reihen einer fremden Armee und focht für eine Sache, mit deren eigentlichem Kern ich mit Kopf und Herz nicht einverstanden war.

Mit diesen eben nicht trostreichen Gedanken erreichte ich mein Zelt, ich warf den Mantel ab, setzte mich ans Feuer, die Natur forderte ihr Recht, und mit einem physischen Behagen, das für den Augenblick die moralische Reflexion verscheuchte, blickte ich in die knatternde und dampfende Glut. — Plötzlich vernahm ich die Stimme eines Freundes, der mich suchte. Es war General Henningsen, der alsbald auf mich zukam und sagte: „Hier, Freund E., sind Depeschen an das Kriegsministerium, die eiligst und durch sichere Hand nach Richmond gebracht werden müssen. Würdest du dich der Aufgabe unterziehen?" Rasch sprang ich auf, ließ ein frisches Pferd satteln und nach 10 Minuten sprengte ich, nachdem ich mit warmem Händedruck vom General Abschied genommen hatte, begleitet von nur einer Ordonnanz, davon. „Sieh' dich vor", rief Henningsen mir nach. Ich mußte nämlich, da ich entschlossen war, den nächsten Weg zu nehmen, durch ein Défilé, welches vielleicht vom Feinde besetzt war. In der That schickten dessen Vorposten von den Höhen herab uns einige Kugeln nach, die jedoch im Dunkeln ihr Ziel verfehlten, und einmal hier durch, waren wir in Sicherheit. Erst am Abend des folgenden Tages erreichten wir das Städtchen Petersburg.

Welch ein Gegensatz gegen die düstere Lagerwelt überraschte mich! Ueberall erleuchtete Fenster der Wohnhäuser, der Läden und Gewölbe und draußen ein eilfertiges Treiben und Drängen fröhlich geschäftiger Menschen; die einen eilten hin und her, um noch Einkäufe zu machen, die andern schoben sich, mit Geschenken beladen, still in die Häuser, damit die Kleinen nichts merkten. Bewegt und im Innern tief aufgeregt, hielt ich mein Pferd vor einem Hause, in dessen unterm geräumigen Zimmer ein hellflackernder Weihnachtsbaum, mit prächtigen Geschenken reich behangen, prangte. Frohlockend sprangen die Kinder mit ihren Herrlichkeiten umher, in stiller Freude schauten Vater und Mutter fest umschlungen auf die Kleinen, gewiß waren es Deutsche, die wie ich, fern von der Heimat, ihrer heute mehr wie jemals gedachten. Ich sah, wie die Aeltern eine Thräne im Auge trockneten; wer weiß, ob sie der Sehnsucht nach dem alten Vaterlande oder der Zerrüttung des neuen galt! Aus der Straße mit den erleuchteten Fenstern führte mich mein Weg in eine dunklere Gasse. Auf einmal stutzte mein Pferd und hemmte seinen Schritt; ich konnte buchstäblich genommen nicht weiter vorwärts, denn ein dichter Knäuel von Soldaten war in die dunkle Straße eingepfercht.

„Was gibt's hier? Was versperrt ihr den Weg?" rief ich laut. „Wir warten auf Transportmittel, um diese verdammten Yankees, die nicht mehr recht fortkönnen, nach Salisbury zu schaffen", schallte es mir als Antwort entgegen.

Rasch stieg ich ab, befahl meinem Lancier, die Pferde tüchtig zu füttern, und durchschritt die Reihen der armen Gefangenen. Es war ein buntes Gemisch von allen Nationen, wie es die Armee der Unionisten häufig darbietet. Deutsche, Polen, Ungarn, Franzosen, Irländer standen im Gedränge durcheinander und mühten sich ab, jeder in seiner Sprache, mir sein Elend zu schildern und um Hülfe zu flehen. Und wohl denen, die sich noch an mich drängen konnten, denn wie viele lagen zum Tode matt und theilweise verwundet in den Schnee- und Kothlachen; der Soldat, der im Pflichtgefühl als braver Kerl die Brust den Kugeln dargeboten, lag wie ein Hund auf der Erde in der stürmenden, kalten Winternacht und obendrein dem Hohne einer empörten, rohen Menschenmasse preisgegeben. Welch ein gräßlicher Contrast! Welche fürchterliche Christnacht! Hier dieser Jammer und dort im glänzenden Viertel jene heitere, kindliche Freude.

Ich fuhr mit einem derben englischen Fluche den Offizier, der den Zug führte, an, warum er für die armen Unglücklichen nicht wenigstens ein Obdach für die Nacht suche? Mit eisiger Kälte erwiderte er: „Die Hunde sind es nicht werth, daß man sich ihretwegen noch Arbeit macht."

Ueberzeugt, daß auch ein bestimmter Befehl an der Brutalität dieses Menschen scheitern würde, der hundert Vorwände gefunden hätte, kein Lokal auftreiben zu können, machte ich mich selbst sogleich auf und war so glücklich, binnen 10 Minuten in den leeren Lagerhäusern auf dem Packhofe der Eisenbahn hinreichende Räume zu finden, die ich augenblicklich, so gut es anging, für die Aufnahme der Leute herrichten ließ. Ich eilte zurück und befahl nun dem Lieutenant, mir mit seiner Colonne zu folgen. Bald lagerten denn die 120 Gefangenen auf trockenen Bohlen und Breterbänken zwischen schützenden Mauern und dichtem Dache. Ein paar Oefen wurden geheizt, in der Mitte ein lustiges Feuer angezündet und gut überwacht; weniger die Behörde, als Gutmüthigkeit und christliche Liebe schafften Lebensmittel, und allmählich kehrte die deutsche Gemüthlichkeit und der französische Humor bei den Gesunden, die Hoffnung bei den Kranken zurück. Ich nahm ein paar Unteroffiziere aus der Menge heraus, gab ihnen 25 Dollars und schickte sie mit zwei andern aus der Escorte in die Stadt, um Rum, Zucker und Citronen einzukaufen. Unterdessen wurden Kessel aufs Feuer gesetzt, bald dampften sie, die abgeschickten Proviantmeister langten wieder an und bald war das Gebräu einiger kolossalen Punschbowlen fertig. So lange war auch ich geblieben. Ich ließ mir ein Glas geben und brachte mit lauter Stimme ein Hoch „den braven Soldaten". Dann schnell hinaus aufs Pferd und weiter nach Richmond; ich hatte so auch meine Weihnachten gehabt.

Monate waren vergangen, der Himmel hatte mich beschützt, glücklich und mit heiler Haut war ich durch all die mörderischen Gefechte durchgekommen, welche in der ersten Hälfte des Jahres 1862 stattfanden. Da warf mich in den sumpfigen Reisfeldern von Savannah das Gelbe Fieber aufs Lager. Den Tod im Herzen, ließ ich mich nach Richmond schaffen, dort Hülfe und Rettung suchend. Auch fehlte es nicht an guten Rathschlägen der Aerzte, aber die Apotheker hatten keine Medicamente mehr. Ich suchte auf das Verlangen meines Arztes um meinen Abschied nach und zugleich um Pässe nach dem Norden, von dessen Klima ich allein Genesung hoffen konnte. Beides wurde mir bewilligt. Glücklich erreichte ich die Vorposten der Unionstruppen. Ich wurde vom commandirenden General aufs beste empfangen und die Reise nach Neuyork mir ohne Schwierigkeit gestattet. Was konnte man auch von einem nur noch halb Lebenden befürchten!

Ich erholte mich indeß in kurzer Zeit auf wunderbare Weise, und eines Tages fuhr ich mit einem Freunde die sechste Avenue mit der Eisenbahn entlang, als bei einem Halt ein Soldat mit einem Arm mich fixirte, an den Wagen herankam und die Frage an mich that: „Sind Sie nicht Oberst in der confö̈derirten Armee der Südländer gewesen?" Ich entgegnete hastig: „Ja, ja, und was wollen Sie von mir?" denn ich gestehe, daß mich der Gedanke ergriff, der Bursche suche Händel und wolle mich vielleicht aus Verdruß über seinen verlorenen Arm dem Hasse der umgebenden Menge aussetzen. — „Nun, dann, Herr Oberst, bin ich glücklich, daß ich noch eine Hand behalten habe, um die Ihrige dankbar drücken zu können, denn ich bin einer von den Gefangenen, denen Sie in Petersburg einen unvergeßlichen Weihnachtsabend bereitet haben." Gerührt schüttelte ich die Linke des braven Mannes und verließ rasch den Waggon, um den sich Hunderte von Neugierigen drängten.

Ende des ersten Theils.

www.ingramcontent.com/pod-product-compliance
Lightning Source LLC
Chambersburg PA
CBHW021817230426
43669CB00008B/781